Histoire De La Guerre De L'indépendance Des États-unis, Volume 1

Odet-Julien Leboucher, Émile Leboucher

IMPRIMERIE DE LACHEVARDIERE,

RUE DU COLOMBIER, N. 30.

ODET-JULIEN LEBOUCHER,

Né à Bourey (Manche) le 14 Juin 1744,
Mort au même lieu le 23 Septembre 1826.

HISTOIRE
DE LA GUERRE
DE
L'INDÉPENDANCE DES ÉTATS-UNIS
PAR
ODET-JULIEN LEBOUCHER.
NOUVELLE ÉDITION,

ORNÉE DU PORTRAIT DE L'AUTEUR,

ET PRÉCÉDÉE D'UNE NOTICE SUR SA VIE ;

BEVUE ET AUGMENTÉE DE PLUSIEURS LETTRES ET FAC SIMILE

DE PERSONNAGES CÉLÈBRES,

ET ACCOMPAGNÉE D'UN ATLAS.

PUBLIÉE

Par Emile LEBOUCHER,

AVOCAT A LA COUR ROYALE DE PARIS.

TOME PREMIER.

PARIS,
ANSELIN, (SUCCESSEUR DE MAGIMEL),
LIBRAIRE DE LA GARDE ROYALE ET DES TROUPES DE TOUTES ARMES,

RUE DAUPHINE, N° 9.

1830.

A Monsieur
LE COMTE DE RIGNY,

VICE-AMIRAL,

CONSEILLER D'ÉTAT, PRÉFET MARITIME DU 5ᵉ ARRONDISSEMENT,

ET COMMANDANT DES FORCES NAVALES FRANÇAISES

DANS LES MERS DU LEVANT,

COMMANDEUR DE LA LÉGION D'HONNEUR;

CHEVALIER DES ORDRES DE S.-LOUIS, DU S.-SÉPULCRE, DE S.-MAURICE

ET DE S.-LAZARE DE SARDAIGNE;

GRAND CORDON DE L'ORDRE D'ALEXANDRE DU NEWSKI,

ET COMMANDEUR DE L'ORDRE MILITAIRE DU BAIN,

ETC., ETC.

Amiral,

Faire paraître cet ouvrage sous vos
auspices, c'est lui donner un titre de plus
à l'estime et à la confiance des hommes

éclairés. Il appartenait à celui qui a si glorieusement attaché son nom à la cause des Grecs d'honorer de son suffrage l'Histoire où sont retracés les exploits des immortels défenseurs de la cause américaine.

La gloire dont ces illustres marins ont alors environné le pavillon français a reçu un nouvel éclat et nous est devenue plus chère depuis que la journée de Navarin a prouvé au monde qu'ils avaient de dignes successeurs.

Nous sommes avec respect,

Amiral,

Vos très humbles et très obéissans serviteurs,

E. Leboucher;

Vᵉ Boniface, née Octavie Leboucher.

NOTICE HISTORIQUE

SUR M. LEBOUCHER,

ANCIEN AVOCAT AU PARLEMENT DE PARIS,
CHEVALIER DE LA LÉGION D'HONNEUR.

——

L'intérêt de la société et des lettres demande qu'on ne laisse pas périr la mémoire de ces hommes savans et modestes qui semblent n'avoir pas connu leur propre mérite, et qui ont mis autant de soin à se faire ignorer, que d'autres à se produire au grand jour. Combien de vertus, de talens et de réputations paraissent environnés d'un éclat qui s'affaiblit, et même s'efface devant l'œil qui les examine attentivement ! Mais aussi combien de réputations, de talens et de vertus qui ne répandent qu'une faible lueur quand on n'y jette qu'un regard superficiel, et qui grandissent à mesure qu'on les considère avec plus de réflexion ! Telle est la pensée qui se présente naturellement à notre esprit, lorsque nous nous occupons de l'homme de bien, de l'écrivain estimable dont nous allons retracer rapidement la vie.

Odet-Julien Leboucher naquit à Bourey, près de Coutances, le 14 juin 1744. Il était encore au berceau quand il perdit son père, ancien directeur des postes. Il ne tarda pas à montrer d'heureuses dispositions que sa mère dirigea avec soin. Elle le plaça au collége de Coutances, et eut le bonheur de l'y voir se distinguer par une conduite excellente et de brillans succès.

M. Leboucher, son oncle et son parrain, avocat au Parlement de Paris, premier secrétaire de M. de Vanolle, intendant d'Alsace, l'envoya, très jeune encore, terminer ses études au collége d'Harcourt. Doué des plus précieuses qualités de l'esprit et du cœur, il s'y concilia l'estime et l'amitié de ses maîtres et de ses condisciples, et l'affection particulière de l'homme vertueux et éclairé ' qui alors dirigeait cet établissement.

' M. Asselin, docteur en Sorbonne, né à Vire en 1682, mort à Issy en 1767.

Toujours il se plut à faire l'éloge de ceux dont il avait reçu des léçons. Il conservait d'eux ce souvenir reconnaissant qui honore à la fois le maître et l'élève.

A l'âge où tant d'autres s'abandonnent à la dissipation et au plaisir, l'étude fut la seule passion de M. Leboucher. Il embrassa avec une égale ardeur les sciences et les lettres, et se livra à l'étude des lois avec cette application forte et réfléchie qui présidait à toutes ses actions. Aussi avait-il acquis de bonne heure des connaissances variées et profondes.

Il portait dans la société cette complaisance qui rend aimable, ce respect de soi-même et des autres qui commande l'estime. Sa physionomie était expressive, et son maintien plein de dignité. Dans son caractère s'alliaient la bonté, la douceur et la fermeté. Il se faisait remarquer par l'élévation et l'étendue de ses idées, la solidité de son jugement, et la pureté de son goût. A une imagination vive, il joignait une mémoire riche et une élocution facile. Sa conversation était quelquefois éloquente, souvent instructive, et toujours intéressante. C'était surtout dans les entretiens où règne l'abandon de la confiance et de l'intimité, que l'on appréciait ses nobles pensées et les sentimens généreux qui l'animaient.

M. Bertin, qui estimait beaucoup M. Leboucher, s'empressa de l'appeler auprès de lui dès qu'il se vit nommé contrôleur-général. M. Leboucher travailla sous ses ordres avec autant de zèle que de talent. Étranger à l'ambition, il ne voulut retirer aucun avantage personnel de l'amitié que lui portait ce ministre.

Il avait fait une étude sérieuse de tout ce qui concerne la marine. Lié avec un grand nombre d'officiers distingués de nos armées navales [1], il leur fournit souvent des vues sages et utiles.

Il suivit avec le plus vif intérêt tous les évènemens de cette guerre mémorable où la marine française lutta si glorieusement contre la marine

---

[1] De Sartine, de Grasse, Pontevès-Gien, de La Touche, de Chabert, de Verdun, Dumaitz-de-Goimpy, du Pavillon, de Coëfier, de Borda, etc., etc.

anglaise et décida l'indépendance des États-Unis. Ami des braves et habiles marins qui avaient si bien soutenu et rehaussé l'honneur du pavillon français, il entreprit d'écrire l'histoire de cette guerre où ils s'étaient signalés.

Cette histoire, qu'il publia sous le titre d'*Histoire de la dernière guerre entre la Grande-Bretagne, les États-Unis d'Amérique, la France, l'Espagne et la Hollande*, prouve qu'il possédait une grande connaissance des hommes et des choses. Aussi fut-elle accueillie de la manière la plus favorable par tout ce que notre marine avait alors d'officiers expérimentés. Ils y trouvaient une science rare de la tactique navale, une exposition fidèle et instructive des évolutions des diverses escadres, une rigoureuse impartialité, une vérité, une exactitude admirable dans le récit des faits et l'assignation des dates. Ces précieuses qualités ne sont pas le seul mérite de cet ouvrage : il se distingue encore par un style clair et correct, une narration simple, rapide, et parfois animée.

En livrant au public cet utile ouvrage, M. Leboucher voulut taire son nom; et malgré les instances de M. le maréchal de Castries, qui l'aimait et le protégeait, il refusa de présenter lui-
même son livre à Louis XVI. Cependant M. le
maréchal en mit un exemplaire sous les yeux de
Sa Majesté. Cet excellent prince lut cette histoire avec plaisir, et, pour témoigner sa satisfaction à l'auteur, il lui fit don d'une magnifique
collection d'Atlas et de Voyages marqués de ses
armes. Durant la révolution, M. Leboucher les
conserva au péril de sa vie.

Sous le voile de l'anonyme, l'auteur jouissait
des éloges que faisaient de son Histoire les hommes les plus capables de l'apprécier. Il serait trop
long de rapporter ici les jugemens de plusieurs
officiers instruits et du *Journal de Paris*. Nous
nous bornerons à citer une lettre de M. d'Hector[1],

---

[1] M. le comte d'Hector, lieutenant-général des armées
navales, mort en Angleterre pendant la révolution. Sa
conduite noble et généreuse lui avait mérité le respect
et l'attachement de tout le corps de la marine.

commandant la marine à Brest, au chevalier de Marigny [1].

« Il n'est pas possible d'être plus satisfait que
» je le suis de tout ce que j'ai lu. J'ai enfin trouvé
» un esprit impartial sur le compte de la marine.
» J'ai vu dans cet ouvrage un chef-d'œuvre d'exac-
» titude, une vérité constante dans tous les faits.
» Il règne une netteté parfaite dans tous les ta-
» bleaux, une connaissance surprenante de tout
» ce qui s'est passé jusque dans les cabinets des
» cours ; enfin une prudence rare et bien loua-
» ble, en laissant au lecteur, après lui avoir tra-
» cé avec habileté les actions, la liberté entière
» des réflexions. »

Voici comment s'exprimait sur cet ouvrage le censeur Mentelle, qui l'approuva.

« J'en regarde la publication comme pou-

---

[1] Le chevalier de Marigny était un brave et excellent officier qui, en 1779, avec les deux frégates, *la Junon* et *la Gentille*, avait forcé de se rendre, après un combat opiniâtre, le vaisseau anglais *l'Ardent*, de soixante-quatre canons.

» vant être infiniment utile pour conserver
» dans toute leur intégrité des faits précieux à
» l'histoire, et comme devant servir de modèle
» aux ouvrages de ce genre, par la manière
» dont les faits sont exposés et le soin qu'a
» eu l'auteur d'en administrer toutes les preu-
» ves. »

La fortune de M. Leboucher, sans être considérable, suffisait à ses besoins et à ses désirs, et
lui permettait de renoncer aux places et aux di-
gnités pour jouir d'une position indépendante ;
mais la révolution devait bientôt troubler la
vie modeste et studieuse dans laquelle il aimait
à se renfermer.

Comme tant d'hommes sages et véritablement
amis de leur pays, il avait désiré que des mains
prudentes et fortes fissent disparaître quelques
abus, et que, suivant les progrès de la civilisa-
tion et les besoins du siècle, elles portassent
dans les lois et le gouvernement une réforme devenue nécessaire. Mais bientôt la fermentation
des esprits, qui allait toujours croissant, les pas-

sions qui se déchaînaient, lui firent comprendre qu'une trop grande précipitation et un amour aveugle d'innovations allaient tout bouleverser et tout confondre. Afin de se mettre plus à l'abri des tempêtes qu'il prévoyait, il se retira dans sa maison de campagne auprès de Coutances.

Le calme qu'il y trouva ne fut pas de longue durée. Vertueux, ennemi des factions, renommé par ses connaissances, il ne pouvait traverser la révolution sans être atteint par quelques uns de ses mouvemens. Élu président de son canton, il se montra le défenseur courageux des gens de bien, et lutta avec force contre cette intolérance philosophique qui, sous prétexte de détruire l'intolérance religieuse, tourmentait les consciences, exilait et emprisonnait au nom de la liberté, dépouillait au nom de l'égalité, égorgeait au nom de l'humanité. Plein d'admiration pour le courage de ces ministres de la religion qui aimaient mieux fuir leur patrie ou périr sur l'échafaud que d'obéir aux hommes en violant les sermens faits à Dieu, plus d'une fois il leur donna asile et leur procura les moyens d'échapper aux bourreaux ; en un mot, il fut toujours le protecteur de l'innocence et de l'infortune. Dans ces temps de délire, une telle conduite ne devait pas rester impunie. Sa maison fut pillée, et on le jeta dans les prisons. Il y conserva cette gaieté aimable et spirituelle qui le caractérisait. Cependant il s'attendait à être, au premier moment, traduit devant le tribunal révolutionnaire, et par conséquent condamné à mort. Mais Robespierre tomba, et M. Leboucher eut le bonheur, après huit mois de détention, d'être rendu à la liberté.

Destitué après le 18 fructidor, il courut encore les plus grands dangers. Enfin des jours moins tristes se levèrent pour la France. M. Leboucher continua de vivre dans sa retraite, et de s'y livrer à ses occupations favorites. La société de quelques amis, la tendresse de la digne épouse à laquelle il venait d'unir son sort, plus tard les espérances que lui faisaient concevoir ses enfans, et les soins qu'il donnait à leur éducation, lui procurèrent des jouissances douces et pures; ses jours s'écoulaient paisibles et heureux. Il avait été élu de nouveau président de son canton, et fut, en cette qualité, appelé à Paris en 1804, pour assister au couronnement de l'empereur. Alors il revit plusieurs de ses anciens amis. Un d'eux, M. de Fleurieu¹, avait, à son insu, présenté au grand conseil de la Légion d'Honneur un exemplaire de l'Histoire de la guerre de l'indépendance des États-Unis. Un rapport de M. le comte de Lacépède avait appelé sur cet ouvrage l'attention du chef du gouvernement; M. Leboucher fut créé chevalier de la Légion d'Honneur. La lettre suivante prouve qu'il était loin d'avoir recherché cette distinction.

¹ Le comte de Fleurieu fut nommé, en 1776, directeur des ports et arsenaux. Il rédigea presque tous les plans des opérations navales de la guerre de 1777. Savant marin, excellent administrateur, il rendit de grands services à la patrie.

A

« *Le Grand-Chancelier,*

» *A M. de Fleurieu, Conseiller d'État, Président*
  » *de la section de la marine, et grand-officier*
  » *de la Légion d'Honneur.*

« Monsieur le Conseiller d'État et cher confrère,

  » La lettre par laquelle j'annonçais à M. Le-
» boucher, auteur de l'Histoire de la dernière
» guerre maritime de 1777, que l'empereur, en
» grand conseil, l'avait nommé membre de la Lé-
» gion d'Honneur, est revenue à la grande chan-
» cellerie, après avoir parcouru tous les lieux
» où l'on croyait qu'il pouvait être. Comme vous
» connaissez particulièrement cet historien re-
» commandable, j'ai l'honneur de vous adresser
» cette lettre, et je vous prie de vouloir bien la
» lui faire parvenir.

  » J'ai l'honneur, etc. »

Pendant son séjour à Paris, M. Leboucher
reçut cette décoration des mains du grand-
chancelier.

A cette époque, son âge, ses talens, ses connaissances, le crédit dont jouissaient plusieurs. de ses amis, lui ouvraient de nouveau le chemin de la fortune et des honneurs ; il refusa tout, comme il avait, quelques années auparavant, refusé les offres du ministre de la marine, Pléville-Le-Pelley, son compatriote et son intime ami [1]. « Rendu à la chaumière et aux champs » paternels, j'y goûte, disait-il, les douceurs du » *repos* et de la solitude; je ne les quitterai pas » pour m'aventurer dans la carrière périlleuse » des affaires. »

Il revint donc dans cette solitude qui avait tant de charmes pour lui ; il accepta les fonctions de maire de sa commune, et il les remplit toujours avec zèle et activité. Telle était la confiance qu'inspiraient sa droiture et ses lumières, que ses administrés, et même les habitans des communes voisines, s'empressaient de le prendre pour arbitre quand il s'élevait parmi eux

[1] M. Hennequin a donné, dans la *Biographie universelle*, un article plein d'intérêt sur cet homme non moins recommandable par ses vertus que par ses talens.

quelques contestations; ses décisions furent
presque toujours reçues sans appel. Heureuses
les campagnes où se trouvent des hommes qui
exercent cette paternelle magistrature! Honneur aux hommes qui font un si noble usage
de l'ascendant qu'ils tiennent de leur mérite
et de leurs vertus!

La conduite de M. Leboucher ne démentit
jamais ses principes; aussi vertueux qu'instruit,
il admira toujours les grandes et consolantes
vérités de la religion : ainsi qu'un philosophe
dont il était loin de partager toutes les opinions, il pensait qu'il y a un certain nombre
de choses assurées qu'il faut croire, quelques
choses probables que l'on peut discuter, et beaucoup de choses convenues que le sage doit respecter.

Pendant un assez grand nombre d'années,
M. Leboucher fréquenta les savans et les littéra-
teurs de son temps; admis dans la société de
plusieurs hommes célèbres, il rendait justice à
leurs talens, il louait ce qu'ils ont dit de vrai et

d'utile, mais il déplorait l'abus que trop souvent ils ont fait de leur génie.

On aimait dans M. Leboucher sa tolérance pour les opinions, les systèmes et les erreurs qui divisent les hommes ; mais jamais il ne montra d'indulgence pour le vice et le crime. Les mauvaises actions soulevaient dans son cœur généreux une indignation qu'il ne pouvait contenir. *Les forfaits* qui ont souillé la fin du XVIII° siècle avaient *surtout laissé* en lui une impression profonde : malgré la vieillesse et les infirmités, alors qu'on rappelait ces temps de sanglante mémoire, ses facultés se réveillaient, et il retrouvait des paroles énergiques pour flétrir les hommes qui avaient déshonoré la France.

Toujours il conserva un souvenir plein de reconnaissance de l'infortuné Louis XVI : il aimait à raconter la vie de ce monarque si digne d'un meilleur sort, à parler de son auguste famille, à la faire connaître à la génération qui s'élevait ; aussi salua-t-il le retour des Bourbons avec une joie inexprimable : ils ramenaient la

vraie liberté , la paix et le bonheur , et sa vieillesse en était consolée.

Sincèrement attaché aux institutions politiques que nous devons à la sagesse de Louis XVIII,
il ne pouvait, disait-il, adopter les opinions de
ces hommes estimables qui , emportés par leurs
souvenirs et leurs affections, fuient un présent
plein de vie et d'espérances , et travaillent pé-
niblement à remonter le cours des temps , pour
chercher et ramener un passé que toutes les
puissances humaines essaieraient vainement de
ressusciter. Il improuvait plus fortement encore
ceux qui , méconnaissant les bienfaits et la liberté dont nous jouissons , voudraient nous pré-
cipiter dans de nouvelles théories , et nous en-
traîner à travers de nouveaux dangers à la
poursuite d'une perfection sociale imaginaire,
ou d'une licence de laquelle renaîtrait bientôt la
tyrannie. Ainsi il était convaincu qu'une ère
nouvelle est ouverte pour la France , et que notre belle patrie trouvera le repos et la tranquillité , si elle ne se laisse pas dominer par des
opinions extrèmes.

Pendant les dernières années de sa vie, M. Leboucher, affaibli par l'âge et par des attaques réitérées de paralysie, ne devait qu'à la force de son âme un reste de vigueur. Un malheur domestique aggrava ses maux. Mademoiselle Leboucher venait de s'unir au chevalier Boniface [1], et tout annonçait que cette union ferait le bonheur d'une fille qui lui était si chère, quand une maladie de quelques jours enleva cet excellent époux.

M. Leboucher survécut peu à son gendre; après avoir langui quelques mois, il mourut en

[1] M. Boniface, capitaine de vaisseau (ancien commandant d'une compagnie des marins de la garde), chevalier des ordres de Saint-Louis et de Saint-Ferdinand d'Espagne, officier de la Légion d'Honneur, etc., était l'un des hommes les plus distingués de la marine française. Il avait fait avec gloire les campagnes de Prusse, d'Espagne et de Russie. En 1823, il commandait *l'Isis*, lors de l'attaque du *fort Santi-Petri*. Il fut cité pour sa belle conduite dans cette circonstance.

Voyez l'article qui lui a été consacré dans *la Biographie des Contemporains*.

philosophe chrétien, le 23 septembre 1826, à l'âge de quatre-vingt-deux ans, laissant d'éternels regrets à son épouse, à son fils, à sa fille, et à ses nombreux amis.

D***.

HISTOIRE
DE LA GUERRE
DE L'INDÉPENDANCE
DES ÉTATS-UNIS.

AVERTISSEMENT.

———

La première édition de l'Histoire de l'Indépendance des États-Unis parut en 1787.
Il n'existait alors aucun ouvrage sur ces
grands évènemens dans lesquels ont pris
part les deux principales puissances de l'Europe, et qui ont tenu le monde civilisé attentif. Depuis que cette mémorable révolution a eu lieu, elle a exercé la plume de quelques écrivains dont plusieurs ont su allier le
double mérite du talent et de l'impartialité.
L'ouvrage de l'un d'eux surtout, quoique ayant été écrit en italien, obtint en
France dès son apparition un succès que
le temps a consacré, et contre lequel
cette nouvelle publication ne vient pas

B.

protester[1]. Il n'y a point de similitude dans l'esprit de ces deux ouvrages, outre qu'il y a toujours une dissemblance remarquable dans la manière dont deux écrivains traitent le même sujet. L'histoire de M. Botta est une œuvre oratoire et philosophique où l'on retrouve l'élégance et la précision qui caractérisent le style de Tacite, de Tite-Live et de Voltaire. Celle de M. Leboucher est d'un genre tout différent. Sans doute les réflexions philosophiques et les tableaux n'en sont pas bannis; mais ce qui lui donne un caractère spécial, ce sont les détails maritimes et militaires, les documens positifs et techniques, qui en font presque un livre didactique pour toutes les personnes

[1] Storia della guerra dell' Independenza degli Stati-Uniti d'America, scritta da Carlo Botta. Parigi, 1809, 4 vol. in-8°. Traduction de M. Sevelinges, Paris, 1810, 4 vol. in-8°.

attachées à l'art militaire. Cette spécialité
de l'ouvrage de M. Leboucher justifie suffisamment notre réimpression, et nous permet d'espérer que cette seconde édition,
placée sous le noble patronage d'un illustre
marin, ne sera pas moins favorablement accueillie que la première. Elle sera d'ailleurs
plus complète. La censure de ce temps-là
ne *permit* pas à *l'auteur* de dire toute la
vérité. Le récit de quelques uns des faits
blessait des personnages en crédit; ils en
sollicitèrent et en obtinrent la suppression.
Long-temps M. Leboucher refusa de muti-
ler son ouvrage, il aimait mieux retirer son
manuscrit. Cependant il finit par céder, déterminé par les conseils de M. le maréchal
de Castries, qui lui fit comprendre que si
l'honnête homme ne doit jamais dire que la
vérité, il est, dans des annales contempo-

raines, des ménagemens et des convenances qu'un écrivain peut observer sans blesser la vérité historique.

Nous avons retrouvé tous les fragmens qui furent alors retranchés, et, aujourd'hui que les évènemens sont loin de nous, nous rétablissons l'ouvrage tel qu'il a été composé par l'auteur.

Occupé de retracer l'histoire générale de la guerre de l'Indépendance américaine, M. Leboucher a négligé une multitude de petits évènemens qui lui ont paru trop isolés ou trop dépourvus d'intérêt. C'est ainsi qu'il n'a point fait mention de l'entreprise flibustière d'un parti français contre l'île de Jersey, le 6 janvier 1781, ni de l'expédition que le gouverneur de la Jamaïque dirigea, le 3 août 1782, contre le fort situé sur la rivière Black, dans le golfe du Mexique, ni des différentes incursions des sauvages sur les derrières des États-Unis. Toutes ces expéditions, qui n'eurent pour objet que le pillage et la ruine des cultivateurs, ne contribuèrent en rien à accélérer le retour de la paix.

Il a paru convenable, pour jeter plus de clarté sur le récit et en faciliter l'intelligence, de joindre à cette histoire les plans de l'île Saint-Christophe et de la baie de Trinquemale, une petite carte du golfe du Mexique, et quatre grandes cartes géographiques et marines. La première et la seconde renferment toutes les côtes et une partie de l'intérieur du pays situé entre la ville de Quebec, dans le Canada, et la rivière de Savannah, dans la Géorgie. On voit sur la troisième les îles du Vent. La quatrième représente l'île de Ceylan et toute la côte de

Coromandel et d'Orixa, jusqu'à la pointe d'Achem. On a pensé aussi que, pour mettre les lecteurs à portée de juger sainement, il était utile de donner le détail des évolutions navales, et d'indiquer les lignes de bataille, sans lesquelles on ne peut se former une juste idée des manœuvres ordonnées par les généraux. Ces détails ont nécessité l'emploi d'un grand nombre de termes de navigation et de tactique navale. Les lecteurs auxquels ce langage ne serait point familier trouveront, après le discours préliminaire, un dictionnaire des termes de marine.

On a aussi donné à la fin de cette histoire, deux listes, l'une des vaisseaux de chaque puissance belligérante, pris, brûlés ou naufragés, l'autre des officiers de la marine française, tués, blessés et morts de leurs blessures durant la guerre de l'indé-pendance des États-Unis. Nous regrettons bien sincèrement de ne pouvoir offrir les noms de tous les officiers de la marine anglaise. Ceux qui ont versé leur sang pour leur patrie, sous quelque bannière qu'ils aient combattu, ont également des droits au souvenir de la postérité.

Les évènemens ont été datés avec la plus grande exactitude. On peut aussi ajouter foi aux états des Français et des Anglais tués et blessés dans chaque combat, parcequ'ils ont été vérifiés avec un soin extrême.

On trouvera encore à la fin de cette his-toire la correspondance du lord Shelburne, ministre des affaires étrangères de la Grande-Bretagne, avec le comte de Grasse, et celle de cet amiral avec le ministre anglais; plusieurs lettres de Washington, avec *fac simile*.

Quel que soit le sort de cet ouvrage, nous nous félicitons d'avoir pu, en le reproduisant, payer aussi notre tribut d'admiration aux conquérans de la liberté Américaine, aux fondateurs d'un nouvel empire qui, par ses ressources et ses accroissemens rapides, semble destiné à jouer bientôt le plus grand rôle sur la scène du monde.

DISCOURS PRÉLIMINAIRE.

Un nouvel empire fondé dans l'Amérique septentrionale et reconnu souverain par toutes les puissances de l'Europe; la révolution qui sépara de la métropole les treize États qui le composent, opérée dans le court intervalle de huit années; la nation qui, depuis la paix d'Utrecht, avait la prépondérance la plus grande dans l'Europe, et qui réclamait avec hauteur le domaine exclusif des mers, forcée non seulement de renoncer à cette prétention, aussi contraire au droit des gens qu'humiliante pour les autres puissances, mais encore de reconnaître elle-même l'indépendance de ses colonies, pour la réduction desquelles elle avait dépensé inutilement trois milliards quatre cents millions[1] ; tels sont les évènemens que présente l'histoire de la guerre de l'indépendance des États-Unis. La France, en contribuant le plus à cette étonnante révolution qui fit perdre à la Grande-Bretagne un tiers de ses possessions, qui diminua son revenu en diminuant l'étendue de son commerce, et qui doubla sa dette nationale, aurait peut-être manqué le but qu'elle s'était proposé, si elle eût suivi le système qu'elle avait constamment adopté dans toutes ses guerres précédentes. Jeter un coup d'œil rapide sur les moyens et les ressources que ces puissances mirent en usage l'une contre l'autre, indiquer même les fautes principales qu'elles commirent, c'est mettre nos lecteurs en état de porter un jugement d'autant plus impartial qu'il sera plus éclairé.

De toutes les guerres qui se sont allu-

[1] Voyez la note 1re de la page 6 de cette histoire.

mées entre la France et l'Angleterre, aucune ne ressemble à celle de l'indépendance des États-Unis. Jusqu'à cette époque,
ces deux puissances avaient toujours dirigé leurs efforts principaux du côté de
la terre ; et la Grande-Bretagne , soit
qu'elle y agît comme partie principale,
soit qu'elle n'y figurât que comme auxiliaire, avait été rarement contrariée dans
*son projet de rendre sa marine si formi-
dable qu'elle pût lutter seule* avec avantage contre les forces navales réunies des
autres puissances maritimes de l'Europe.
Louis XIV, à la vérité, créa une marine
qui disputa l'empire des mers aux Anglais
réunis aux Hollandais, durant la guerre
de 1689; mais la multitude d'ennemis
auxquels il lui fallut faire face durant celle
de la succession fut si considérable , l'entretien de ses nombreuses armées de terre
devint si dispendieux, les revers multipliés que ses armes éprouvèrent, appau-
vrirent tellement ses finances, qu'il se vit

forcé de négliger sa marine. L'état d'é-
puisement dans lequel se trouva la France
à sa mort, acheva ce qu'avait commencé
la guerre de la succession. Loin de pourvoir à l'entretien de ce qui restait de
vaisseaux, on les laissa pourrir dans les
ports.

Les guerres que Louis XV porta successivement en Italie, en Flandre et en
Allemagne, ne permirent pas de faire,
pour l'entier rétablissement de la marine,
les efforts qu'elle exigeait. Les dépenses
des armées de terre absorbant tous les
revenus et toutes les ressources de l'État,
la France n'arma de vaisseaux que ce qui
lui parut nécessaire plutôt pour protéger
son commerce maritime, que pour troubler celui de ses ennemis. C'était précisé-
ment jouer avec la chance de perdre,
sans avoir jamais celle de gagner. Aussi
ses escadres, toujours inférieures en force,
furent-elles ou mises en déroute, ou bat-
tues et prises en grande partie.

La prévention nationale militait en quelque sorte contre le rétablissement de la marine. Éblouis des productions riches et sans cesse renaissantes de leur sol, et de la multitude de leurs manufactures, les Français ont été lents à reconnaître que, sans une marine active et redoutable, le commerce d'un empire, quel qu'il soit, ne peut être florissant; et que, sans *commerce* extérieur, une nation ne peut attirer chez elle ces signes qui représentent les richesses, et qui donnent aujourd'hui la prépondérance. Il ne fallut pas moins que l'accroissement rapide des productions de leurs colonies durant la paix de 1763, et la grande consommation de ces productions chez l'étranger, pour attirer l'attention de leur gouvernement vers leur commerce maritime. Il s'occupa de lui donner de l'extension par les encouragemens qu'il lui accorda. La protection qu'il lui continua durant la guerre de l'indépendance n'empêcha pas seulement sa décadence; il en résulta encore que les Antilles françaises furent plus approvisionnées qu'elles ne l'avaient été dans aucune guerre précédente, et que les nombreux convois qui y arrivèrent d'Europe revinrent chargés de leurs productions, et entretinrent un commerce suivi entre elles et la métropole.

Jamais la France ne pouvait désirer une circonstance plus favorable pour soutenir cette guerre contre la Grande-Bretagne. Au moment où elle prit les armes, les autres États de l'Europe jouissaient d'un calme profond. Elle eut l'adresse de l'entretenir, et même de contribuer à éteindre un feu qui pouvait embraser durant plusieurs années le nord de l'Europe [1]. Libre alors d'appliquer tous ses moyens à l'augmentation de sa marine, elle déploya les plus grands efforts. Les

---

[1] La guerre qui éclata entre l'Empereur et le roi de Prusse, à la mort de l'électeur de Bavière, en 1778.

constructions qu'elle ordonna dans les ports de Brest, Toulon et Rochefort, surpassèrent toute idée qu'on pourrait s'en former [1]. L'Europe en apprit avec étonnement le nombre et la rapidité. Elle vit sortir de ses chantiers, dans l'espace de trois ans, vingt vaisseaux de ligne, qui remplacèrent avantageusement ceux que détruisaient le temps, le long séjour à la mer, les combats et les tempêtes [2].

L'entretien de la marine française

[1] En 1780, *le Sceptre*, de soixante-quatorze canons, fut construit et mis en état d'aller à la mer en cent cinq jours.

[2] Depuis le commencement de l'année 1778 jusqu'à la fin de celle de 1780, on mit à la mer, dans ces trois ports, *le Terrible*, *l'Invincible*, *le Royal-Louis*, *le Majestueux*, de cent dix canons; *l'Auguste* et *le Triomphant*, de quatre-vingts; *l'Annibal*, *le Neptune*, *le Destin*, *le Héros*, *le Pluton*, *le Scipion*, *l'Hercule*, *le Magnanime*, *le Northumberland*, *le Sceptre*, *l'Illustre*, *le Brave* et *l'Argonaute*, de soixante-quatorze canons, *le Jason*, de soixante-quatre. On refondit aussi *la Ville de Paris*, de cent quatre canons; *le Duc de Bourgogne*, de quatre-vingts; *le Citoyen*, *la Bourgogne*, *le Souverain*, de soixante-quatorze; et *le Bizarre*, de soixante-quatre.

sur ce pied formidable, exigeait une activité constante dans les constructions. On les interrompit en 1780, et on ne les reprit que vers le milieu de l'année suivante[1], sans doute après avoir reconnu les effets de cette interruption, qui devint avantageuse à l'Angleterre; car cette puissance ayant redoublé, dans cet intervalle, ses travaux de construction, vint à bout de couvrir la mer d'un plus grand nombre de vaisseaux[2], et de reprendre

[1] En 1781, on ne mit à l'eau, dans les ports français, que *la Couronne*, de quatre-vingts canons, et *le Pégase*, de soixante-quatorze; et on refondit *le Guerrier* et *le Protecteur*. Les vaisseaux *l'Alcide*, *le Censeur*, *le Dictateur*, *le Puissant* et *le Suffisant*, furent mis à l'eau l'année suivante.

[2] En 1780 et 1781, les Anglais mirent à la mer les vaisseaux, *la Fortitude*, *le Goliath* et *le Warrior*, de soixante-quatorze; *l'Anson*, *l'Agamemnon*, *le Belliqueux*, *l'Africa*, *l'Inflexible*, *le Magnanime*, *la Repulse*, *le Sampson* et *le Scepter*, de soixante-quatre; *le Leander*, *l'Adamant* et *l'Assistance*, de cinquante. Ils refondirent *le Namur*, de quatre-vingt-dix; *l'Hercule* et *le Fame*, de soixante-quatorze. *Le Namur*, *le Fame*, *le Warrior*, *l'Agamemnon*, *l'Anson*, *le Belliqueux* et *la Repulse*, faisaient partie de l'armée de l'amiral Rod-

aux Antilles cette supériorité qui fut une des causes principales du succès de ses armes le 12 avril 1782.

Ce revers n'aurait point affligé la France, si son gouvernement eût été bien persuadé que les armées navales sont faites pour être offensives, et qu'elles ne peuvent le devenir qu'autant qu'elles sont supérieures en forces. C'est encore *plus à l'oubli de ce* principe qu'à la grande sécurité que lui avaient inspirée ses succès dans la guerre précédente, que la Grande-Bretagne doit imputer la perte de plusieurs de ses possessions. La défensive sur mer sera presque toujours funeste à la puissance qui la mettra en usage. Sur terre, un *général* habile, par la position avantageuse qu'il sait prendre, par les retranchemens dont il l'environne, peut couvrir plusieurs postes à la fois, arrêter dans

---

ney le 12 avril 1782. *Le Sceptre, le Magnanime, l'Africa et l'Inflexible*, allèrent, en 1781 et 1782, renforcer dans l'Inde l'escadre de l'amiral Hugues.

leur marche des forces supérieures aux
siennes, et leur faire consumer inutilement les frais de toute une campagne. Sur
mer, au contraire, une armée navale ne
peut observer des forces supérieures sans
courir les dangers d'un combat inégal.
Elle pourra, à la vérité, lorsqu'elle sera
stationnée aux Antilles, préserver de l'invasion l'île dont elle aura choisi les ports
pour retraite ; mais forcera-t-elle l'ennemi de discontinuer l'attaque qu'il aura
formée avec des forces navales supérieures ? Les armées navales anglaises ont-
elles empêché la reddition de la Grenade,
de Tabago, de Saint-Christophe, d'York-
Town et de Trinquemale ? Dès que ces
îles et ces places ne purent plus être dé-
fendues par les escadres britanniques,
dès qu'elles furent abandonnées à elles-
mêmes, elles durent faire une résistance
d'autant moins longue qu'elles étaient
plus dépourvues de fortifications.

La France semblait se défier tellement

des moyens qu'elle avait pour entretenir sa marine sur l'offensive, qu'elle profita du retour de la dernière paix pour faire fortifier la Martinique et la Guadeloupe. Il est permis de croire que la Grande-Bretagne aurait suivi cet exemple, si elle eût pu prévoir l'insuffisance de ses escadres pour la conservation de ses colonies. Mais trop fière de la prépondérance maritime que *lui* avaient donnée ses succès lors de la guerre de 1756, cette puissance dédaigna ce moyen de défense, parcequ'elle ne dut jamais s'attendre que les dépenses de la guerre de terre qu'elle avait entrepris de soutenir sur le continent de l'Amérique , égaleraient presque celles qu'exigerait l'armement de ses escadres.

Nous avons fait remarquer qu'elle n'avait pas déployé moins d'activité que la France dans ses constructions. Mais de quelle utilité pouvait être un aussi grand nombre de vaisseaux pour ces deux puissances, tant qu'elles manqueraient de bras pour les armer? Privée du secours des Américains par l'insurrection des colonies, et du service des étrangers par les armemens qu'ordonnèrent les trois puissances maritimes du Nord afin de protéger leur pavillon, la Grande-Bretagne fut forcée de chercher dans ses trois royaumes les équipages de ses vaisseaux. La France, dont le commerce maritime n'avait jamais été assez étendu pour lui fournir un nombre de matelots proportionné à celui de ses vaisseaux, compléta les siens avec ses troupes de terre. L'Angleterre l'imita, mais sans pouvoir tirer le même avantage de cette ressource, parcequ'elle avait transporté la majeure partie de son infanterie sur le continent de l'Amérique, pour combattre les forces des États-Unis.

Ce ne fut pas là le seul obstacle que la France eut à surmonter durant cette guerre. Le gouvernement britannique, en faisant saisir les bâtimens neutres dont le

chargement consistait en matériaux propres à la construction et à l'armement des
vaisseaux, ne troublait pas seulement le
commerce maritime des puissances du
Nord, il interrompait encore l'approvisionnement des ports français en munitions navales, et surtout en mâtures.
L'exécution complète de ce projet tendait
à anéantir indirectement les forces navales françaises, puisqu'il serait devenu impossible de les armer. On doit à M. de
Sartine, alors ministre de la marine, d'a-
voir rendu infructueuses les tentatives de
l'Angleterre, en faisant servir les canaux ¹

---

¹ Les trains de mâtures arrivés à Cambrai, les uns venant d'Ostende par le canal de Dort et par l'Escaut, les
autres d'Ostende à Gand par le canal de Bruges, et de là à
Cambrai, en étaient transportés par terre l'espace de quatorze lieues, jusqu'à Saint-Quentin. Là on les remettait
en trains pour les faire flotter sur le canal de Crozat,
depuis Saint-Quentin jusqu'à Chauni. Ensuite ils entraient
dans l'Oise qu'ils descendaient jusqu'à Conflans-Sainte-
Honorine, d'où ils remontaient la Seine jusqu'au canal
de Briare, le traversaient pour tomber dans la Loire,
qu'ils descendaient jusqu'à l'île d'Aindret au-dessous de

de Flandre et de Picardie au transport des mâtures et des autres munitions navales. Quand ces canaux, dont l'utilité est reconnue depuis très long-temps, n'auraient produit que ce seul avantage, ne serait-il pas assez grand pour en hâter la confection au retour de la paix, pour déterminer à en ouvrir de nouveaux dans d'autres provinces, et à redresser le cours des rivières susceptibles d'être navigables[1]? Mais si, par la nouvelle route qu'il adopta pour approvisionner les arsenaux, le ministre français fut assez heureux pour prévenir la disette absolue de munitions navales dont ils furent menacés, il ne put également se procurer, aussi promptement que les Anglais, les moyens de doubler les vaisseaux de guerre en cui-

---

Nantes. C'était là qu'on les embarquait sur des gabares qui les portaient à Brest et à Rochefort.

[1] Par exemple, l'Indre et le Cher, rendus navigables, ne vivifieraient-ils pas le Berri? Ne quadrupleraient-ils pas la valeur des forêts de cette province?

vre, ni même armer leurs ponts de caronades.

Cette arme , inventée en Écosse par
Caron, est une espèce d'obusier très court,
dont la plus forte charge a été jusqu'à présent de quarante-huit livres de balle. L'a-
mirauté de la Grande - Bretagne en fit
placer d'abord sur les ponts de quelques
frégates, pour en faire l'essai. Lorsqu'elle
*eut bien reconnu son effet destructeur par
les grands dommages qu'elle causa aux manœuvres, aux agrès et aux voiles des vaisseaux de guerre français contre lesquels
son feu fut dirigé dans des combats particuliers, elle en fit garnir les gaillards d'arrière et d'avant de tous ses vaisseaux de
ligne.* On a remarqué qu'elle cause un
ravage beaucoup moins grand dans les
actions générales que dans les combats
particuliers , parceque deux armées ne
peuvent presque jamais combattre d'aussi
près que deux vaisseaux , et qu'alors la
charge de cette arme, beaucoup plus courte

que celle des canons, diverge d'autant plus
que son point de mire est plus éloigné, et par
conséquent frappe plus rarement à son
but. La France pouvait-elle en faire fondre,
lorsque les deux fonderies établies à Ruelle
et à Aindret pour le service de sa marine
avaient peine à suffire à la fourniture de
l'artillerie des vaisseaux et des frégates
qu'elle faisait construire? Disputer l'empire de l'Océan avec des armes inégales,
c'était pour elle un désavantage évident :
celui de ne pouvoir doubler tous ses vaisseaux en cuivre aussi promptement que
la Grande-Bretagne, fut bien plus grand
encore.

L'Angleterre fait exploiter depuis plusieurs siècles des mines d'un cuivre aussi
excellent qu'abondant, et connaît l'art de
le laminer et de le convertir en feuilles.
Non seulement la France ignorait cette
manière de le préparer avant de s'en servir; mais il fallut encore que cette puissance, dont les mines n'ont jusqu'à présent
fourni ce minéral qu'en petite quantité,

s'en approvisionnât chez l'étranger. Les retards qu'elle essuya dans les premiers envois, qui ne furent pas tous de bonne qualité, en apportèrent nécessairement d'autres dans le doublage de ses vaisseaux. A peine en avait-elle pu faire doubler la moitié à la fin de l'année 1781. De là l'inégalité de marche trop disproportionnée de ses vaisseaux doublés et non doublés, qui arrêta souvent l'exécution des mouvemens, et qui ne permit pas de profiter des occasions que les Anglais donnèrent plusieurs fois de les attaquer avec avantage. Une escadre doublée en cuivre[1] acquiert alors une si grande supériorité de marche sur celle qui ne l'est pas, qu'elle

---

[1] Le doublage en cuivre était connu dès le siècle dernier. «Les vaisseaux,» dit Aubin, à l'article *Doublage*, dans son *Dictionnaire de Marine*, imprimé en 1702 à Amsterdam, « qu'on destine pour l'Ouest, surtout pour les lieux » éloignés, ont besoin d'un bon doublage qui soit garni » d'une infinité de clous et de ploc entre le doublage et le » franc-bord. *On y met même quelquefois du cuivre, » afin de garantir le bois de la criblure des vers.* »

si propre à remplir les vues du moment,
devient dangereux pour les vaisseaux qui,
hors d'état de tenir la mer dans des parages éloignés, sont renvoyés dans les ports
d'Europe pour y être radoubés.

Nous n'entreprendrons point d'examiner les inconvéniens qui peuvent résulter
de laisser les vaisseaux désarmés avec leur
doublage. La grande quantité de bois
qu'on a fait servir aux constructions durant la guerre de l'indépendance n'a pas
toujours permis de n'employer que ceux
qui avaient acquis le degré de sécheresse
nécessaire. C'est au temps seul à nous instruire de l'effet du cuivre appliqué sur
des bois verts. Mais nous croyons qu'il
est indispensable pour la conservation
des vaisseaux et de leurs équipages,
d'avoir la précaution de dédoubler ceux
que l'on destinera pour des stations éloi-
gnées, afin de visiter exactement leurs
francs-bords et de rebattre leurs coutures, surtout s'ils sont restés désar-

més durant plusieurs années consécutives.

Autant les deux puissances montrèrent d'activité à construire et à doubler leurs vaisseaux en cuivre, autant leurs marins déployèrent de zèle et d'ardeur. On ne peut disconvenir que cette guerre mémorable n'ait contribué à perfectionner la tactique navale et même à reculer les limites des connaissances humaines sur cette partie. Avant qu'elle éclatât, les Français n'avaient jamais autant fait d'évolutions sous le feu de leurs ennemis, soit dans les affaires générales, soit dans les combats particuliers. Cette célérité et cette précision dans les mouvemens, qu'ils développèrent assez généralement, ils les devaient aux trois escadres d'évolution que le gouvernement fit sortir en 1772, 1775 et 1776, sous le commandement des comtes d'Orvilliers, de Guichen et du Chaffault. On ne peut trop le répéter, les escadres d'évolution sont aux marins ce que les camps sont aux soldats de terre.

Ce n'est qu'en exécutant des manœuvres en grand qu'ils peuvent apprendre, les uns et les autres, à conserver cet ordre, cette précision, cet ensemble, qui font la force d'une armée et qui déterminent la victoire. Quand l'utilité des escadres d'évolution ne serait pas aussi évidemment démontrée qu'elle l'est par l'instruction qu'en retira le corps de la marine dans les trois campagnes dont nous venons de parler, le gouvernement français a trop d'intérêt d'entretenir ses anciens marins en activité et d'en former de nouveaux, pour n'en pas armer une tous les ans[1].

Si les escadres d'évolution avaient servi durant la paix à l'instruction de la marine royale, on doit dire aussi que la guerre de l'indépendance contribua beaucoup à celle

[1] En France on a reconnu l'utilité de former des marins en temps de paix. Voyez l'ordonnance du roi rendue le 28 mai 1829, concernant l'organisation du corps royal des équipages de ligne, et la répartition de ce corps en divisions, dans les ports de Cherbourg, Brest, Lorient, Toulon et Rochefort.

des officiers marchands qui furent employés sur les vaisseaux du roi. Comme
depuis long-temps la France n'avait entretenu qu'un certain nombre de vaisseaux,
parcequ'elle ne regardait sa marine que
comme un accessoire, le nombre de
ses marins cessa bientôt d'être en proportion avec les grands armemens qu'elle
ordonna dès le commencement des hostilités avec l'Angleterre. Elle y suppléa par
des officiers qu'elle tira de sa marine marchande[1]. En les appelant à la défense des
vaisseaux de guerre, elle leur ouvrit tout
à la fois la carrière des honneurs et des ré-
compenses militaires. A portée d'observer
l'ordre et la discipline établis parmi de
nombreux équipages, et de s'instruire par
la pratique des manœuvres en grand, des
évolutions navales et des marches en convoi, ils purent aisément saisir la différence
de la science des marins de celle des na-

---

[1] On les a désignés dans le cours de cette histoire sous
la dénomination d'*officiers auxiliaires*.

b

vigateurs. Les uns, destinés à tenir la mer en escadre ou en corps d'armée, doivent tantôt se resserrer dans un petit espace, tantôt s'étendre infiniment. Toujours attentifs aux signaux de leurs commandans, dans quelque ordre de marche ou de bataille qu'ils soient, ils doivent manœuvrer de manière à serrer de près, lorsque les circonstances l'exigent, le vaisseau dans les eaux duquel ils sont, de façon toutefois qu'ils ne l'abordent point, et qu'ils ne craignent pas aussi de l'approcher. L'exécution de ces manœuvres suppose dans chaque commandant une connaissance parfaite des qualités de son vaisseau, et ce coup d'œil que l'art peut perfectionner, mais que la nature seule donne. Les autres, qui n'ont pour objet que d'arriver à leur destination, promptement et aux moindres frais possibles, ne doivent faire en temps de paix que les manœuvres qui les mènent à leur but. En temps de guerre, s'ils sont sous la protection de vaisseaux de ligne, ils naviguent pour ainsi dire en masse, parcequ'il n'est pas possible de les faire mettre en ligne, soit à cause de leur nombre, soit à cause de la pesanteur de leur marche. Loin de chercher à s'approcher, ils s'isolent en quelque sorte pour éviter des abordages, qui non seulement tomberaient aux frais des armateurs, mais qui pourraient leur faire manquer leur voyage. Cette distinction que nous venons d'établir entre les manœuvres de navigation et celles d'évolution n'a pas échappé à un écrivain qu'on ne peut accuser de flatterie envers le corps de la marine française. « La » marine des Indes hollandaises, » dit l'auteur de *l'Histoire politique et philosophique des établissemens européens dans les deux Indes,* « est commandée par des offi- » ciers qui ont tous commencé par être ma- » telots ou mousses. Ils sont pilotes, ils sont » manœuvriers, mais ils n'ont pas la pre- » mière idée des évolutions navales. » Si durant une navigation d'un aussi long cours que celle de l'Inde, l'officier marchand ne peut parvenir à connaître les manœuvres d'évolution, dont il serait à désirer qu'il eût au moins quelques notions, est-on fondé à prétendre que ses traversées d'Europe en Amérique, et ses retours d'Amérique en Europe, contribueront beaucoup à les lui apprendre ?

Il nous reste maintenant à examiner si la France et l'Espagne tirèrent le meilleur parti possible de la supériorité de leurs forces. Il semble d'abord que le gouvernement français, au lieu d'envoyer l'escadre de Toulon sur les parages de l'Amérique septentrionale, aurait porté un coup plus sensible à la Grande-Bretagne en l'envoyant attaquer ses îles du Vent. L'invasion de la plus grande partie de ses possessions aux Antilles aurait été d'autant plus rapide, qu'elles étaient entièrement dégarnies de forces de terre et de mer. Une si puis-

sante diversion aurait donc opéré plus
promptement la reconnaissance de l'indépendance des Américains. Mais le gouvernement français n'avait pas encore assez
calculé combien le dommage causé à la
Grande-Bretagne dans son commerce en aurait apporté dans ses moyens de résistance.
On doit attribuer à la même cause l'inaction des forces navales espagnoles aux Antilles. L'escadre envoyée à l'île de Cuba,
en 1780, et qui ne rentra dans le port de
Cadix qu'en 1783, n'établit aucune croisière, ni contre les convois anglais, qui
descendirent tous des îles du Vent à la Jamaïque sous la faible escorte de deux à
trois vaisseaux de guerre, ni contre ceux
qui débouquèrent par le canal de la Floride, ou par la pointe de Maysi pour revenir en Europe. Quand même la plupart
de ces croisières auraient été infructueuses, toujours auraient-elles produit le bon
effet de forcer l'Angleterre de donner de
plus nombreuses escortes à ses convois, de

diminuer ses forces actives, soit en Europe, soit en Amérique, et par conséquent de les rendre moins redoutables à ses ennemis. « Prenez à l'Anglais une colonie, » a judicieusement dit un écrivain, « il me-» nacera. Ruinez son commerce, il se révol-» tera. Sa marine n'existe que par sa fi-» nance, et sa finance n'a d'autres fonds » que son commerce.... C'est donc à son » commerce seul qu'il faut faire la guerre[1]. »

Mais ce fut principalement le siége de Gibraltar par les Espagnols, et leur persévérance à vouloir s'emparer de cette place, qui privèrent en quelque sorte la France et l'Espagne des avantages que devait leur procurer la supériorité de forces navales qu'elles avaient sur la Grande-Bretagne. Si ces deux puissances avaient dirigé contre les Antilles anglaises les forces de terre et de mer qu'elles employèrent si inutilement à l'attaque de ce

---

[1] Voyez l'*Encyclopédie*, article *Marine*.

rocher, et à s'opposer à son ravitaille-
ment, il est hors de doute qu'elles n'eussent obtenu le succès le plus complet,
parceque, comme on l'a démontré ci-dessus, la puissance qui conserve l'offensive
sur mer peut toujours choisir le point
qu'elle veut attaquer, surtout si son ennemi en a plusieurs à défendre.

Il y aurait pourtant une sorte d'injustice à porter un jugement trop sévère sur
les opérations maritimes de ces deux puissances ; on doit seulement désirer que les
fautes qu'elles ont commises ne soient point
perdues pour les générations suivantes.
Lorsqu'on aura considéré que la dernière
guerre fut la première purement maritime que la France et l'Espagne soutinrent contre la Grande-Bretagne, non
seulement on accordera à cette dernière
puissance l'avantage de l'unité dans ses
plans de campagne, mais encore on re-
gardera la combinaison plus prompte et
plus sûre de ses projets et de leur exécu-

tion comme un effet de sa grande habitude
à diriger des opérations de mer. Exami-
nant ensuite l'administration de la marine
française, on exigera du ministre de ce
département des connaissances étendues
sur la construction des vaisseaux, pour ne
pas adopter légèrement des essais en cette
partie en temps de guerre ; sur la tactique
navale, pour juger par lui-même les manœuvres et les évolutions ordonnées par
les généraux ; sur la géographie, pour con-
former ses instructions aux climats des
pays qui seront l'objet des expéditions qu'il
aura projetées ; sur la nature et les rap-
ports des colonies avec la métropole, pour
que la protection accordée au commerce
des unes ne tourne pas au détriment de
celui de l'autre ; sur les intérêts de toutes les puissances commerçantes, pour
les concilier avec ceux de sa patrie ; sur
les bois de construction, les mâtures, les
chanvres, les goudrons, les toiles à voiles,
le cuivre, le fer, l'acier, les ancres, les

canons, pour n'être pas trompé dans le choix des matériaux qui servent à la construction et à l'armement des vaisseaux; sur toutes les espèces de comestibles, soit pour les armemens, soit pour les îles, pour que la santé des équipages et des garnisons des colonies, contre laquelle agissent sans cesse le long séjour à la mer, ou l'intempérie du climat, ne soit pas encore altérée par des alimens viciés; sur le mérite de chaque marin, pour ne l'employer que suivant sa capacité, et pour faire tourner ainsi ses talens militaires à l'avantage de l'État et au sien; enfin, une attention suivie à l'administration des classes, pour veiller à leur entretien et donner en connaissance de cause des encouragemens aux matelots, espèce d'hommes la plus précieuse pour l'État, la plus rare et souvent la plus négligée, même en temps de guerre.

Il est difficile de concevoir qu'une seule personne réunisse un aussi grand nombre de connaissances et puisse suffire à tant de détails. Aussi la plupart des puissances de l'Europe qui entretiennent des forces navales ont-elles établi chez elles des conseils d'amirauté, source féconde à laquelle le ministre peut puiser à la fois tous les renseignemens utiles à la direction de son département.

EXPLICATION

PAR ORDRE ALPHABÉTIQUE

DES PRINCIPAUX TERMES DE NAVIGATION

ET DE TACTIQUE NAVALE,

DONT ON A FAIT USAGE DANS LE COURS

DE CETTE HISTOIRE.

ABATTRE. Action de coucher un bâtiment sur un côté pour réparer sa carène de l'autre. Ainsi on dit : abattre en carène, abattre en quille.

ABORDAGE. Contact, choc qu'éprouve un vaisseau qui en touche un autre. On dit : éviter l'abordage, manquer l'abordage, tenter l'abordage.

ABORDER. Ce mot s'emploie souvent dans le même sens que celui d'abordage. Cependant ce dernier désigne mieux l'*action de guerre :* l'autre exprime le mouvement accidentel de deux bâtimens qui se heurtent, s'abordent.

AFFALER. Un bâtiment qui accoste trop la terre s'affale sur la côte ; il est *affalé*, trop engagé pour se relever, et alors en danger de se perdre.

AGRÈS. Mot collectif comprenant tout ce qui concerne la mâture d'un bâtiment, tels que mâts, vergues, voiles, manœuvres dormantes et courantes, poulies et rechanges.

AIGUADE. Lieu où l'on peut remplacer l'eau consommée à la mer. Faire aiguade, c'est prendre de l'eau à un ruisseau, à une rivière ou à une source dans le voisinage de la mer.

ALLURE. Disposition de la voilure par rapport au vent que reçoit un bâtiment. On compte trois allures, celle du plus près, du vent largue et du vent arrière. On dit d'un bâtiment qu'il marche mieux sous telle allure.

AMARINER. Lorsqu'un bâtiment a amené son pavillon, on va à son bord prendre son équipage et lui en donner un tiré du vaisseau preneur. C'est l'amariner, ou l'action de s'en rendre maître, d'en prendre possession.

AMARRES. Ce sont les chaînes, câbles et grelins qui servent à amarrer, à tenir un bâtiment sur les rades, dans les ports, etc.

AMENER. C'est abaisser son pavillon. On dit: ce vaisseau a amené, ce bâtiment est amené. Le feu cesse partout. Le combat est fini.

AMIRAL. L'officier général qui commande une escadre ou une armée navale est désigné sous le nom d'amiral. On donne aussi le nom d'amiral au vaisseau qui a le pavillon de commandement.

AMIRAUTÉ. L'amirauté est proprement l'administration de la marine. Une ordonnance, qui date de la fin du règne de Louis XVIII, a créé un conseil dit d'amirauté, près du ministre de la marine, qui en est le président. Il est composé de trois officiers militaires et de deux officiers civils. Sans avoir les attributions des amirautés étrangères, il peut faire du bien en redressant les plus grands vices des institutions de la marine royale.

AMURE. On a les amures à tribord, lorsque le bâtiment présente ce bord au vent; à bâbord, si le vent souffle de bâbord. Ainsi changer d'amure, c'est virer de bord. Amurer sa grande voile, c'est haler ses amures du côté du vent.

ANCRE. Machine de fer forgé, depuis le poids de trois cents livres jusqu'à celui de huit mille livres, servant à retenir au mouillage, au moyen du grelin ou du câble étalingué dessus, l'embarcation de cent tonneaux, comme le vaisseau de premier rang.

APPARAUX. Mot collectif qui comprend les objets nécessaires à certains mouvemens d'un bâtiment, tels que les cabestans, les poulies de carène, les franc-funins, le gouvernail, les ancres, etc.

APPAREILLER. C'est déplier ses voiles pour partir.

APPROCHER. Faire route vers une terre à vue, un bâtiment, un écueil, etc.

ARMÉE NAVALE. Réunion d'un grand nombre de bâtimens de guerre sous le commandement d'un officier général de mer, ayant alors le titre d'amiral, quoique n'étant (en France) que vice-amiral. Celui qui le suit dans le commandement est nommé vice-amiral commandant la seconde escadre, et le troisième, contre-amiral commandant la troisième escadre.

ARMEMENT. Action de mettre un ou plusieurs bâtimens en état d'aller à la mer.

ARMER. Gréer, équiper, pourvoir un vaisseau ou tout autre bâtiment de vivres, d'armes, et généralement de tous les objets nécessaires pour le mettre en état de prendre la mer, soit pour la guerre, soit pour le commerce.

ARQUER. On dit d'un bâtiment qui se casse : il s'arque, il est arqué de tant de pouces. C'est-à dire qu'il a ses extrémités plus abaissées que son milieu.

ARRIÈRE. Partie d'un bâtiment considéré dans sa longueur comme formé de deux parties, l'avant et l'arrière ; depuis le grand mât jusqu'à la poupe, c'est le gaillard d'arrière.

ARRIÈRE. Vent arrière, c'est celui qui souffle de la poupe.

ARRIÈRE-GARDE. Quand une armée navale marche en ligne dans l'ordre naturel, les vaisseaux de la troisième escadre suivent les eaux de ceux de la première escadre ou corps de bataille et forment l'arrière-garde. Si la ligne de bataille est dans l'ordre renversé, c'est la deuxième escadre qui forme l'arrière-garde.

ARRIVER. C'est obéir au vent, c'est écarter la proue de l'origine du vent.

ARRIVER DE DEUX QUARTS. C'est éloigner la proue du vaisseau de la direction du vent de deux aires de vent, ou de 22 degrés 30 minutes.

ARRIVER DE FRONT. Cette manœuvre a lieu lorsque plusieurs vaisseaux, en arrivant tous à la fois, conservent la ligne sur laquelle ils étaient rangés auparavant.

ARRIVER EN DÉPENDANT. Se dit d'un vaisseau ou d'une escadre au vent d'un autre vaisseau ou d'une autre escadre qui arrive pour l'approcher, mais toujours de manière à conserver l'avantage du vent.

ARTILLERIE. Nom collectif sous lequel on comprend les armes à feu, les artifices, ustensiles, munitions, les ateliers, et même tous les individus attachés à cette partie du service de la marine.

ATTÉRAGE. On fait son attérage en découvrant la terre, et on porte dessus pour la reconnaître.

ATTÉRER ou Attérir. C'est découvrir la terre, en venir à vue, la reconnaître au bout d'un voyage de long cours.

AUXILIAIRE. Officier appelé à servir sur les bâtimens de guerre pour un temps limité, lorsque le corps des officiers de la marine royale ne suffit pas pour compléter les états-majors.

AVANCEMENT. Augmentation de la solde par mois que l'on donne à un marin classé. On dit : il mérite de l'avancement ; il a obtenu de l'avancement.

AVANT. C'est la partie d'un bâtiment comprise depuis l'étrave jusqu'au grand mât, la moitié de sa longueur.

AVANT. Un bâtiment va de l'avant lorsqu'il avance devant lui. Passer de l'avant, c'est gagner de vitesse pour se mettre en avant d'un autre bâtiment, d'une division.

AVANTAGE. On dit d'un bâtiment qui marche mieux qu'un autre, qu'il a de l'avantage, un avantage marqué, qu'il peut lui faire l'avantage de telle voile. Un bâtiment plus au vent qu'un autre a l'avantage du vent, c'est-à-dire qu'il est moins éloigné du vent régnant.

AVANT-GARDE. La deuxième escadre, dans une armée en ordre de bataille naturel, forme l'avant-garde.

AVARIE. Ce mot exprime un dommage arrivé par accident à un bâtiment ou à sa cargaison.

AVEUGLER. Boucher le mieux possible avec un tampon suivé, avec des plaques de plomb ou de toute autre manière, un trou de boulet ou autre dans la carène, pour arrêter l'eau qui s'introduit dans le bâtiment. Aveugler une voie d'eau, c'est diminuer la voie d'eau, c'est la boucher provisoirement au moins en partie.

BÂBORD. C'est le côté gauche d'un bâtiment, l'opposé de tribord en regardant de l'arrière à l'avant.

BAIE. La baie, proprement dite, est un petit golfe ou une très grande anse. On nomme improprement baies, des étendues d'eau qui devraient être appelées mers, telle que la baie d'Hudson, qui est plus grande qu'un golfe.

BALISE. Les balises sont en général des marques hors de l'eau pour indiquer aux navires une passe, un chenal, ou un danger à éviter.

BARBETTE. Nom d'une batterie découverte : c'est le plat-bord qui forme les souillets de sabord. On dit qu'un bâtiment a une batterie à barbette, lorsqu'il a un pont sur gueule (de plain-pied) garni de bouches à feu.

BATAILLE. On dit toujours former une ligne de bataille, mais livrer combat est plus usité aujourd'hui que livrer bataille. On pourrait distinguer bataille en parlant de deux armées ou grandes escadres, et combat entre deux petites escadres et entre deux divisions. On dit toujours combat, jamais bataille, entre des bâtimens isolés. On nomme corps de bataille de l'armée, celle des trois escadres qui occupe le centre de la ligne, c'est-à-dire placée entre la deuxième et la troisième escadre. Ce corps de bataille est ordinairement commandé par l'amiral en chef.

BATEAU. Nom commun à différens petits bâtimens à rames et à voiles.

BÂTIMENT. En marine, ce nom se donne à toute sorte de navires. On dit bâtiment de guerre, bâtiment marchand ou de commerce.

BATTERIE. S'entend, dans un bâtiment de guerre, de la totalité des canons sur une rangée, garnissant les sabords percés tribord et bâbord sur un même pont.

BEAUPRÉ. L'un des mâts majeurs ou bas mâts d'un bâtiment. Le beaupré a ordinairement le diamètre du mât de misaine, et sa longueur en dehors de l'étrave est égale au bau des bâtimens.

BLINDAGE. Action de blinder, de couvrir un bâtiment contre l'effet des bombes.

BORD. Ce mot a, dans la marine, trois significations : il est souvent synonyme de bâtiment; car on dit : monter à bord, descendre à bord, rester à bord.

BORDAGE. Ce mot désigne en général des planches plus ou moins épaisses qui sont employées à couvrir extérieurement et intérieurement toute la membrure, les baux et barrots d'un bâtiment.

BORDÉE. Espace que parcourt un bâtiment orienté au plus près du vent, sur un même bord : en virant de bord, il court des bordées plus ou moins longues pour s'élever au vent. — Dans un combat, lâcher sa bordée, c'est tirer simultanément tous les canons ou la plus grande partie des canons de chaque batterie d'un même bord. On dit tirer une bordée, lâcher une bordée, envoyer une bordée; tirer par bordées. Essuyer une bordée, c'est la recevoir de l'ennemi.

BORD OPPOSÉ. C'est le cas de deux bâtimens orientés sous

des amures opposées qui laissent derrière eux le sommet de l'angle de la route que chacun d'eux aura déjà parcourue : ils ne peuvent jamais s'aborder.

Bossoir. Deux grosses pièces de bois saillantes sur l'avant, près du couple des collits, solidement fixées, s'élevant au-dessus du plat-bord, servant tribord et bâbord à la manœuvre des ancres.

Bouée. Planches de liége chevillées et estrapées ensemble à l'épaisseur de huit à dix pouces, d'une forme ronde ; les plus grandes ont trois pieds de diamètre. On place au milieu un petit mât portant un guidon ou petit pavillon. On donne aussi le nom de bouée à un corps flottant quelconque destiné à indiquer un objet coulé, en attendant qu'on se soit procuré le moyen de le retirer du fond de la mer.

Brasser. C'est l'action de mouvoir les bras d'une vergue, de changer à volonté l'angle qu'elle fait avec le plan longitudinal de la quille du bâtiment et la direction du vent.

Brise. Vent qui souffle assez régulièrement dans presque toutes les iles de la zone torride. On a la brise de terre la nuit et le matin, celle du large un peu avant midi ; elle dure assez fraiche jusqu'au soir.

Câble. Très gros cordage composé de trois torons, chacun au moins de six fils de caret. Amarre d'un bâtiment quand il est à l'ancre.

Cale. Fond intérieur d'un bâtiment, compris d'un bout à l'autre au-dessous du faux pont, ou du premier pont de ceux qui n'ont pas de faux pont.

Calme. Cessation entière du vent. Calme plat, c'est lorsqu'il n'y a aucune agitation dans l'air, que les voiles tombent à plat sur les mâts et que la mer est unie.

Campagne. Temps que dure un voyage sur mer. Le mot campagne ne s'applique guère qu'à la marine militaire ; dans celle du commerce, on dit un voyage, faire un voyage.

CANAL. Nom de certains détroits ou bras de mer plus ou moins longs, entre deux ou plusieurs terres, par où passent les bâtimens sur un grand, un moyen, ou un petit fond.

CANON. C'est l'artillerie des bâtimens de guerre, l'*arme des militaires de mer*. Dans la marine, les calibres des canons et caronades, tous en fer, sont de trente-six, vingt-quatre, dix-huit, douze et huit. *Les canons et caronades de trente-six seront incessamment remplacés par du trente, ce qui produit plusieurs avantages : d'abord par la diminution du poids, qui est de plus de onze cents livres par canon, et de quatre cent cinquante par caronade, les affûts compris.*

CANONNER. On canonne un fort, une batterie, un bâtiment, en le battant à coups de canon. Se tirer réciproquement du canon, c'est se canonner, se battre à coups de canon.

CANOT. Embarcation à rames et à voile, destinée au service d'un bâtiment.

CAPE. Un bâtiment est contraint de mettre à la cape par un trop mauvais temps, ou un vent violent contraire à sa route, ce qui l'oblige à brasser les vergues obliquement, et à ne conserver dehors que très peu de voiles ; c'est ne plus faire de route.

CARCASSE. C'est la forme, le corps d'un bâtiment monté en bois tors, qui n'est pas encore bordé. Carcasse se dit aussi d'un vieux bâtiment qu'on a débordé, et qu'on démolit. Celui qui a péri à la côte, que la mer a dépecé en partie, est une carcasse, il n'en reste que la carcasse.

CARÉNAGE. Lieu convenable sur le bord d'un rivage, abrité de la mer, ou près d'un quai, pour caréner un bâtiment.

CARÈNE. S'entend de tous les fonds extérieurs d'un

bâtiment, de la partie qui est submergée lorsqu'il est chargé.

CARÉNER. Opération qui consiste à réparer la carène d'un bâtiment ou ses fonds ; le chauffer, le nettoyer, le calfater, changer des bordages ou des portions de bordages, le doubler en bois ou en cuivre ; en un mot, c'est mettre en bon état la partie du bâtiment qui est submergée lorsqu'il est chargé.

CARGAISON. Réunion de toutes les marchandises que peut embarquer un bâtiment de commerce, celles qui forment sa principale charge.

CARGUER. Relever, retrousser au-dessous de sa vergue une voile qui est dehors, soit qu'on la tienne ainsi pliée sur ses cargues momentanément, soit qu'on veuille la serrer.

CARONADE. *Bouche à feu moins lourde et moins longue que le canon. Les caronades ont remplacé avec avantage les canons sur les gaillards des vaisseaux et frégates, ainsi que dans les batteries des corvettes et plus petits bâtimens.*

CHALOUPE. Forte embarcation dont on se sert dans les ports et rades ; elle n'est pas pontée, elle va à la voile et à l'aviron.

CHAPELLE. Un bâtiment fait chapelle, lorsque étant au plus près du vent, le timonier laisse coiffer les voiles, et qu'il prend vent devant malgré lui, ou bien lorsque le vent refusant tout-à-coup de plusieurs quarts, ne laisse pas le temps de faire arriver assez tôt ou de contre-basser devant. Faire chapelle, c'est virer de bord vent devant, malgré soi.

CHARBONNIER. Bâtiment de côte qui n'est employé qu'à transporter du charbon de terre. Nom distinctif qu'on donne à ces sortes de navires cabotiers.

CHASSE. C'est la course d'un bâtiment qui veut approcher un objet, ou qui désire s'en éloigner. Celui qui poursuit donne chasse, et celui qui fuit prend chasse. Ainsi poursuivre un bâtiment c'est lui donner chasse.

CHASSER. Un bâtiment mouillé qui, par l'effort d'un grand vent et d'une grosse mer, entraîne ses ancres, leur fait labourer le fond, chasse; ce qui s'appelle chasser sur ses ancres.

CHASSEUR. On donne ce nom momentanément à un bâtiment qui en poursuit un autre. Une armée navale a souvent des chasseurs détachés de l'avant, sur les ailes, et même de l'arrière.

CINGLER. Courir. Un bâtiment cingle dès qu'il est mis en mouvement et qu'il a un sillage quelconque.

CLAPOTAGE. Petite agitation des vagues en tous sens; mouvement irrégulier à la surface de la mer, faisant quelque bruit, et toujours incommode aux petites embarcations.

COIFFER. Un bâtiment est coiffé lorsque le vent enfle ses voiles dans le sens opposé à celui où il doit les enfler ordinairement pour qu'il fasse route, ce qui le met dans le cas d'aller de l'arrière au lieu d'aller de l'avant.

CONDAMNER. Un bâtiment trop vieux pour aller à la mer sans danger, est condamné, on le démolit dans un port, ou on en fait un ponton, les fonds en étant souvent très bons.

CONSERVE. On a dans la marine des signaux de conserve et de reconnaissance, entre bâtimens amis. — Des navires faisant route ensemble sont dits aller de conserve, de compagnie, pour s'entr'aider, se défendre mutuellement contre l'ennemi.

CONTRE-AMIRAL. C'est aujourd'hui le deuxième grade d'officier général de la marine, quoique ce soit le même que celui de chef d'escadre d'autrefois. Le grade de contre-amiral est le troisième dans toutes les autres marines militaires, vu qu'elles ont des amiraux et vice-amiraux.

CONTRE-MARCHE. Elle consiste, dans une armée de vaisseaux en ligne, à exécuter une même manœuvre dans les eaux les uns des autres, ce qui se présente sous quatre mouvemens : virer vent devant, vent arrière, arriver et tenir le vent.

CONVOI. Réunion d'un plus ou moins grand nombre de bâtimens de commerce, naviguant pendant la guerre, sous l'escorte des bâtimens de l'État.

CORPS MORT. On donne ce nom à un appareil composé d'un bateau fortement construit et ponté, ou tout autre corps flottant propre à porter le câble, ayant un bout de chaîne adapté à une très grosse ancre, de manière que les plus gros vaisseaux puissent s'y amarrer dans les tempêtes, sans crainte de chasser.

CORSAIRE. Bâtiment armé en guerre par des particuliers, pour faire la course sur les ennemis, avec l'autorisation du gouvernement, qui en fixe la durée.

COUPER. On coupe la retraite à un bâtiment en croisant sa route. Couper la terre à un bâtiment, c'est se mettre entre elle et lui. En armée, on coupe une ligne ennemie, en la traversant dans un point de sa longueur. On coupe un bâtiment en le séparant des autres. Dans un combat, des mâts, vergues, manœuvres sont coupés par les boulets de l'ennemi.

COURANTES. Les manœuvres courantes sont celles qui passent dans les poulies et conduits, et servent à carguer, border, bouliner, brasseyer, hisser, amener les voiles; enfin toutes celles qui ne sont pas fixées par les deux bouts.

COURIR. Se dit du mouvement rapide ou lent d'un bâtiment. On dit courir une bordée, un bord, courir à terre, au large, courir à bord opposé, ou le même bord qu'un autre bâtiment.

COUTURE. En construction navale, c'est l'intervalle ou l'ouverture qui se trouve entre deux bordages, et que les calfats remplissent d'étoupe, pour empêcher l'eau de s'introduire dans le bâtiment.

Couvrir. Un vaisseau en couvre un autre qui combat, en se mettant entre lui et l'ennemi.

Criblé (ée). Épithète que l'on donne aux voiles ou à un bâtiment qui ont été percés dans un combat par un grand nombre de boulets de l'ennemi. — On dit aussi qu'un bâtiment est criblé par les vers, lorsqu'ils en ont percé le franc-bord au point de lui faire faire eau.

Croiser. Parcourir, sous petite voilure, un espace déterminé, pour chercher ou attendre des bâtimens ennemis.

Culer. Aller en arrière. Un bâtiment qui marche moins bien qu'un autre, reste en arrière; on dit alors qu'il cule.

Cutter ou Cotre. Petit bâtiment de guerre à un mât.

Débouquer. Quitter un débouquement, un détroit, un archipel, pour entrer dans une mer libre.

Découverte. Bâtiment de guerre chargé momentanément de découvrir : des vaisseaux qui marchent en armée, en escadre, ont souvent des frégates ou corvettes en avant et sur les ailes, qui sont à la découverte.

Découverte (a la). Un homme en vigie à la tête des mâts d'un bâtiment est à la découverte.

Dégréé (ée). Un bâtiment peut être dégréé dans un combat par l'effet des boulets qui ont coupé une partie de son gréement, ses voiles, vergues, etc. Il peut l'être aussi par le mauvais temps qu'il a éprouvé.

Dégréer. Action d'ôter le gréement à un bâtiment.

Démâtement. Perte accidentelle qu'un bâtiment fait de ses mâts, soit par un coup de vent, un échouage, un abordage, ou dans un combat.

Démâter. On dit d'un bâtiment dont les mâts ont été rompus par le mauvais temps, qu'il a démâté.

Dépendant (en). Aller en dépendant se dit d'un bâtiment sous voile qui fait porter par degrés, en courbant graduellement sa route, pour arriver à la rencontre d'un autre bâtiment ou lui couper le chemin, ou pour passer sous le vent d'une île; etc., c'est arriver en dépendant.

Dérive. Déviation de la route d'un bâtiment, occasionée par l'obliquité des voiles, quand elles sont orientées au plus près du vent.

Dériver. C'est avoir de la dérive. Un bâtiment dérive plus ou moins, étant au plus près du vent, selon sa construction, l'état de la mer, et la voilure qu'il a dehors. On dit qu'il dérive de tant de degrés, de tant de quarts.

Désarmement. Opération de dégréer, débarquer, porter à terre, ôter d'un bâtiment tout ce qui avait servi à son armement.

Désaffourcher. Lever une des deux ancres qui tenaient le bâtiment affourché dans un mouillage quelconque.

Désemparé (ée). Divers évènemens peuvent rendre un bâtiment plus ou moins désemparé, selon les pertes qu'il peut faire de mâts, vergues et manœuvres, coupés ou cassés.

Désemparer. Détruire en partie les mâts, les voiles, les manœuvres d'un bâtiment ennemi.

Destination. Se dit d'une croisière, d'une campagne, d'une mission dont un officier commandant est chargé.

Détacher. Expédier un ou plusieurs bâtimens d'une armée ou escadre, pour une cause quelconque.

Détroit. Passage, bras de mer entre deux terres resserrées; lieu étroit où un bâtiment passe quelquefois difficilement, en raison du plus ou moins d'inégalité de fond et de longueur pour communiquer d'une mer dans une autre.

Diminuer. Carguer, amener ou serrer une partie des voiles qui sont dehors, pour diminuer le sillage du bâtiment.

Disputer le vent. Manœuvre au plus près du vent en courant des bordées, pour le gagner sur un ennemi ou sur d'autres bâtimens.

Division. Trois bâtimens de guerre au moins, réunis sous un chef, forment une division.

DORMANTES. On désigne, dans tous les bâtimens, les cordages qui sont fixés par les deux bouts, sous le nom de manœuvres dormantes; elles sont assez généralement les plus grosses du gréement, telles que les haubans, étais, galhaubans, sous-barbe, etc., qui servent à appuyer et soutenir tous les mâts.

DOUBLAGE. L'on nomme ainsi les feuilles de cuivre ou les planches résciées que l'on place à la carène des bâtimens sur leur bordage, pour les préserver de la piqûre des vers.

DOUBLER. Couvrir la carène d'un bâtiment avec des feuilles de cuivre ou des planches. — Dans la navigation, doubler une pointe, un cap, un écueil, etc., c'est en passer au vent, sans danger, et le laisser de l'arrière.

EAUX. On entend par les eaux d'un bâtiment, celles qui laissent après lui, dans sa route, une trace d'environ sa longueur; ainsi un bâtiment est dit être dans les eaux d'un autre bâtiment, lorsqu'il marche derrière lui, en le relevant dans la direction de sa route. On dit : prendre les eaux d'un vaisseau, suivre ses eaux, se tenir dans ses eaux, etc.

ÉCHIQUIER. C'est un ordre de marche des armées navales. On dit marcher en échiquier sur la ligne du plus près tribord, les amures à bâbord, ou sur la ligne du plus près bâbord, les amures à tribord. L'ordre en échiquier a l'avantage de faire passer l'armée promptement à un rang de bataille sous une allure quelconque.

ÉCUEILS. Les rochers, les bancs, tous les hauts fonds, etc., sont des écueils qu'un bâtiment doit éviter pour ne pas échouer ou périr.

ÉLEVER (s'). Un bâtiment s'élève en latitude, en s'écartant de l'équateur; il s'élève en longitude, en s'éloignant du premier méridien; il s'élève dans le vent, en gagnant le vent.

EMBARCATION. On comprend sous cette dénomination

tous les bateaux à rames, depuis la plusgrande chaloupe jusqu'au plus petit canot.

EMBARGO. Arrêter, défendre à tous les bâtimens qui se trouvent dans un port ou sur une rade, d'en sortir, soit que le gouvernement ait l'intention de prendre provisoirement ceux du commerce à son service, ou seulement les équipages, ou enfin de retenir ceux d'une nation avec laquelle il entrerait en guerre, ou pour user de représailles. On met l'embargo, on lève l'embargo.

EMBARQUER. Prendre à bord d'un bâtiment ou loger dans sa cale des marchandises et tous les objets d'approvisionnement, d'armement.

EMBOSSER. Faire présenter le travers à un ou plusieurs vaisseaux dans un mouillage, pour battre un fort, ou se défendre d'autres vaisseaux qui seraient au large. Une armée, une division s'embossent sur une côte, dans une baie, en ligne droite, etc.

ENFILER. Tirer des coups de canon sur un bâtiment ennemi dans le sens de sa longueur.

ENGAGEMENT. Combat de peu de durée entre deux bâtimens de guerre.

ÉQUIPAGE (l') se compose de tous les hommes d'un bâtiment, portés sur un registre que l'on nomme rôle d'équipage.

ÉQUIPER. Armer un bâtiment, c'est le fournir de tout ce qui est nécessaire pour faire une campagne quelconque.

ESCADRE. Il faut au moins neuf vaisseaux de guerre réunis sous le même commandement, pour former une escadre; on donne cependant cette dénomination à un nombre de bâtimens de guerre de tous rangs s'élevant à neuf; néanmoins elle n'appartient qu'à cette quantité de vaisseaux de ligne jusqu'au nombre de vingt-six inclusivement: au-dessus, c'est une armée, comme au-dessous, de neuf jusqu'à trois, c'est une division. On appelle escadre d'observation une réunion de bâtimens de guerre, sous un chef chargé d'observer les mouvemens des escadres étrangères, sans même être en guerre.

ESCORTE. Bâtiment de guerre qui marche avec des bâtimens du commerce pour les protéger, les défendre contre l'ennemi.

ÉVITER. Changer de cap. On évite un danger étant sous voile, en manœuvrant de manière à s'en écarter, à le parer.

ÉVOLUER. Faire des évolutions, manœuvrer un bâtiment, en faire manœuvrer plusieurs, diriger leurs mouvemens en différens sens, varier leur position, établir un ordre de marche, un ordre de bataille, le changer, etc.

ÉVOLUTION. Par rapport à un bâtiment, c'est le mouvement horizontal qu'on lui fait faire, lorsqu'il change d'amure.

FANAL. Grande lanterne, aujourd'hui vitrée. On garnit un fanal, les fanaux, de grosses bougies en cire jaune, et ils servent dans les escadres à faire les signaux de nuit.

FLIBUSTIER. Aventurier, corsaire faisant la flibuste.

FLOT. Flux de la mer; le temps qu'elle est à monter.

FLOTTAISON. Ligne que le niveau de l'eau trace sur la carène d'un bâtiment, qui en sépare la partie submergée de celle qui ne l'est pas, d'où l'on dit que la section du bâtiment qui est à fleur d'eau est la ligne de flottaison.

FLOTTE. Nom que l'on donne à une grande quantité de bâtimens de toute espèce, rassemblés pour naviguer plus ou moins de temps ensemble.

FLOTTILLE. Flotte composée de petits bâtimens armés en guerre.

FORCES. On dit les forces navales, en parlant d'une marine militaire, ce qui comprend d'abord un grand nombre de matelots et des officiers capables de les bien conduire en division de vaisseaux, comme en escadre ou armée; dans celles-ci la répartition des forces dépend de l'amiral qui commande.

Fréter. Louer un navire par tonneau, par voyage, par mois, etc.

Front. C'est l'ordre de marche dans lequel tous les vaisseaux d'une armée sont rangés sur une ligne, en se relevant réciproquement sur la perpendiculaire du vent, faisant route vent arrière ou vent largue.

Fuir. Manœuvre d'un bâtiment pris par un très gros temps, obligé de faire vent arrière, et d'éviter la lame. On dit : il fuit à mâts et à cordes, c'est-à-dire sans aucune voile dehors.

Gagner. L'emporter de vitesse sur un autre bâtiment. Le gagner de l'avant, le gagner au vent, c'est-à-dire s'élever mieux que lui dans le lit du vent.

Gaillard. Dans les grands bâtimens on nomme gaillard les deux portions du troisième pont qui ne sont bordées, planchées que de l'arrière, depuis le couronnement jusqu'au grand mât, ce qui forme le gaillard d'arrière.

Garde-marine ou Garde de la marine. Titre qu'avaient avant la révolution les jeunes gens reçus au concours pour former la pépinière des officiers de la marine. Depuis ils ont été connus pendant vingt ans sous le nom d'aspirans, et ils le sont aujourd'hui sous celui d'élèves.

Gargousse. Petit sac en parchemin, en serge, en toile, en gros papier ou en tôle fort mince, qui doit contenir la poudre destinée à la charge d'un canon, et qui est d'un diamètre à pouvoir entrer jusqu'au fond de la pièce.

Gouverner. Diriger, faire évoluer un bâtiment sous voile à la route ou aire de vent désignée par le moyen de son gouvernail. On gouverne dans les eaux d'un bâtiment, lorsque, le suivant de près, on ne s'écarte pas de son sillage.

Grain. Changement subit et considérable dans la force et souvent de la direction du vent, qui est de peu de durée, et souvent accompagné de pluie.

Gréement. C'est la réunion de tout ce dont un bâtment a besoin en cordages, poulies, voiles, etc., pour être en état de prendre la mer.

GUEUSE. Masse de mauvais fer coulé, du poids de cinquante et cent livres.

HANCHE. On désigne souvent par ce nom la partie des œuvres mortes d'un bâtiment, tribord et bâbord, sur l'arrière des porte-haubans d'artimon. On dit, battre en hanche, aborder par la hanche.

HAUBANS. Ce sont les cordages qui tiennent les mâts debout, tribord et bâbord, et entre lesquels il y en a d'autres en forme d'échelon pour monter aux mâts.

HIVERNAGE. Dans les colonies c'est la saison des pluies, des grands vents et des ouragans.

LAME. Vague plus ou moins agitée au-dessus de la surface de la mer.

LIEUTENANT. Dans la marine militaire, c'est le titre de l'officier qui marche après le capitaine de frégate, et avant l'enseigne de vaisseau.

LEVER LA CHASSE. C'est cesser de poursuivre un bâtiment.

LIGNE DE BATAILLE. Ordre d'une armée navale, lorsqu'elle est rangée sur une des lignes du plus près, qu'elle porte les amures du nom de cette ligne, et que les vaisseaux gouvernent dans les eaux les uns des autres à distance égale et prescrite.

MAJOR. Le major d'une armée ou d'une escadre est un contre-amiral ou un capitaine de vaisseau sous les ordres de l'amiral. Il est chargé des signaux et de veiller à l'exécution des manœuvres ordonnées.

MANŒUVRE. Se dit de tous les cordages employés dans le gréement d'un bâtiment, tels que cargues, bras, boulines, amures, écoutes, patères, etc.

MANŒUVRER. C'est l'art de faire faire les évolutions à une armée ou à un bâtiment, avec l'aide du vent, des voiles et du gouvernail.

MARCHE. Vitesse progressive qu'un bâtiment est susceptible de prendre, suivant la force du vent, et la voilure qu'il met dehors.

MARÉE. Flux et reflux de la mer, mouvement des eaux de l'Océan qui s'élèvent, s'abaissent et s'étendent à des intervalles de temps peu inégaux.

MATELOT. Titre qu'on ne devrait donner qu'aux hommes de mer qu'une longue expérience sur les bâtimens rend habiles à tous les travaux multipliés d'un tel métier; aussi le nombre des bons matelots est-il presque toujours réduit, dans la composition de l'équipage d'un bâtiment, au dixième des hommes embarqués.

MATURE. Assemblage, réunion de tous les mâts d'un bâtiment.

MITRAILLE. Réunion de biscaïens ou balles dans des boîtes de fer-blanc, ou en paquets arrangés autour d'une tige de fer, sur un culot ou plaque de calibre.

MOUILLAGE. Lieu où un bâtiment peut être retenu à l'ancre, à l'abri de la grosse mer et des grands vents.

MOUILLER. Laisser tomber d'un bâtiment une ancre sur le fond, afin qu'une de ses pattes s'y engage et serve à le retenir contre la marée, les vents et les courans, au moyen du câble qui est étalingué d'avance sur l'ancre.

MOUSSE. Enfant de dix jusqu'à seize ans, qu'on destine à devenir novice matelot.

MOUSSONS. Ce sont des vents qui, après avoir soufflé du sud-ouest et du sud-est, dans les mers des Indes, des Moluques, etc., reviennent pendant plusieurs mois de la même année au nord-est et au nord-ouest, suivant les lieux. Leur changement est presque toujours accompagné de variations de vent continuelles, de grains, d'orages et souvent de coups de vent.

NATUREL (ordre). Une escadre, une armée marche dans l'ordre naturel, lorsque les vaisseaux sont en ligne de bataille à la file les uns des autres à une encâblure de distance au moins. La deuxième escadre, appelée avant-

d.

garde, est à la tête de l'armée; la troisième, qui marche à la queue, forme l'arrière-garde, et la première escadre tient le centre.

OBSERVATION. Un bâtiment d'observation est celui qui est chargé de suivre, de signaler les mouvemens de l'ennemi.

OPPOSÉ (à bord). Se dit en parlant de deux bâtimens qui font une route opposée ou qui courent à bord opposé, étant orientés l'un tribord, l'autre bâbord.

ORDRE. Disposition, d'après la tactique navale, des vaisseaux réunis en armée ou escadre, sous un même commandement.

PANNE. Mettre en panne. C'est orienter les voiles d'un vaisseau, de manière qu'une partie tendant à le faire aller en avant et l'autre à le faire aller en arrière, il reste par cette contrariété comme en repos.

PARAGE. Partie de mer; espace qui avoisine des îles, caps, etc. Un bâtiment est dans tel parage; bon parage, mauvais parage.

PASSE. Passage étroit entre deux terres, entre deux dangers, entre deux objets quelconques, où il se trouve assez d'eau pour qu'un bâtiment puisse y passer.

PAVILLON. Espèce d'étendard, de bannière qu'on nomme drapeau dans la langue commune.

PERPENDICULAIRE. Ligne qui coupe à angle droit le lit du vent. En tactique navale, c'est la ligne perpendiculaire à une autre ligne, supposée formée par le vent régnant, qu'une armée ou escadre suit, quand l'amiral a signalé un tel ordre de marche.

PILOTE. On en distingue de trois espèces : celui qui exerce le pilotage est le plus instruit; c'est le pilote hauturier, naviguant sur toutes les mers. Le pilote côtier est ordinairement un maître ou patron, reçu pour le petit cabotage. Le pilote lamaneur ne prend les navires qu'aux entrées des rivières ou des ports.

PORTÉE. On estime souvent les distances en mer par

portée de canon, par portée de fusil; on dit : approcher l'ennemi à portée de pistolet.

PORTER. C'est gouverner sur un objet et quelquefois arriver. On dit porter au nord, porter à l'est; c'est faire route au nord, à l'est. Porter au large, c'est s'écarter de la côte.

POSTE. Place fixe qu'un bâtiment occupe dans un port, au mouillage, dans un convoi. En escadre, le poste assigné à chaque vaisseau par l'amiral l'oblige à s'y maintenir. On dit perdre son poste, reprendre son poste, abandonner son poste.

POUPE. C'est l'opposé de la proue; la face arrière d'un bâtiment, ornée d'une ou deux galeries, de croisées, dont les montans sont ordinairement sculptés et peints.

PRÉFECTURE MARITIME. Désignation d'un chef-lieu d'arrondissement où réside un officier-général de la marine qui a le titre de préfet; tous les chefs de service, tant militaires que civils, sont sous ses ordres.

PRENDRE la bordée du large, la bordée de terre, c'est orienter un bâtiment pour tenir le bord, soit en l'écartant de la terre, soit en l'en approchant. On dit : prendre les amures à tribord, à bâbord; prendre le large, prendre une remorque.

PRÈS, AU PLUS PRÈS. Route d'un bâtiment qui veut s'élever à l'origine du vent.

PRISE. Désignation de toute espèce de bâtiment pris sur l'ennemi. On dit, amariner la prise, bonne prise, brûler une prise, couler une prise, etc.

PROLONGER. C'est faire avancer un bâtiment dans une direction parallèle à un autre bâtiment, à une terre, à des écueils, etc., en les rangeant de près.

PROUE. C'est la partie extérieure la plus saillante sur la mer, ou tout ce qu'un bâtiment sur l'eau présente en avant du mât de misaine.

RADOUB. C'est faire des opérations, soit au corps d'un

bâtiment en remplaçant par de bon bois celui qu'on juge hors de service, soit aux voiles qu'on répare.

RALLIEMENT. Action des bâtimens qui, après avoir été dispersés, se rassemblent de nouveau. Dans les armées, il y a des signaux de ralliement pour faire réunir les bâtimens écartés, les rappeler à leur poste, les faire rapprocher du corps de l'armée.

RALLIER (se). C'est se rapprocher, se réunir en ordre.

RANG. On distingue dans la marine militaire les vaisseaux par rangs; celui qui porte plus de cent canons et caronades est de premier rang. Un vaisseau du second rang en a quatre-vingts et plus; et celui du troisième rang est le vaisseau de soixante-quatorze.

RANGER. C'est mettre l'ordre dans une escadre : la ranger en ligne de bataille. Ranger la terre, la côte, un bâtiment, c'est les prolonger de près.

RAS DE MARÉE, c'est un courant qui se fait quelquefois sentir aux approches des côtes, qui clapote et écume souvent avec un certain bruit.

RECHANGE. Tout ce qui s'embarque pour remplacer au besoin mâts et vergues de hune, mâts et vergues de perroquets, barre de gouvernail, voiles, etc., sont des objets de rechange.

REFONDRE. C'est reconstruire presque entièrement un bâtiment sur les mêmes gabaris.

REGRÉER. Remplacer, rétablir les cordages qui ont été coupés dans un combat ou rompus par le gros temps.

RELACHE. Un bâtiment fait une relâche lorsqu'il arrête le cours de sa navigation pour entrer dans une baie, une rade ou un port, pour réparer des avaries, remplacer de l'eau.

REMONTER. Un bâtiment remonte au vent en louvoyant; il remonte une rivière contre le vent avec la marée montante.

REMORQUE. Le câble grelin ou tout autre gros cordage qu'un bâtiment file de l'arrière pour arriver à un autre bâtiment sur son avant, se nomme une remorque. Traîner à la remorque, ainsi que prendre à la remorque, se disent de deux bâtimens sous voiles, dont le meilleur marcheur traîne l'autre.

RENVERSÉ. L'ordre renversé dans une armée ou une escadre, est la ligne de bataille naturelle dont la tête est devenue la queue.

RENVERSER. C'est, en tactique navale, changer l'ordre d'une ligne de bataille, faire du serre-file le chef de file.

RÉPARER. Travailler sur un gréement, une voile, un mât, une vergue avariés.

RÉPÉTER. Hisser à la tête des mâts ou des vergues les mêmes pavillons, guidons, flammes ou fanaux que l'amiral, c'est répéter ses signaux.

RESTER. Un bâtiment reste de l'arrière d'un autre, lorsqu'il ne peut suivre sa vitesse. Rester à l'ancre, c'est ne pas mettre sous voiles, garder le mouillage.

RÉTABLIR. Dans une escadre, réformer une ligne dérangée ou qui a été rompue, c'est y rétablir l'ordre. On rétablit un ordre de marche, un ordre de bataille.

REVIRER. Changer d'amures. Une escadre, comme un bâtiment, revire de bord en orientant de nouveau les voiles sur le bord opposé à celui qu'on suivait.

RISÉE. Nom par lequel les marins désignent les augmentations subites et de peu de durée dans le vent.

ROMPRE. C'est, dans une armée, avoir sa ligne dérangée, coupée par l'ennemi sur plusieurs points, mise en désordre par le gros temps ou par les variétés du vent. On dit : la ligne est rompue. Des mâts, des vergues sont rompus par le mauvais temps, par un abordage.

SABORD. C'est l'embrasure quadrangulaire percée dans la muraille d'un bâtiment, pour y passer la volée d'un canon. Ils sont à égales distances, et ne doivent jamais être percés les uns au-dessus des autres dans les bâtimens qui montent plus d'une batterie.

SAUTE DE VENT. On donne ce nom à un changement subit de plusieurs quarts, dans le vent régnant.

SAUTER A L'ABORDAGE. C'est sortir de son bâtiment pour passer à bord d'un ennemi, afin de le réduire par la force des armes.

SERRER. C'est plier une voile carguée sur sa vergue, en pressant la toile, avec les rabans de ferlage. Serrer la ligne dans une armée, c'est diminuer la distance entre chacun des vaisseaux qui la forment. Serrer le vent, c'est courir le plus près possible vers l'origine du vent.

SIGNAL et SIGNAUX. Un signal particulier à un bâtiment, comme plusieurs signaux à une armée ou escadre, se fait avec des pavillons, guidons et flammes d'étamine de différentes couleurs, hissés à la tête des mâts ou au bout des vergues des vaisseaux amiraux et des répétiteurs : les signaux servent d'alphabet entre les bâtimens d'une même nation, pour communiquer leurs idées et transmettre des ordres à trois lieues et plus, par un beau ciel.

STATION. Les bâtimens de guerre qui sont chargés de la police de la navigation dans les colonies, de faire respecter le pavillon en protégeant le commerce, y sont en station, ils naviguent dans les parages environnans, et séjournent souvent sur les rades.

TACTIQUE. L'art de disposer les vaisseaux réunis en armée, escadre, etc., de les faire évoluer, mouvoir dans tous les sens par des signaux et manœuvres, c'est la tactique navale.

TENIR. Un bâtiment tient le vent, lorsque les voiles sont orientées pour courir au plus près. Tenir la mer, c'est rester en mer.

TÊTE. Se dit des extrémités supérieures d'un mât, d'un gouvernail, etc. Dans une armée ou escadre formée en ligne ou sur des colonnes, les vaisseaux qui ouvrent la marche sont les vaisseaux de tête.

TIRANT D'EAU. C'est le nombre de pieds dont un bâtiment enfonce dans l'eau, mesurés depuis le bas de la quille jusqu'à sa flottaison, c'est-à-dire la surface de l'eau qui l'enveloppe.

TOMBER. Un bâtiment tombe sous le vent, lorsqu'en louvoyant il s'écarte d'un objet quelconque qui est au vent à lui, au lieu de s'en approcher.

TOUCHER. Un bâtiment qui frappe la quille sur un écueil a touché. Toucher, c'est rester échoué au moins momentanément.

TOUER. Action de haler un bâtiment de l'avant, soit à la main, soit au moyen d'un câble, pour le faire approcher d'un lieu quelconque.

TOURMENTE. Vent violent qui souffle avec la plus grande force.

TRAÎNEUR. Bâtiment d'une flotte, d'un convoi, qui marche ou manœuvre mal, et qui reste toujours de l'arrière.

TRANSPORT. Bâtiment de commerce, affrété par l'État pour transporter des troupes, des munitions de guerre, de bouche, etc.

TRAVERSÉE. Passage au travers des mers. Navigation d'un lieu à un autre, soit pour aller ou revenir de l'Europe aux colonies.

TRAVERSER. On traverse la ligne d'une escadre ou d'une armée lorsqu'on passe d'un bord à l'autre, entre deux vaisseaux qui, dans cette ligne, amis ou ennemis, gouvernent à la même route.

TRIBORD. Nom du côté droit d'un bâtiment en regardant de l'arrière à l'avant. On dit : les amures à tribord, tribord au vent.

VARIATION. Mot synonyme de déclinaison, en parlant de la quantité de degrés et minutes dont le méridien magnétique de la boussole s'écarte vers le nord-est ou le nord-ouest du méridien du globe.

VENIR. On dit venir au vent ; c'est quitter la ligne sur laquelle un bâtiment court, pour s'approcher de la direction du vent d'un nombre de quart donné : venir sur bâbord, sur tribord.

VER. Petit insecte de mer qui a la tête garnie de deux fortes écailles ayant un tranchant opposé et à contre-sens. Il perce les bordages de la carène d'un bâtiment, s'y loge et y grossit. Le bâtiment qui n'est pas doublé en cuivre, surtout dans les colonies, est bientôt piqué des vers au point qu'on est obligé de changer plusieurs de ses bordages.

VERGUE. Traverse de bois attachée en forme de croix aux mâts, où sont fixées les voiles, et qui les tiennent étendues ou pliées.

VICE-AMIRAL. C'est le titre de l'officier-général de la marine, qui a remplacé celui de lieutenant-général des armées navales; de même que le chef d'escadre s'appelle aujourd'hui contre-amiral, le troisième grade d'officier-général n'étant pas encore rétabli.

VIGIE. Les bâtimens de guerre ont à la mer, pendant la durée du jour, des hommes en vigie, à la tête des mâts, pour observer et découvrir, du plus loin possible, les objets qui peuvent se présenter à l'horizon.

VIRER. Virer de bord, sous voiles, c'est changer d'amures, soit qu'on vire vent devant ou vent arrière.

VOIE D'EAU. Elle est occasionée par une ouverture faite à la carène par des boulets, des écarts largues, un échouage, ou lorsque les coutures sont sans étoupes. Un bâtiment qui a une voie d'eau est dans la nécessité de mettre en mouvement plus ou moins de pompes, selon son importance, jusqu'à ce qu'elle soit, sinon bouchée, au moins aveuglée.

VOILE. En Europe les voiles sont faites avec des toiles grises provenant du chanvre. La forme des voiles employées sur toute espèce de bâtiment est quadrangulaire, triangulaire ou trapézoïde. Une escadre, un nombre de bâtimens quelconque réunis, qu'on découvre à la mer, et qu'on peut compter, s'annoncent par tant de voiles. On aperçoit vingt voiles, trente voiles.

VOILIER. Désignation d'un bâtiment marchant bien

et portant bien la voile; c'est un bon voilier, un grand voilier.

VOLONTAIRE. C'est une classe de jeunes marins qui a subi divers règlemens dans la marine militaire, mais toujours distinguée des novices, et moins considérée que les élèves.

VOYAGE. C'est la durée d'une campague de mer.

HISTOIRE
DE LA GUERRE

DE L'INDÉPENDANCE

DES

ÉTATS-UNIS.

PREMIÈRE PARTIE.

1775 à 1778.

CHAPITRE I.

Conditions principales du Traité de paix de 1763. — Cessions faites par l'Espagne. — État de l'Angleterre à la fin de la guerre de 1756. — Le Canada prend une nouvelle forme. — Conquêtes de la Compagnie anglaise des Indes. — Accroissement de son commerce. — Administration intérieure de la Grande-Bretagne. — Elle secourt sa Compagnie des Indes. — Station de ses forces navales durant la dernière paix. — Son influence

dans l'Europe. — Acte du timbre. — Effet qu'il produit — Il
est révoqué. — Impôt sur le thé exporté en Amérique. — Il
est suspendu. — La perception du droit sur le thé ordonnée. —
Raisons qui devaient l'empêcher. — Mécontentement général
en Amérique. — Acte du parlement pour fermer le port de Boston. — Effet qu'il produit. — Conduite du peuple de Boston.
— Proclamation du général Gage, inutile. — Résolutions du
congrès assemblé à Philadelphie. — Acte du parlement pour
restreindre la pêche de la Nouvelle-Angleterre.

La France avait cédé par le dernier traité de
paix, et garanti à la Grande-Bretagne, en toute
propriété ¹, le Canada, l'île du Cap-Breton ,
toutes les autres îles et côtes dans le golfe et
dans le fleuve Saint-Laurent, les îles de la Grenade et des Grenadins, la rivière de Sénégal
avec tous les droits et dépendances de cette
rivière, les forts et comptoirs de Saint-Louis,
de Podor et de Galam, la rivière et le port de
la Mobile, et ses possessions du côté gauche du
fleuve Mississipi, à l'exception de la ville de
la Nouvelle-Orléans et de l'île dans laquelle
elle est située. Les limites entre la France et
l'empire Britannique , dans cette partie du

¹ Voyez le Traité de Paris du 10 février 1763.

monde , étaient irrévocablement déterminées
par une ligne tirée au milieu du fleuve Mississipi, depuis sa naissance jusqu'à la rivière d'Y-
berville, et de là par une autre qui partait du
milieu du même fleuve et des lacs Maurepas et
Pont-Chartrain jusqu'à la mer. La France renonçait encore à toute prétention aux acquisitions
qu'elle avait faites sur la côte de Coromandel et
d'Orixa, depuis le commencement de l'année
1749, et elle s'obligeait de mettre la ville et le
port de Dunkerque dans l'état qui avait été fixé
par le Traité d'Aix-la-Chapelle et par les traités antérieurs. Pour dédommagement de toutes
ces cessions, cette puissance avait conservé
la liberté de la pêche et de la sècherie sur
une partie des côtes de l'île de Terre-Neuve [1],
mais à condition de n'exercer cette pêche dans
le golfe Saint-Laurent qu'à la distance de trois
lieues des îles situées dans ce golfe ou du continent, et qu'à celle de quinze de l'île du Cap-
Breton. La Grande-Bretagne lui cédait seulement en toute propriété les îles de Saint-Pierre
et de Miquelon pour servir d'abri à ses pêcheurs,

---

[1] Conformément à l'art. xiii du traité d'Utrecht.

1.

sous la condition expresse de ne les point fortifier, et de n'y établir que des bâtimens civils
pour la commodité de la pêche, et de n'y entretenir qu'une garde de cinquante hommes pour
la police. Les mêmes puissances contractantes
s'étaient partagé, de la manière suivante, les îles
du Vent, réputées neutres : Saint-Vincent, la
Dominique et Tabago restaient en toute propriété à la Grande-Bretagne, et la France prenait
possession de celle de Sainte-Lucie.

Aux cessions faites par la France, l'Espagne
avait été forcée, par le même traité, d'ajouter
la Floride avec le fort Saint-Augustin, la baie
de Pensacola ; en un mot, tout ce qu'elle possédait sur le continent de l'Amérique septentrionale, à l'est ou au sud-est du fleuve Mississipi.
Le même traité autorisait les sujets de l'empire
Britannique à couper, charger et transporter le
bois de campêche sans pouvoir être inquiétés
ou molestés, sous quelque prétexte que ce fût ;
à bâtir sans empêchement, sur les côtes et territoire espagnols, et à occuper sans interruption les maisons et magasins qui leur seraient
nécessaires pour eux, pour leurs familles et pour

leurs effets, avec la renonciation la plus générale, de la part de l'Espagne, à la prétention au droit de pêcher aux environs de l'île de Terre-Neuve. Telles étaient les conditions auxquelles la France et l'Espagne recouvrèrent les autres possessions qu'elles avaient perdues. Ainsi le roi de la Grande-Bretagne devenait souverain de tout le continent de l'Amérique septentrionale, depuis la baie d'Hudson jusqu'à l'embouchure du Mississipi.

Si une suite non interrompue de revers avait fait désirer à la maison de Bourbon le retour de la paix, l'Angleterre l'appelait aussi de tous ses vœux. La guerre avait épuisé infructueusement les finances de la France. Les succès extraordinaires de la Grande-Bretagne avaient doublé sa dette nationale. Elle ne montait au commencement des hostilités, en 1755, qu'à un milliard six cent dix-sept millions quatre-vingt-sept mille soixante livres tournois; elle s'élevait, lors de la conclusion de la paix ¹, à trois milliards

¹ Suivant un ministre d'État, M. Grenville, la dette nationale, en 1763, montait à cent quarante-trois millions trois cent soixante-dix-sept mille six cent dix-huit liv. sterl.,

quatre cent millions. De toutes les guerres que
la Grande-Bretagne avait soutenues, celle-ci
avait le plus obéré ses finances ; mais elle était la
plus glorieuse par les grands avantages que procurait à son commerce l'acquisition d'immenses
possessions en Amérique. La paix vint lui rendre
toute l'activité dont il était susceptible, et que
la guerre n'avait fait que ralentir. Dès qu'elle
fut rétablie, le parlement porta ses regards sur

pour l'intérêt de laquelle l'Angleterre payait quatre millions neuf cent quatre-vingt-treize mille cent quarante-
quatre liv. st. Voyez le *Tableau de l'Angleterre et de ses
finances*, page 45.

La grande-Bretagne a fait soixante-cinq guerres dans un
espace de cent vingt-sept ans, c'est-à-dire depuis 1688 jusqu'en 1815. Voici l'état des sommes que lui ont coûtées
ces années de guerre :

Celle qui commence en 1688. . .	900,000,000 fr.
Celle de la succession.	1,562,500,000
Celle de l'Espagne.	1,362,500,000
Celle de sept ans.	2,800,000,000
Celle d'Amérique.	3,400,000,000
Celle de la révolution.	11,600,000,000
Celle de l'empire.	28,975,000.000
TOTAL.	50,600,000,000 fr.

Depuis 1803 jusqu'en 1816 inclusivement, l'Angleterre
a répandu 3,227,716 fusils dans la circulation, non com-

les nouvelles possessions que la nation venait d'acquérir, et donna de grands encouragemens. Les immenses capitaux que les négocians d'Angleterre versèrent sur-le-champ dans les îles conquises animèrent promptement l'industrie de leurs habitans. En peu d'années ces îles s'élevèrent à leur plus haut degré de culture, et la nation ne tarda pas à être remboursée de ses avances.

Devenus, par la cession du Canada et de l'île du Cap-Breton, seuls maîtres du commerce du continent de l'Amérique, les Anglais s'appliquèrent à le rendre aussi florissant qu'il pouvait l'être. En retour des envois de toutes les marchandises et denrées que la rigueur de ce climat pris ceux sortis du royaume pour le compte des particuliers. En voici l'état de distribution à la charge du trésor public :

2,143,643 aux alliés de l'Angleterre ;
349,882 aux troupes de ligne anglaises.
79,405 à la milice régulière des trois royaumes.
151,969 à celle locale.
307,583 aux volontaires
215,233 à la marine.

Et on consomma, terme moyen, par année de guerre, quatre-vingt mille barils de poudre à canon.

rend nécessaires à la consommation de ses habitans, les navires de la Grande-Bretagne appor-
taient une grande quantité de pelleteries qui formèrent une branche considérable de commerce.
Le Canada prit une nouvelle forme sous ses
nouveaux maîtres ; et cette colonie qui avait été
languissante sous la domination française, parvint, par son commerce, à un état de splendeur
que la France n'avait peut-être jamais soupçonné.

La réunion du Canada au domaine de la
Grande-Bretagne fit cesser pour toujours tous
les sujets de rivalité et de haine qu'avait ex-
cités son voisinage des colonies anglaises. C'est
principalement à cette époque que les colonies
de l'Amérique septentrionale, et surtout la Nou-
velle-York, débarrassées d'un voisin qui, depuis leur fondation, leur avait donné les plus
grandes inquiétudes, purent se livrer sans interruption, sans embarras et sans crainte, à l'extension de leur commerce avec les sauvages et au
défrichement de leurs plantations. Les succès
en furent si rapides, que durant les trois années
qui précédèrent leur rupture avec la Métropole,

la valeur des exportations de l'Angleterre au continent de l'Amérique monta à la somme de cinq millions trois cent vingt-trois mille cinquante-six liv. sterl., et celle des importations des colonies dans la Grande-Bretagne, durant la même époque, à trois millions vingt-neuf mille cent vingt-sept liv. sterl. Ses droits d'entrée et de sortie, qui avant 1764 ne produisaient guère que quinze cent mille liv. sterl., s'élevèrent rapidement au-dessus de deux millions. Quel vaste *débouché* les colonies n'auraient-elles pas continué d'ouvrir aux manufactures anglaises, si la Grande-Bretagne eût pris soin de leur faire chérir sa suprématie!

L'Angleterre ne borna pas ses soins à augmenter la fertilité de ses possessions anciennes et nouvelles; elle les étendit durant la paix, par les établissemens qu'elle forma sur la côte des Mosquites, afin de faciliter son commerce interlope avec le continent espagnol.

Autant la Grande-Bretagne avait accru sa domination au moyen des conquêtes qu'elle avait faites durant la dernière guerre, autant sa Compagnie des Indes augmenta la sienne durant la paix [1]. Le premier fruit de ses expéditions militaires fut la cession qu'elle obtint, en 1766, du Souba, du Décan, de quatre provinces au nord de Masulipatnam. Elles s'étendent à six cents milles sur la côte de Coromandel, et s'enfoncent depuis trente jusqu'à quatre-vingt-dix milles dans les terres. Les exportations de cette étendue de pays, qui donne neuf millions de revenu, et dont le prince indien dépouillé ne reçoit que deux millions vingt-cinq mille livres, sont devenues de plus en plus considérables. Enfin la conquête du Bengale, province la plus riche, la plus fertile et la plus peuplée de l'empire du Mogol, a rendu la Compagnie une puissance territoriale, de sorte que son commerce, qui faisait autrefois toute son existence, n'est plus aujourd'hui qu'accessoire dans les combinaisons de sa grandeur actuelle.

Portant le même esprit de conquête de l'autre côté de la presqu'île de l'Inde, ses troupes prirent d'assaut, en 1771, la ville de Barokia, si-

---

[1] Voyez l'*Histoire philosophique*, t. I, p. 85, 137, 139; t. II, p. 163, et suivantes, 225 et 227, dernière édition in-8°.

tuée à trente-cinq milles de la rivière de Nerbe-dals, qui se jette dans le golfe de Cambaie. Trois ans après, le 28 décembre 1774, elles enlevè-rent aux Marattes l'île de Salcette, sur la côte de Malabar. Le traité qui termina la guerre entre la Compagnie et les Marattes en 1776 lui assura la propriété de ces deux conquêtes.

Une si vaste étendue de possessions lui serait devenue onéreuse si elle n'eût pu se procurer des débouchés pour la consommation des mar-chandises qui se fabriquent dans les pays qu'elle avait assujettis. Les négocians anglais établis dans les Indes réussirent complètement dans cette recherche. Il fut signé, le 7 mars 1775, avec le principal bey de l'Égypte, un traité par lequel les Anglais établis aux Indes furent au-torisés à introduire et à faire circuler dans l'in-térieur de l'Égypte toutes les marchandises qu'il leur plairait, à la charge de payer six et demi pour cent d'entrée pour celles qui viendraient du Gange et de Madras, et huit pour cent pour celles qui auraient été chargées à Bombay et à Surate. Cette convention avait déjà reçu son exé-cution avant la dernière guerre, et les bénéfices considérables que firent les Anglais sur les marchandises qu'ils envoyèrent à Suez, par la mer Rouge, surpassèrent de beaucoup leurs espérances.

Tandis que la Compagnie portait dans l'Inde au plus haut degré de gloire la réputation des armes anglaises, le parlement mettait en usage tous les moyens propres à vivifier la Grande-Bretagne. Dès l'année 1767 il avait réduit à trois shellings par livre sterling la taxe sur les terres. Il donnait des encouragemens à toutes les manufactures du royaume, en provoquait la perfection par des gratifications, accordait annuellement des sommes considérables pour l'amélioration de la culture dans la Géorgie et dans la Floride; en un mot, il employait tous les ressorts qu'un gouvernement bien constitué peut seul faire mouvoir. Pendant qu'en France on suspendait des remboursemens à terme fixe[1], qu'on y augmentait les impôts, et que même on n'y respectait pas des priviléges pour la conservation desquels on avait exigé quelque

[1] Voyez les arrêts du Conseil, et les édits publiés en 1770, et 1771.

temps auparavant une forte taxe en argent,
le sénat Britannique ne se contentait pas de diminuer par la réduction de l'intérêt de l'argent,
et par ses remboursemens, les intérêts et le capital de la dette nationale; il appropriait encore
à son extinction les sommes que la France lui
avait payées pour les frais de nourriture et d'entretien de ses matelots prisonniers durant la
guerre. De plus il faisait tourner au profit de
la nation les conquêtes de la Compagnie des
Indes, à laquelle il en garantissait la possession
pour cinq ans, à compter de l'année 1770, sous
la condition d'un subside annuel de quatre cent
mille livres sterling, payable tous les six mois,
et sous l'obligation d'exporter chaque année
à ses établissemens des marchandises fabriquées
dans la Grande-Bretagne, pour la valeur de
trois cent quatre-vingt-huit mille huit cent trente-
sept livres sterling, outre les munitions et les
pacotilles particulières, à la charge d'en produire chaque année à la trésorerie une spé-
cification vérifiée par serment, avec deux états,
l'un de ses dettes, l'autre du comptant qui lui
resterait en caisse, tant au dedans qu'au-dehors.

Enfin, pour conserver aux manufactures nationales ce nouveau débouché qu'il leur avait procuré, le parlement autorisait, le 1er juillet 1773, le gouvernement à avancer quatorze cent mille livres sterling à cette même Compagnie, prête à succomber sous des engagemens extraordinaires et urgens; et il renonçait à participer à ses revenus et à ses acquisitions durant six ans, à compter de l'expiration de son octroi en 1780.

Si la Grande-Bretagne faisait aimer à ses sujets son administration intérieure, la distribution suivante de ses forces navales la faisait respecter au dehors de toutes les puissances de l'univers. Une escadre assurait dans l'Inde les opérations de sa Compagnie, et entretenait les peuples de ces contrées dans l'idée que l'Angleterre était la seule puissance maritime de l'Europe. Quatre autres escadres, la première en station aux îles du Vent, la seconde aux îles Sous-le-Vent, la troisième à Halifax et à Terre-Neuve, et la quatrième dans la Méditerranée, étaient occupées à protéger son commerce. La nation, en entretenant sans cesse des forces aussi respec-

tables dans ces différens parages, semblait toujours prête à tirer vengeance des insultes qu'elle
pourrait recevoir. La terreur que ses armes
avaient inspirée, le nombre et la force de ses escadres, la rendaient en quelque sorte l'arbitre de
l'Europe. Son crédit et son pouvoir lui donnaient
la plus grande influence sur les autres puissances
de cette partie du monde. Cet ascendant marqué
pouvait, devait même exciter leur jalousie. Mais
comment auraient-elles osé entreprendre de le
lui faire perdre ? Elles gémissaient presque toutes sous le poids des dettes qu'elles avaient con-
tractées pour subvenir aux dépenses de la dernière guerre. La Grande-Bretagne, intéressée
elle-même à la durée de la paix, trouvait
dans le produit de son commerce les moyens
d'alléger le fardeau de sa dette. Les succès d'une
nouvelle guerre ne pouvaient donc dans aucun temps compenser un aussi grand avantage.

Tout semblait conspirer à augmenter de plus
en plus la prépondérance qu'elle avait acquise
par le dernier traité de paix, lorsqu'une querelle
survenue entre elle et ses colonies du continent

de l'Amérique, au sujet de quelques taxes que le parlement avait mises sur elles sans leur consentement, alluma un feu dont la flamme, après avoir embrasé toute l'Amérique septentrionale, se communiqua successivement à la France, à l'Espagne, à la Hollande, et ne s'éteignit que par la reconnaissance de la souveraineté et de l'indépendance de treize colonies du continent de l'Amérique; par la cession à la France de l'île de Tabago, de la rivière du Sénégal et de ses dépendances, de plusieurs forts sur les côtes d'Afrique, de deux districts dans l'Inde pour servir d'arrondissement à Pondichéri, et des quatre Magans qui avoisinent Karical; enfin par l'abandon à l'Espagne de l'île de Minorque et des deux Florides. Il ne sera pas hors de propos d'exposer sommairement l'origine et les causes de cette grande révolution, jusqu'au moment où la France jugea que sa sûreté ne lui permettait plus de différer d'y prendre part.

La dernière guerre avait beaucoup endetté la Grande-Bretagne. Afin de faire face aux dépenses qu'elle avait occasionées, cette puissance avait été obligée de taxer les maisons, les fené-

tres, le vin, l'argenterie, les cartes, les dez à
jouer, en un mot toutes les boissons à l'usage
du peuple. Ces taxes ne suffisant point au paiement de sa dette, elle imagina d'imposer ses colonies du continent de l'Amérique. Pour arriver
à ce but, le parlement passa, le 7 février 1765,
un bill[1] qui défendait d'admettre en justice tout
titre qui ne serait pas écrit sur du papier timbré[2]

[1] Le roi y donna son consentement le 25 mai 1765.

[2] On verra peut-être avec plaisir sur quels objets portaient les taxes du papier timbré dans les colonies du continent de l'Amérique. Le parlement imposait : 1° trois
deniers de timbre sur chaque feuille de vélin ou de papier
manuscrite ou imprimée, contenant quelque déclaration ;
2° deux shell. sur caution spéciale, ou de comparution
par-devant les tribunaux du pays ; 3° un shell. et six den.
sur requêtes, réclamations et autres recours aux tribunaux de chancellerie et de justice ; 4° trois den. sur chaque copie de ces pièces ; 5° un shell. sur actes concernant
les bénéfices ecclésiastiques du ressort de la juridiction en
Amérique ; 6° six den. sur copie d'un testament en matière ecclésiastique ; 7° deux liv. sterl. sur donations, pré-
sentations, nominations ou institutions par rapport aux
bénéfices, ou sur lettres et actes expédiés à cet effet, ou
sur enregistrement, admission, ou certificat d'un grade
octroyé dans les universités, académies, collèges ou sémi-

et vendu au profit du fisc. Mais comme il prévit
que cet impôt pourrait exciter le mécontentement des colonies, il crut sans doute qu'il le leur
rendrait moins odieux s'il assignait une partie

naires d'étude ; 8° un shell. sur les procédures dans les
tribunaux de l'amirauté ; 9° six den. sur copie de ces procédures ; 10° dix shell. sur appels dans les différentes
cours de justice ; 11° cinq shell. sur ajournemens pour
lever les amendes ; 12° quatre shell. sur jugemens et décrets ; 13° un shell. sur interrogatoires, dépositions et
décrets de prise de corps, à l'exception des cas criminels ;
14° dix liv. sterl. sur licences, permissions ou réceptions
de conseillers, notaires, procureurs et autres suppôts de
justice ; 15° quatre deniers sur connaissemens, lettres de
mer, etc.; 16° une liv. sterl. sur lettres de marque et de
commission données à des bâtimens particuliers armés en
course ; 17° dix shell. sur nominations aux emplois civils d'un
produit annuel au-dessous de vingt liv. sterl. , à la réserve
des officiers de l'armée, de la marine, de l'artillerie, de
la milice et des juges de paix ; 18° six liv. sterl. sur prérogatives et franchises accordées à des particuliers ; 19° une
liv. sterl. sur licences de vendre des boissons fortes ;
20° quatre liv. sterl. sur celles de vendre des vins ; 21° trois
liv. sterl. sur celles de vendre à la fois des vins et des
boissons fortes ; 22° cinq shell. sur testament, lettres
d'administration de biens excédant la somme de vingt liv.

de son produit à l'entretien des troupes employées dans l'Amérique septentrionale, et s'il donnait en même temps des sommes pour encourager dans la même contrée la culture de

sterl., sauf les effets des matelots et soldats morts dans le service sur le continent de l'Amérique; 23° dix shell. sur le même article, dans les autres parties de la contrée; 24° six deniers sur obligations portant paiement de dix liv. sterl. et au-dessous; 25° un shell. sur obligation, pour somme au-dessus de dix, jusqu'à vingt liv. sterl.; 26° un shell. et six den. sur d'autres obligations pour paiement des sommes jusqu'à quarante liv. sterl.; 27° six den. sur ordres ou décrets de faire l'arpentage et le partage de cent acres de terrain du continent de l'Amérique; 28° un shell. pour les mêmes ordres jusqu'à deux cents acres; 29° un shell. et six den. jusqu'à trois cents acres, et à proportion pour tous les autres de cette quantité; 30° un shell. et six den. sur acte de concession originaire de cent acres de terre, excepté les baux de trente-un ans; 31° deux shell. sur octrois jusqu'à deux cents acres; 32° deux shell. six den. sur ceux des trois cents; 33° trois shell. sur octrois jusqu'à cent acres dans telle autre partie que ce fût de l'Amérique; 34° quatre shell. pour deux cents; 35° cinq shell. pour trois cents; 36° quatre liv. sterl. sur emplois au-dessus de vingt liv. sterl. d'appointement annuel, à l'exception des officiers de l'armée,

2.

l'indigo, de la cochenille et du chanvre, que l'Angleterre était alors obligée de tirer de l'étranger. Les évènemens qui suivirent ne répondirent pas à son attente.

L'acte du timbre ne fut pas plus tôt rendu public dans le continent de l'Amérique, qu'il produisit la plus grande fermentation. Toutes les colonies le regardèrent comme une atteinte ouvertement portée à leurs droits les plus essentiels

de la marine, de l'artillerie, de la milice, et des juges de paix; 37° six liv. sterl. sur tous autres emplois et offices; 38° deux shell. et six den. sur engagemens, baux, contrats, charte-parties, protestations, etc.; 39° cinq shell. sur ordres, certificats, virement de parties, assurances, passe-ports, visas, etc., passés au sceau des provinces; 40° deux shell. et trois den. sur obligations, procurations et autres actes notariaux; 41° trois den. sur enregistrement de concessions ou autres actes susmentionnés; 42° deux shell. sur enregistrement de tous actes quelconques; 43° un shell. sur chaque jeu de carte; 44° dix shell. sur chaque jeu de dés; 45° un demi-den. sur chaque demi-feuille de papier imprimé contenant des nouvelles; 46° un denier sur une feuille entière; 47° deux shell. sur chaque feuille de brochure ou papier de six feuilles in-8°, de douze in-4°, ou de vingt in-folio; 48° deux

en qualité de sujets de la Grande-Bretagne[1]. Dans un excès de fureur, le peuple de Boston courut chez le contrôleur, le juge de l'amirauté, le distributeur des timbres du gouverneur, détruisit tous leurs papiers et leurs effets, accabla d'outrages les personnes qui avaient montré du zèle pour le service et pour les intérêts de la couronne, et menaça de mort quiconque prêterait son ministère à l'établissement des nouveaux droits. Les principales villes de l'Amérique, New-York, Philadelphie, Boston, firent cause commune, et s'obligèrent par serment à renoncer à la con-

shell. sur chaque avertissement dans toute gazette ou feuille de nouvelles dans les colonies; 49° deux den. sur tout almanach ou calendrier de l'année, consistant en une seule page; 50° quatre deniers sur toute autre sorte d'almanach d'une année seulement; 51° un droit à proportion sur ceux qui s'étendraient au-delà de ce temps; 52° six den. par liv. sterl. sur les sommes données en apprentissage, jusqu'à cinquante liv.; 53° un shell. par livr. sur toutes autres sommes données pour le même sujet; 54° doubles droits sur les actes ci-dessus qui ne seraient point conçus en langue anglaise.

[1] Voyez les résolutions de l'assemblée de la Pensylvanie, du mois de septembre 1765.

sommation des productions et manufactures de la métropole, jusqu'à ce qu'elle eût retiré cet acte, qu'elles regardaient comme illégal et oppresseur. Une telle résolution, suivie de l'exécution, frappait trop sur la consommation des marchandises de la Grande-Bretagne, pour que les réclamations de ses manufacturiers ne devinssent pas générales. Des adresses, présentées de toutes parts au roi et au parlement, leur ouvrirent les yeux. L'acte du timbre fut révoqué le 18 mars 1766, et le roi sortit du parlement au milieu des acclamations d'une multitude innombrable d'artisans et de négocians.

La joie que cette révocation excita en Amérique fut de courte durée. Le parlement, qui n'avait cédé qu'avec regret aux désirs de la nation et des colonies, remplaça l'impôt qu'il venait d'abolir par un autre qu'il établit l'année suivante sur le verre, le plomb, le carton, les couleurs, le papier peint et le thé importés d'Angleterre aux colonies. L'Amérique vit aussitôt renouveler les scènes de 1765. L'insurrection fit les progrès les plus rapides, et l'esprit qui l'avait fait naître se propagea dans

toutes les colonies. Les femmes de la Nouvelle-
York donnèrent elles-mêmes l'exemple de la réforme. Elles s'interdirent l'usage de toutes les
étoffes et marchandises apportées d'Europe
pour leur parure. Les rubans et les autres objets de luxe y furent généralement supprimés.
Au thé d'Asie on substitua celui de Labrador,
connu sous le nom d'Hypérion. Les assemblées de cette province refusèrent de reconnaître
la légitimité de tout acte du parlement britannique qui aurait pour objet les taxes et les impôts des colonies. Elles insistèrent sur le droit
qu'elles prétendaient avoir seules de le lever.
Enfin toutes les colonies arrêtèrent de ne vendre, de n'acheter aucune des marchandises de
la Grande-Bretagne, de contre-demander même
celles qu'elles avaient demandées, aussi long-
temps que subsisterait l'acte du thé. Dès ce moment elles s'occupèrent d'établir de nouvelles
manufactures, de perfectionner celles qui étaient
déjà établies, et de rendre leur commerce aux
Antilles de plus en plus florissant.

La fermeté de ces résolutions effraya la Compagnie des Indes et tous les manufacturiers de

l'Angleterre. Sur leurs représentations, l'acte de 1767 fut encore révoqué en 1770. Le thé seul fut excepté. Il n'en faut pas conclure que le droit auquel il était assujéti fût plus exigé durant les trois années qui suivirent, que les autres ne l'avaient été. Le parlement voulut seulement paraître, par cette exception, conserver une apparence de suprématie sur les colonies.

La tranquillité semblait rétablie en Amérique, lorsque la perception du droit sur le thé fut ordonnée en 1773. Nous avons dit que le gouvernement avait prêté quatorze cent mille livres sterling à la Compagnie des Indes. A l'époque ou ce prêt lui fut fait, elle était surchargée d'une quantité si énorme de thé, que ses magasins en étaient suffisamment approvisionnés pour la consommation de l'Europe durant trois ans. Cette denrée lui absorbait donc, sans bénéfice, un capital considérable[1]. Le parlement, en lui permettant de l'exporter en Amérique, voulut sans doute lui faciliter les moyens de rembourser la somme qu'il avait autorisé le gouvernement à

[1] Voyez le bill du 6 mai 1773.

lui prêter, et trouver dans le droit de trois sous, argent d'Amérique [1], par chaque livre pesant de thé, un produit qui diminuât le vide que lui occasionait la discontinuation du subside de quatre cent mille livres sterling auquel il avait assujéti en 1770 la Compagnie durant cinq ans. Mais devait-il se faire illusion jusqu'à se persuader que les Américains, aux représentations desquels il avait été obligé deux fois de déférer, montreraient moins de fermeté dans cette nouvelle circonstance? N'avait-il pas à craindre, au contraire, que cet impôt sur les colonies, sans leur consentement, ne rallumât le feu de la discorde qui avait déjà embrasé cette partie des possessions de la Grande - Bretagne, et qui, quoique ralenti, n'était rien moins qu'étouffé? Pouvait - il ignorer que l'esprit d'indépendance qui s'y était manifesté ne dût éclater un jour avec une véhémence destructive de l'union et de l'harmonie qui devaient subsister entre la Grande-Bretagne et les habitans du continent? On serait tenté de croire qu'il cherchait à se prévaloir du silence des Américains sur la perception mo-

[1] Ou quatre sous quatre deniers, argent de France.

dique de ce droit, pour établir sa suprématie sur eux, et pour s'arroger le pouvoir de les taxer dans la suite, autant et aussi souvent qu'il le jugerait à propos.

Quoi qu'il en soit des motifs qui déterminèrent le parlement, l'explosion du mécontentement général de l'Amérique fut plus violente que jamais. Les habitans de Boston jetèrent à la mer, le 20 décembre 1773, trois cent quarante-deux caisses de thé apportées sur trois navires venant de Londres. Les Philadelphiens refusèrent l'entrée du port à un autre navire chargé de la même denrée. Ce qui s'en trouva dans Boston fut brûlé dans la place publique, aux acclamations du peuple. On proscrivit quiconque oserait en vendre, quiconque en conserverait chez soi. Le thé qui avait été expédié pour les colonies était évalué cinq à six millions. Il n'en fut pas débarqué une seule caisse.

Comme la province de Massachussetts-Bay avait montré l'opposition la plus grande, ce fut aussi contre elle que le parlement sévit de la manière la plus exemplaire en passant un acte, le 31 mars, pour, à compter du premier juin suivant, fermer le port de Boston, défendre d'y rien débarquer, d'y rien charger, et transférer à Salem le commerce et les douanes de cette ville. Dans un gouvernement où les lois semblent autant veiller à la liberté de la nation qu'à celle des particuliers, une information parlementaire contre les auteurs, fauteurs ou complices de la destruction du thé de la Compagnie des Indes, avant d'ordonner la suppression du port de Boston, paraissait un préliminaire indispensable. Par cette manière légale de procéder à la recherche des séditieux, tous les habitans de cette ville auraient été convaincus que l'intention du Gouvernement Britannique n'était pas de les condamner avant de les avoir entendus en leur défense, ni de les rendre victimes de la sédition de quelques uns. Le parlement, trop irrité pour être modéré, se persuada sans doute qu'il effraierait, par cet exemple de sévérité, toutes les autres colonies, et que la jalousie que leur donnait l'état de splendeur de la capitale de la Nouvelle-Angleterre les exciterait à profiter de son abaissement pour s'élever sur ses ruines. Il fut entièrement déçu dans cet espoir. Son acte ne fit que les affermir toutes dans la résolution de soutenir leurs droits avec plus d'unanimité et de constance. Le peuple de Boston brûla publiquement, le 19 mai, l'acte qui fermait le port de cette ville. La cause de la Nouvelle-Angleterre devint celle de toutes les colonies. Dès ce moment elles mirent un embargo général sur tous les bâtimens destinés pour la Grande-Bretagne. Ainsi, tandis que le parlement s'obstinait à vouloir taxer les colonies sans leur consentement, pour procurer une modique somme à la trésorerie, la nation perdait annuellement plus de deux millions sterling par la décadence de son commerce avec l'Amérique.

Cependant la sédition augmentant de jour en jour à Boston, le peuple s'emparait d'un magasin de quatre cents tonneaux de poudre, et le mettait sous la protection de onze mille hommes. Les troupes britanniques, les équipages des vaisseaux ne pouvaient plus obtenir de vivres à quelque prix que ce fût. Les actes du parlement restaient sans vigueur, parceque les officiers publics refusaient de prêter leur ministère à leur exécution. Pour rendre l'autorité du monarque

anglais plus respectable, le général Gage donna
ordre à un régiment en garnison à New-York de
se rendre à Boston. Non seulement cette ville refusa des bâtimens pour le transporter, mais encore ce général fut obligé de prendre à bord de
ses vaisseaux les bois et les matériaux dont il
avait besoin pour construire des logemens pour
ses troupes. Au reste, cette construction ne fut
point achevée. Une nombreuse populace détruisit en une nuit l'ouvrage de quinze jours, à
la vue même des troupes, qui n'avaient pas ordre
de faire feu sur elle, et remit en liberté les personnes qui avaient été arrêtées. Vainement ce
général publia une proclamation pour déclarer
coupables de trahison ceux qui s'assembleraient,
tant pour examiner leurs griefs que pour former
des associations relativement à la conduite una-
nime à tenir dans la circonstance. Les habitans
des colonies, persuadés que la meilleure manière
de connaître l'unanimité de leurs sentimens sur
la conduite de la mère-patrie envers la province
de Massachussetts-Bay, était d'assembler un congrès général composé de leurs différens députés, en arrêtèrent la convocation à Philadelphie

pour le premier jour de septembre 1774. Tous les députés s'y rendirent au jour indiqué.

Cette assemblée, que nous désignerons tou-jours dans la suite sous le nom de *congrès*, ne tarda pas à faire connaître ses intentions, et à rendre publiques ses premières résolutions, les 8, 10 et 11 octobre. Elles portaient approbation des démarches des habitans de Massachussetts-Bay, et en recommandaient l'exemple aux autres colo-nies. Dans le cas où le parlement de la Grande-Bre-tagne aurait recours à la force pour soutenir ses actes, le congrès invitait toute l'Amérique à dé-fendre l'opposition de Massachussetts-Bay. Cette assemblée ordonna en même temps la vente au profit des pauvres de toutes les marchandises qui seraient apportées en Amérique avant le premier du mois de février 1775, et le renvoi en Angleterre, sans être déballées, de toutes celles qu'on y recevrait après le premier du même mois. Enfin elle défendit l'exportation à la Grande-Bretagne de toutes les marchandises et productions de l'Amérique, à l'exception du riz, après le 15 septembre de l'année suivante.

Malgré ces résolutions pleines de vigueur et

de fermeté, la nation britannique n'envisageait pas encore comme prochaine la rupture de ses colonies avec elle. Elle espérait de la sagesse de son gouvernement qu'un examen sérieux de leurs griefs et de leurs réclamations contre la prétention de la Métropole à leur imposer des taxes sans leur consentement, préviendrait les horreurs d'une guerre civile. Son illusion dut bientôt cesser, lorsqu'elle vit le parlement restreindre, le 30 mars, la pêche et le commerce de la Nouvelle-Angleterre. Cet acte, qui fut dans la suite étendu à tout le continent, déclarait de bonne prise tout bâtiment appartenant aux colonies soulevées et destiné à la pêche, s'il n'était muni d'un passe-port du gouverneur ou du commandant pour le roi dans les différentes provinces et colonies.

CHAPITRE II.

Affaire de Lexington. — Fermentation générale en Amérique. — Défense vigoureuse des Bostoniens.—Expédition de Montgommeri dans le Canada.—Incendie de Norfolk et de Falmouth.—Acte du parlement pour interdire tout commerce avec les colonies. — Les Anglais évacuent Boston. — La Grande-Bretagne prend deux mille Allemands à sa solde.—Le congrès prononce l'indépendance de l'Amérique.—Séparation de l'Amérique prévue depuis long-temps. — Conduite impolitique de la Grande-Bretagne. — Enthousiasme des Américains. — Le général Howe attaque New-York. — Il réduit une grande partie de New-Jersey. — Belle manœuvre du général Washington. — Ouverture tardive de la campagne de 1777. — Combat de German-Town. — Marches du général Burgoyne. — Obstacles qu'il a à surmonter. — Il essuie un échec à Bennington. — Combat de Still-Water. — Capitulation et prise de son armée. — Tristesse en Angleterre à la nouvelle de cet évènement. — Pertes du commerce maritime anglais.

Si le gouvernement britannique chercha à provoquer les Américains à des voies de fait afin de se ménager le plaisir de procéder contre eux à force ouverte, il n'eut peut-être que trop tôt cette cruelle satisfaction. Depuis l'enlèvement du magasin à poudre, les habitans de Boston s'exerçaient sans cesse aux évolutions militaires et au maniement des armes. Ils se tenaient, ainsi que les troupes anglaises, continuellement sur leurs gardes. Les deux partis semblaient en quelque sorte attendre à qui ensanglanterait le premier la scène. Ce tragique évènement eut bientôt lieu. Dans la nuit du 17 au 18 avril 1775, un détachement des troupes anglaises, de huit à neuf cents hommes, aux ordres du colonel Smith, allant pour s'emparer de l'artillerie et des munitions de guerre que les Bostoniens avaient déposées à Concord, rencontra à Lexington une compagnie de cent hommes de milice américaine qu'on passait en revue. Sur son refus de se retirer, les troupes britanniques firent feu dessus, tuèrent huit hommes et en blessèrent neuf. Pénétrant plus avant, elles rencontrèrent un autre corps de cent cinquante hommes, pareillement disposé à ne point se retirer, sur lequel elles firent également feu. Mais le nombre des Américains n'ayant pas tardé à devenir considérable, les Anglais se détermine-

A peu près à la même époque le général Montgommeri, après être entré par les lacs dans le Canada , avec un corps d'Américains , et s'être emparé, le 28 octobre , du fort Saint-Jean dont il avait fait la garnison prisonnière de guerre au nombre de cinq cents hommes de troupes réglées , avait pris possession , le 12 novembre , de Montréal , que les Anglais avaient évacué, et était venu mettre le siége devant Quebec. Cette place aurait infailliblement succombé sous les efforts des Américains, s'ils avaient été pourvus d'une artillerie suffisante pour la battre. Le manque de canons et de mortiers ayant déterminé Montgommeri à tenter de s'en rendre maître par un assaut, ce général y périt le 31 décembre avec un grand nombre des siens. Les Américains , sans se laisser abattre par ce revers, convertirent le siége en blocus; mais ils furent obligés de le lever cinq mois après, à l'arrivée des renforts envoyés d'Angleterre, et de reprendre la route de New-York , après avoir évacué tous les postes dont ils s'étaient emparés [1].

[1] Voyez la lettre du général Carleton au lord Germain, du 24 mai 1776.

Les Anglais ne s'étaient point attendus à tant d'audace et de résistance. Leur orgueil en fut blessé, et le carnage et la destruction prenant la place de la générosité, ils commencèrent à exécuter le projet qu'ils avaient formé depuis long-temps de bombarder toutes les villes maritimes du continent de l'Amérique, depuis Hallifax jusqu'à Savannah en Géorgie. Falmouth et Norfolk, petites villes situées dans le New-Hampshire et dans la Virginie, écrasées, le 18 octobre, par les bombes, n'offrirent encore long-temps après que des monceaux de ruines et de cendres. Cette manière de réduire les colonies, qui ne fut que trop mise en usage durant le cours de cette guerre, a peut-être plus contribué que tous les actes du parlement à exalter leur haine contre la métropole.

Non content de ces actes de destruction, le ministère britannique fit porter, le 20 décembre, un nouveau bill par le parlement, pour, à compter du 1er janvier 1776, interdire tout commerce avec les colonies, autoriser le roi, et les commissaires, en son nom, à accorder des pardons à ceux qui rentreraient dans l'obéissance, et ad-

juger au profit des officiers et des équipages des
vaisseaux les prises qu'ils feraient sur les Américains. Le congrès usa de représailles. Il fit déclarer de bonne prise, par sa cour d'amirauté,
tous les bâtimens qui seraient enlevés aux Anglais, et appropria aux frais de la guerre actuelle
une partie de leur valeur, les biens des propriétaires fugitifs, et les sommes dont les colonies
étaient débitrices à la Grande-Bretagne. Elles
montaient à plus de deux millions sterling.

Dans ces entrefaites les troupes anglaises, forcées de se replier de poste en poste, étaient étroitement resserrées dans Boston. Perdant tout espoir de se maintenir dans cette place, le général
Howe, successeur de Gage, l'évacua précipitamment le 17 mars, et alla par mer chercher un
asile à Hallifax, capitale de la Nouvelle-Écosse,
restée fidèle à la Grande-Bretagne. Ce fut en cette
ville qu'il attendit les grands renforts qui lui
étaient annoncés d'Angleterre pour l'ouverture
de la campagne prochaine.

Jusque alors le ministère britannique s'était
flatté que les actes du parlement contre Massachussetts-Bay ramèneraient cette province à l'o-

béissance.et retiendraient les autres dans le devoir. L'adhésion de toutes les colonies aux résolutions du congrès, la réunion de toutes les milices américaines en différens corps d'armée, lui démontrèrent enfin la nécessité des plus grands efforts pour la réduction de l'Amérique. Vingt mille Allemands, que la Grande-Bretagne prit alors à sa solde à des conditions très onéreuses, portèrent le nombre des troupes qu'elle employa durant cette année, sur le continent de l'Amérique, à 45,865 hommes effectifs, d'après l'examen [1] que le duc de Richemond fit de l'état de la nation au mois d'avril 1778. Des préparatifs d'attaque aussi formidables ne déconcertèrent point le congrès. Tirant du sein même du danger une nouvelle vigueur et un nouveau courage, il déchira le contrat social qui l'unissait à la

[1] Le 3 décembre 1777, le lord Barrington, secrétaire d'État de la guerre, dit dans la chambre des Communes, qu'au mois de juillet de la même année la Grande-Bretagne avait 55,095 hommes effectifs en Amérique. Au mois d'avril 1778, le duc de Richemond ayant examiné les papiers remis par les ministres sous les yeux des pairs, n'en trouva que 48,616 effectifs.

Grande-Bretagne, abjura la souveraineté de cette
puissance, et prononça l'indépendance de l'Amérique septentrionale. La déclaration qu'il en fit
publier dans toutes les colonies était conçue en
ces termes :

Du 4 juillet 1776.

« Lorsque, dans le cours des évènemens hu-
» mains, il devient nécessaire pour un peuple de
» dissoudre les liens politiques qui l'ont attaché
» jusque alors à un autre, et de prendre, parmi
» les puissances de la terre, l'état séparé et égal
» auquel la loi de la nature et le maître suprême
» qui la gouverne lui donnent droit, alors un
» respect convenable pour l'opinion des hommes
» exige qu'il expose les raisons qui le portent à
» cette séparation. Nous regardons comme des
» vérités évidentes par elles-mêmes, que tous les
» hommes ont été créés égaux ; qu'ils ont reçu de
» leur créateur certains droits inaliénables ; qu'au
» nombre de ces droits sont la vie, la liberté et
» la recherche du bonheur ; que c'est pour assu-
» rer ces droits que les gouvernemens ont été in-
» stitués parmi les hommes, et qu'ils ne tirent
» leur juste pouvoir que du consentement de

» ceux qui sont gouvernés ; que, toutes les fois
» qu'une forme de gouvernement devient des-
» tructive de ces fins, le peuple est en droit de
» l'altérer ou de l'abolir, et d'instituer un nouveau
» gouvernement, en établissant ses fondemens
» et en organisant ses pouvoirs sur les principes et
» dans la forme qui lui paraîtront les plus propres à
» effectuer sa sûreté et son bonheur. La prudence
» veut, il est vrai, que des gouvernemens établis
» depuis un long temps ne soient point changés
» pour des causes légères et passagères, et par
» cette raison l'expérience de tous les siècles a aussi
» prouvé que le genre humain est plus disposé à
» souffrir, aussi long-temps que les maux sont
» supportables, qu'à se faire droit à lui-même en
» abolissant des formes auxquelles il est accou-
» tumé. Mais lorsqu'une longue suite d'abus et
» d'usurpations ayant invariablement le même
» objet pour but, prouve évidemment un des-
» sein de soumettre le peuple à un despotisme
» absolu, il est en droit, c'est même son devoir
» de secouer le joug d'un pareil gouvernement,
» et de se pourvoir de nouveaux gardiens pour sa
» sûreté future. Telle a été la patiente longanimité

» de ces colonies , et telle est à présent la nécessité
» qui les force à altérer le système de leurs précé-
» dens gouvernemens. L'histoire du gouverne-
» ment de la Grande-Bretagne est une histoire d'in-
» justices et d'usurpations réitérées , toutes ayant
» directement pour objet l'établissement d'une
» tyrannie absolue sur ce pays. Pour le prouver,
» soumettons les faits au jugement du monde
» impartial.

» Il a refusé de donner son consentement à des
» lois les plus salutaires et les plus nécessaires pour
» le bien public.

» Il a défendu à ses gouverneurs de passer des
» lois d'une importance immédiate et pressante,
» à moins qu'elles ne fussent suspendues dans
» leur effet jusqu'à ce qu'on eût obtenu son con-
» sentement ; et lorsqu'elles ont été ainsi suspen-
» dues, il a finalement négligé de les confirmer.

» Il a refusé de passer d'autres lois pour assigner
» de grandes étendues de terrain à des habitans,
» à moins qu'ils ne renonçassent à leur droit de
» représentation dans le corps législatif; droit
» inestimable pour eux, et uniquement à craindre
» pour des tyrans.

» Il a convoqué nos corps législatifs en des lieux
» inusités, incommodes et éloignés du dépôt des
» archives publiques, uniquement dans le dessein
» de les fatiguer au point de les soumettre à ses
» volontés.

» Il a plusieurs fois dissous les chambres des
» représentans, pour s'être opposées, avec une
» fermeté mâle, aux atteintes qu'il portait aux
» droits du peuple.

» Il a refusé pendant un long temps, après les
» avoir ainsi dissoutes, d'en convoquer d'autres ;
» au moyen de quoi le pouvoir législatif, qui ne
» peut être absolument anéanti, est retombé au
» peuple en corps qui a dû l'exercer, l'État restant
» exposé à tous les dangers d'une invasion au
» dehors et des convulsions en dedans.

» Il s'est efforcé d'empêcher la population de
» ces États, en faisant naître des embarras dans
» l'exécution des lois pour naturaliser des étran-
» gers, en refusant d'en passer d'autres pour les
» encourager à se transplanter ici, et en haussant
» les conditions des nouvelles distributions de
» terrain.

» Il a mis des entraves à l'administration de la

» justice, en refusant son consentement aux lois
» qui établissaient les pouvoirs judiciaires.

» Il a rendu les juges dépendans de sa volonté,
» tant à l'égard de la conservation de leurs places
» que du montant et paiement de leurs salaires.

» Il a créé une multitude d'officiers nouveaux,
» et il a envoyé ici des essaims d'employés pour
» harasser le peuple, pour ronger et dévorer sa
» substance.

» Il a entretenu, en temps de paix, au milieu
» de nous, des armées permanentes sans le con-
» sentement de nos assemblées législatrices.

» Il a tâché de rendre l'état militaire indépen-
» dant du pouvoir civil et même supérieur.

» Il s'est concerté avec d'autres pour nous
» assujétir à une juridiction étrangère à notre
» constitution et inconnue à nos lois, en don-
» nant son consentement à leurs prétendus actes
» de législation, pour mettre de gros corps de
» gens armés en quartier parmi nous, pour les
» garantir, au moyen d'un fantôme de jugement,
» de toute punition pour les meurtres qu'ils pour-
» raient commettre contre les habitans de ces
» états ; pour détruire notre commerce dans toutes

» les parties du monde, pour nous imposer des
» taxes sans notre consentement, pour nous pri-
» ver en plusieurs cas de l'avantage d'être jugés
» par nos jurés, pour nous transporter au-delà
» des mers, afin d'y être jugés sur de prétendus
» délits; pour abolir le système libre des lois
» anglaises dans une province voisine, en y éta-
» blissant un gouvernement militaire et en recu-
» lant ses limites, afin d'en faire à la fois un exem-
» ple et un instrument propre à introduire la
» même forme absolue dans ces colonies; pour
» nous ravir nos chartes, abroger nos lois les
» plus précieuses et altérer fondamentalement la
» forme de nos gouvernemens, pour interdire
» nos propres corps législatifs, et se déclarer
» lui-même revêtu du pouvoir de faire des lois
» obligatoires pour nous, dans tous les cas quel-
» conques.

» Il a abdiqué le gouvernement de ce pays en
» nous déclarant déchus de sa protection et en
» nous faisant la guerre.

» Il a fait exercer la piraterie sur nos mers,
» ravager nos côtes, brûler nos villes, et ôter la
» vie à leurs habitans.

» A cette heure même il s'occupe à faire trans-
» porter ici de grosses armées de mercenaires
» étrangers, pour compléter les œuvres de la
» mort, de la désolation et de la tyrannie, déjà
» commencées avec des circonstances de cruauté
» et de perfidie dont à peine l'on trouverait des
» exemples dans les siècles les plus barbares, et
» qui sont entièrement indignes du chef d'une
» nation civilisée.

» Il a forcé nos concitoyens, faits prisonniers
» en pleine mer, à porter les armes contre leur
» patrie, à devenir les bourreaux de leurs amis
» et de leurs frères ou à tomber eux-mêmes entre
» leurs mains.

» Il a excité parmi nous des séditions intestines.

» Il s'est efforcé de soulever contre les habitans
» de nos frontières les impitoyables Indiens sau-
» vages, dont la manière connue de guerroyer est
» une destruction générale, sans distinction d'âge,
» de sexe, de condition.

» A chacun de ces degrés d'oppression, nous
» avons, dans les termes les plus humbles, solli-
» cité du redressement. Nos requêtes itératives
» n'ont eu pour réponses que des injustices réi-

» térées. Un prince dont le caractère est ainsi
» marqué par toutes les actions qui peuvent en-
» trer dans celui d'un tyran est incapable d'être
» gouverneur d'un peuple libre.

» Et ce n'est point que nous ayons manqué
» d'attention à l'égard de nos frères britanniques!
» Nous les avons avertis de temps en temps des
» tentatives faites par leur puissance législative
» pour étendre sur nous une juridiction illégitime;
» nous leur avons rappelé les circonstances de
» notre émigration et de notre établissement en
» ce pays ; nous en avons appelé à leur justice,
» à leur magnanimité naturelle, et nous les avons
» conjurés, par les liens de notre tendresse mu-
» tuelle, de désavouer ces usurpations qui inter-
» rompraient inévitablement notre liaison et notre
» correspondance réciproques. Mais, eux aussi ,
» ils ont été sourds à la voix de la justice et de la
» parenté! Il ne nous reste donc qu'à nous sou-
» mettre tranquillement à la nécessité qui ordonne
» notre séparation, et à les regarder de même que
» nous regardons le genre humain, comme nos
» ennemis en temps de guerre, comme nos amis
» durant la paix.

» A ces causes, Nous, les représentans des
» États-Unis de l'Amérique, assemblés en congrès
» général, attestant le juge suprême de l'univers
» de la droiture de nos intentions, au nom et de
» l'autorité du bon peuple de ces colonies, pu-
» blions solennellement et déclarons que ces co-
» lonies-unies sont et doivent être de droit DES
» ÉTATS LIBRES ET INDÉPENDANS; qu'elles sont fran-
» ches et exemptes de toute obéissance à la cou-
» ronne britannique; que toute liaison politique
» entre elles et l'État de la Grande-Bretagne est
» et doit être entièrement dissoute; et qu'à titre
» D'ÉTATS LIBRES ET INDÉPENDANS, elles sont plei-
» nement autorisées à faire la guerre, conclure la
» paix, former des alliances, établir des règlemens
» de commerce, faire tous autres actes et régler
» tous autres objets qu'il appartient à DES ÉTATS
» INDÉPENDANS. Et nous reposant fermement sur
» la protection de la providence divine, nous en-
» gageons mutuellement les uns envers les autres,
» pour le maintien de la présente déclaration, nos
» vies, nos biens, et notre honneur sacré.

» *Signé*, par ordre et au nom du congrès :

» JEAN HANCOCK, *président*. »

Sans examiner à présent si le continent de l'Amérique étant originairement peuplé par des Anglais, l'esprit de la constitution britannique les protégeait au-delà des mers; si les émigrés, sous le nom d'Américains, étaient dans le fait des Anglais qui avaient transporté en Amérique leurs droits inaliénables et imprescriptbiles; si la constitution qui porte qu'aucun Anglais ne peut être taxé que de son consentement donnépar lui-même ou par son représentant, était violée à l'égard des Américains, lorsque le sénat britannique les taxait sans leur consentement; si, d'après la violation de ce principe constitutionnel, pour la conservation duquel l'Angleterre avait été inondée de flots de sang, cette nation devait témoigner du ressentiment lorsque les Américains suivaient l'exemple qu'elle leur avait tant de fois donné, et surtout en 1689, nos lecteurs verront par l'exposé des faits suivans, que le monopole intolérable qu'exerçait la mère-patrie sur le commerce et l'industrie de ses colonies du continent de l'Amérique n'aurait pas tardé à amener leur séparation, quand même la suprématie qu'elle revendiquait si impérieusement sur elles ne l'eût pas provoquée.

Le parlement de la Grande-Bretagne avait jadis accordé aux premiers colons de l'Amérique la permission de manufacturer eux-mêmes leurs habillemens; mais il avait en même temps défendu toute communication à cet égard entre les provinces, et prohibé, sous les peines les plus graves, la circulation, de colonie à colonie, de toute espèce de laine, soit en nature, soit manufacturée [1]. L'établissement qui s'y forma de quelques manufactures de chapeaux ne put faire que des progrès très lents, parcequ'il n'accorda la permission de travailler qu'après sept ans d'apprentissage, que chaque maître ne put avoir que deux apprentis à la fois, et qu'aucun esclave ne put être reçu dans les ateliers. L'exportation des mines de fer éprouva aussi les plus grandes gênes. Leur produit ne put être transporté dans la Métropole qu'en barres ou en gueuses. La conversion du fer en acier fut sévèrement défendue dans l'Amérique. C'était ainsi que la Grande-Bretagne, en se réservant la culture des arts sans en communiquer la pratique

[1] Voyez l'*Histoire philosophique*, tom. IX, page 212 et suivantes, dernière édition in-8°.

et les procédés, continuait à s'assurer, par ses lois prohibitives, une supériorité sur sès colonies, auxquelles elle revendait leurs propres productions.

Les importations furent assujéties à des prohibitions encore plus accablantes. Aucun bâtiment étranger ne pouvait être admis dans les ports de l'Amérique s'il n'était chargé d'or ou d'argent, ou en danger évident de faire naufrage. Les vaisseaux anglais mêmes n'y étaient reçus que lorsqu'ils venaient d'un port de la nation. *Enfin* les navires des colonies, qui allaient en Europe, ne pouvaient rapporter dans le continent que des marchandises de la Métropole. Il n'y eut d'exception qu'en faveur des vins de Madère, des Açores ou des Canaries, et des sels nécessaires pour la pêche. Les exportations des colonies devaient donc, dans le commencement, toutes aboutir en Angleterre. Dans la suite les colons obtinrent la permission de porter au sud du cap Finistère des grains, des farines, du riz, des légumes, des fruits, du poisson salé, des planches et des bois de charpente. La Grande-Bretagne se réserva les autres productions.

Ces lois, trop rigides pour ne pas donner

4.

naissance à la contrebande, forcèrent les colonies de contracter une dette considérable envers la métropole. Le vice de cette administration était si grand, que cette dette s'accrut presque toujours en raison directe de l'accroissement de leur population. Tant qu'elles furent faibles et peu peuplées, la mère-patrie les retint aisément dans sa dépendance; mais dès que leur population fut augmentée au-delà de la proportion de ses propres forces intérieures, elle dut prévoir que tôt ou tard elles en feraient usage pour s'affranchir des entraves qu'elle avait mises à leur commerce et à leur industrie. Elle n'aurait pourtant pas dû cesser d'observer soigneusement cette proportion, afin que la puissance originaire ne sortît pas de son centre et ne fût pas transférée ailleurs. Le parlement, s'apercevant de cette faute contre la politique, voulut y remédier par les obstacles qu'il apporta aux émigrations de l'Écosse et de l'Irlande durant les inimitiés sourdes entre la métropole et ses colonies, et par le nouvel acte qu'il passa ¹ pour commuer la peine

---

¹ Voyez le bill en date du premier avril 1776.

du bannissement en celle d'un travail pénible.
Le remède fut appliqué trop tard. L'essai qu'elles
avaient fait de leurs forces lors de la guerre de
1756, leur trop grand éloignement de la mère-
patrie, leur immense étendue, l'accroissement
rapide de leur population, que la douceur de leur
gouvernement favorisait autant que la beauté et
la bonté de leur climat; la proximité de leurs
possessions du Vent et de Sous-le-Vent des autres
puissances européennes, qui leur présentaient
sans cesse l'appât d'un commerce interlope considérable; tout pronostiquait leur séparation
future. A force de les gêner et de les accroître, la
Grande-Bretagne devait s'attendre à les perdre
un jour. Si à ces raisons politiques on réunit
les observations faites sur le climat de l'Amérique
septentrionale, dont la nature ne laisse à ses cultivateurs rien à envier des productions de l'Angleterre, on verra qu'il ne subsistait pas entre la
métropole et ses colonies un assez grand nombre
de ces objets d'échange qui sont la base du
commerce maritime et de l'union de deux nations, pour que les Américains ne cherchas-
sent pas à secouer le joug qui avait retardé les

les progrès de leur aisance et de leur industrie.

Quoi qu'il en soit des causes qui annonçaient depuis long-temps la séparation de l'Amérique, l'acte de son indépendance, lu le 10 juillet à la tête de chaque brigade américaine, auprès de New-York, fut reçu de toutes les troupes avec les plus grandes acclamations. Dans l'effervescence de l'enthousiasme, le peuple courut à la place publique, renversa la statue équestre du roi d'Angleterre, qu'on y avait érigée en 1770, la brisa en morceaux, et les convertit en balles de mousquet.

Cependant le général Howe avait mis à la voile d'Hallifax avec la plus grande partie des renforts qu'il avait reçus d'Europe, pour aller s'emparer de New-York. Afin d'assurer le succès de cette entreprise, il avait chargé l'amiral Peter Parker et le général Clinton de faire une diversion du côté de la Caroline méridionale, et de tenter de réduire Charles-Town, capitale de cette province. Mais ces deux généraux ayant été vivement repoussés le 28 juin à l'attaque de l'île de Sullivan, furent forcés de renoncer à cette entreprise et de remettre à la voile, après avoir eu la douleur de voir leurs vaisseaux *le Bristol* et *l'Expériment* extrêmement maltraités dans leurs mâtures, leurs agrès et leurs équipages [1].

Le général Howe fut plus heureux dans son expédition. Il se rendit maître de Staten-Island le 29 juin, de Long-Island le 30 août, et de New-York le 15 septembre, mais ce ne fut pas sans avoir éprouvé beaucoup de résistance dans l'attaque des retranchemens qui défendaient Long-Island [2]. Peu s'en fallut même qu'il ne pût tirer aucun parti de New-York, les Américains y ayant mis le feu le 18 septembre. Les troupes britanniques ne parvinrent à l'éteindre qu'après qu'il eut consumé huit cents maisons ou édifices publics. Poursuivant l'avantage que lui donnait la supériorité d'une armée disciplinée sur des milices, le général anglais attaqua le 12 novembre Kings-Bridge et les forts Washington et Indé-

---

[1] Le *Bristol* eut 41 hommes tués et 71 blessés, et l'*Expériment*, 23 tués et 56 blessés. Voyez la lettre de l'amiral Peter Parker à l'amirauté d'Angleterre, du 28 juin 1778.

[2] Voyez les lettres du général Howe au lord Germain, datées de Long-Island et de New-york, le 3 et le 21 septembre.

pendance, qui défendaient l'entrée de la province. Leur réduction fut bientôt suivie de celle
de Prince-Town, d'Élisabeth-Town, de Trenton,
d'Amboy et de Brunswick, villes principales de
cette province et de celle du New-Jersey. Pendant qu'il y faisait prendre des quartiers d'hiver
à une partie de son armée, l'amiral Peter Parker
et le général Clinton arboraient par son ordre,
le 8 décembre, le pavillon de la Grande-Bretagne sur Rhode-Island[1]. C'était tout à la fois ôter
une retraite aux corsaires du Connecticut qui
troublaient l'arrivée des convois anglais, et assurer aux escadres britanniques un abri d'autant meilleur durant l'hiver, que les glaces fer-
ment très rarement l'entrée de New-Port.

Le général Washington n'avait pu s'opposer
aux progrès de l'armée anglaise dans l'intérieur
du New-Jersey. Abandonné de la majeure partie
de ses troupes, dont l'engagement ne devait du-
rer que six et même trois mois, à peine lui res-
tait-il deux mille cinq cents hommes. Ce fut

[1] Voyez les lettres du général Howe et de l'amiral
Parker, au lord Germain et à l'amirauté, datées de Rhode-
Island les 9 et 22 décembre 1776.

pourtant avec cette poignée de monde qu'il en imposa au général Howe, de l'autre côté de la Delaware. Déterminé à éviter toute action générale qui pût compromettre les destinées de sa patrie, à n'attaquer les troupes anglaises que lorsque leur éloignement de leur flotte les priverait des secours qu'elles en tiraient, et à réduire la guerre en escarmouches pour mieux aguerrir ses soldats, il résolut de se servir de la connaissance qu'il avait du pays pour inquiéter les ennemis aussi souvent qu'il le pourrait faire avec avantage. Il ne tarda pas à en trouver l'occasion. Le général anglais avait établi la majeure partie de ses quartiers d'hiver à une trop grande distance les uns des autres, soit qu'il fût persuadé que les Américains n'oseraient les inquiéter, soit que la position des lieux ne lui eût pas permis de faire autrement. Le général américain, profitant de cette sécurité, rassemble promptement un corps des milices de Pensylvanie, du Maryland et de la Virginie, passe la Delaware, attaque Trenton le 26 décembre, y fait neuf cent dix-huit prisonniers de guerre, et se porte avec la même rapidité, le 3 janvier, sur Prince-Town, que la garnison, composée de deux régimens anglais, évacua précipitamment avec perte de deux à trois cents hommes tant tués que bles-sés et égarés [1]. Il était prêt à repasser la Delaware, lorsque les Anglais accoururent au secours de leurs garnisons. Cet échec, qui rendit dans la suite le général Howe très circonspect dans ses mouvemens, l'obligea de rappeler une brigade de Rhode-Island, partequ'il craignait que le gé-néral Washington ne s'approchât en force de New-York. Tel fut le premier avantage des Amé-ricains. Il dut augmenter leur courage et fortifier leur esprit d'indépendance en leur démontrant qu'ils pouvaient prendre quelque confiance dans leurs propres forces. La rigueur du froid, qui fut extraordinaire, suspendit de part et d'autre le cours des opérations militaires jusqu'au retour de la belle saison.

Soit que l'embargo que le gouvernement fran-çais avait mis sur ses navires de commerce eût donné de l'inquiétude à la cour de Londres et lui

[1] Voyez les lettres du général Howe au lord Germain, du mois de janvier 1777, et du général Washington au congrès, de New-Town, le 27 décembre 1776.

eût fait différer le départ des renforts qu'elle envoyait à l'Amérique septentrionale, soit qu'elle n'eût pu les faire partir plus tôt, ils n'arrivèrent tous à New-York que vers la fin du mois de mai. La campagne ne put donc s'ouvrir que très tard. Dès qu'ils eurent été mis à terre, le général Howe chercha plusieurs fois à engager une action générale avec l'armée américaine et à pénétrer dans la Pensylvanie par le New-Jersey. Forcé d'abandonner ce plan d'attaque, que le général Washington rendit sans effet en ne quittant pas la défensive, il mit à la voile le 23 juillet de Staten-Island, et porta au sud [1]. Mais les vents ne lui ayant permis de jeter l'ancre à l'embouchure de l'Elk, dans la baie de Chesapeack, qu'un mois après son départ, il prit terre le 25 août à Elk-Ferry. Dirigeant aussitôt sa marche sur Philadelphie, il attaqua le 11 septembre l'armée du général Washington dans ses retranchemens à Brandy-Wine, la délogea de ce poste, après qu'elle eut fait une vigoureuse résistance, et lui enleva huit pièces de

[1] Voyez la lettre du général Washington au congrès, du 28 juin 1777.

canon ¹. Ce fut là le seul avantage qu'il obtint.
Content de s'être rendu maître du champ de
bataille, ce général n'osa se livrer long-temps
à la poursuite des Américains, qui se retirèrent
au-delà du Schuylkill. Par cette retraite Philadelphie se trouvait entièrement à découvert; et
comme cette ville était ouverte de tous côtés, les
Américains, craignant avec raison de ne pouvoir
la défendre en s'y renfermant, se déterminèrent à
l'évacuer et ne cherchèrent point à empêcher les
Anglais d'en prendre possession le 26 septembre.

Jusque alors l'armée des États-Unis avait plutôt cédé le terrain qu'elle ne l'avait abandonné.
Quoiqu'elle fût composée, pour la plus grande
partie, de milices qu'on avait rassemblées à la
hâte, ses postes avancés n'en avaient pas moins
été presque toujours en vue de ceux des Anglais.
Un renfort de deux mille quatre cents hommes
qu'elle reçut inspira à son général l'audace
d'attaquer, le 4 octobre, le corps de troupes britanniques qui avait occupé German-Town. L'ac-

---

¹ Voyez les lettres du général Howe au lord Germain,
du 30 août, et du général Washington au congrès, des
11 septembre, 10, 11 et 25 octobre 1777.

tion fut très vive; les Américains déployèrent
une grande bravoure [1]. Déjà même ils s'étaient
emparés de l'artillerie ennemie et avaient rompu
la colonne qui la soutenait, lorsqu'un brouillard
épais ayant fait égarer une de leurs divisions, le
général Howe, qui s'aperçut de cette méprise,
ramena ses troupes au combat, reprit son artillerie et força les Américains à la retraite. Ils la
firent en bon ordre.

L'attaque que le général Washington venait de
former, et dont il ne pouvait imputer le mauvais
succès qu'à la méprise d'une de ses divisions,
rendant le poste de German-Town d'autant plus
difficile à garde qu'il était éloigné de la capitale
de Pensylvanie et que sa défense exigeait une
forte garnison, le général Howe l'évacua et se
replia sur Philadelphie. D'ailleurs son principal
but devait être de seconder efficacement l'attaque que l'amiral son frère avait formée contre
Mud-Island et Fort-Island dans la Delaware. La
prise de ces deux postes [2] servit aux Anglais à

[1] Voyez la lettre du général Washington au congrès,
datée du mois d'octobre 1777.

[2] Elle coûta aux Anglais le vaisseau de ligne *l'Augusta*,

assurer une libre communication par mer entre leur armée et leur flotte, entre Philadelphie et New-York.

Tandis que le général Howe était en marche pour faire rentrer sous l'obéissance de la Grande-Bretagne la capitale de la Pensylvanie, le général Burgoyne tentait de réduire les colonies du Nord. Depuis son départ du Canada, au mois de juin, ce général avait traversé les lacs avec environ dix mille hommes, pris possession le 6 juillet de Ticonderago, que les Américains, d'après la tenue d'un conseil, avaient évacué avec précipitation, et s'était emparé de leur artillerie et de leurs munitions de guerre et de bouche [1]. Il avait encore détruit tous les bâtimens qu'ils avaient sur les lacs, et poursuivi jusqu'au fort Edward la garnison de Ticonderago, composée d'environ quatre mille hommes de troupes réglées et de milices. Mais ce n'était pas sans avoir essuyé des

de 64 canons, qui toucha le 23 octobre en remontant la Delaware, et qu'ils brûlèrent après l'avoir déchargé.

[1] Voyez le journal des opérations de ce général, jusqu'au 11 juillet 1777, et la lettre du général Saint-Clair au congrès, du 14 juillet 1777.

fatigues presque incroyables qu'il était arrivé
près de ce fort, situé dans le voisinage du lac
George. Sa marche avait été continuellement
retardée par de grands abatis d'arbres qu'il avait
trouvés sur son passage, et par des partis en embuscade qui l'avaient sans cesse harcelé et qui lui
avaient fait perdre beaucoup de monde en détail [1]. A mesure qu'il avançait, les Américains,
repliant leurs postes les uns sur les autres, se
rassemblaient en force auprès de Saratoga, sous
les ordres du général Gates. Il est à présumer
qu'ils ne se crurent pas en sûreté dans ce dernier
poste, puisqu'ils l'abandonnèrent à l'approche
de l'armée anglaise.

Plus le général Burgoyne approchait des frontières de l'État de New-York, plus il rencontrait
d'obstacles. Il lui avait fallu transporter l'espace de
dix-huit milles, depuis le fort George jusqu'à l'endroit où l'Hudson commence à être navigable, ses
bateaux, ses navires et ses munitions de guerre [2].

---

[1] Voyez la lettre du général Burgoyne, du 30 juillet
1777.

[2] Voyez la lettre du général Burgoyne au lord Germain,
en date du 20 août 1777.

Ces transports avaient été d'autant plus longs, qu'il ne lui restait que cinquante attelages de bœufs, qu'il n'avait fait subsister qu'avec l'herbe qui s'était trouvée sur sa route. Ce n'était qu'à force de bras et de travaux continuels qu'il était parvenu à s'ouvrir des routes que des pluies excessives rendaient presque impraticables. Enfin il ne tirait ses subsistances que de ses bateaux et avec une peine infinie, les Américains ayant la précaution de dévaster le pays à mesure qu'ils l'abandonnaient. Tant d'obstacles retardèrent donc sa marche sur Albany. Dans le dessein de s'en approcher plus promptement, il tenta d'enlever les magasins que les Américains avaient établis à Bennington. Malheureusement pour lui les cinq cents hommes qu'il chargea de cette expédition, égarés ou trompés par les habitans du pays, donnèrent dans une embuscade et y furent totalement taillés en pièces, le 16 août, ou faits prisonniers de guerre[1]. Habile à profiter de ce premier avantage et de la supériorité de forces que lui procurait la réunion à son armée des

[1] Voyez la lettre du général Burgoyne, du 20 août 1777.

troupes des généraux Lincoln et Arnold, le général Gates parvint à se rendre maître de tous
les postes qui environnaient Saratoga.

La saison, déjà très avancée, ne permettait
plus au général anglais de rétrograder. Quand
même il l'aurait entrepris, il lui aurait été impossible de faire subsister son armée, les Américains lui ayant coupé toute communication
avec le Canada par la prise de la plus grande
partie de ses bâtimens sur le lac Champlain[1].
Dans cette position presque désespérée, le général Burgoyne diminua, le 3 octobre, la ra-
tion de son armée, et chercha, à la tête d'un
corps d'élite de quinze cents hommes, à s'ouvrir un passage par la force, pour se procurer des vivres, dont il ressentait le plus extrême
besoin. Cette seconde tentative ne fut pas plus
heureuse que la première. Les Américains fon-
dirent avec impétuosité, le 7 octobre, sur son aile
gauche, la poursuivirent jusque dans son camp,
se précipitèrent sur ses lignes au travers du feu

[1] Voyez la lettre du colonel Brown au général Gates,
du 18 septembre 1777, publiée par ordre du congrès, le 27
du même mois.

continuel de son artillerie et de sa mousqueterie, et emportèrent les retranchemens de la réserve allemande. La nuit mit fin à cette sanglante action. Il en profita pour changer de position et marcher vers Saratoga ; mais les Américains ne cessèrent de le poursuivre à la portée du mousquet [1]. Enfin, environné de tous côtés par l'armée des États-Unis qui s'était retranchée sur les hauteurs, manquant entièrement de vivres et privé de toute espèce de retraite ou de secours, il fut réduit, le 17 octobre, à se rendre prisonnier de guerre avec les restes de son armée, pour les préserver d'une destruction totale. Il n'avait plus alors que deux mille quatre cent quarante - deux Anglais, deux mille cent quatre-vingt-dix-huit Brunswickois et quatorze cents tant Canadiens que Loyalistes, en tout six mille quarante hommes. Ce général infortuné s'était toujours flatté que l'armée de sir William Howe coopèrerait [2] avec la sienne. Il

---

[1] Voyez la lettre du général Burgoyne au lord Germain, datée d'Albani, le 20 octobre 1777.

[2] « J'espère, écrivait-il au lord Germain le 20 août, pres-
» que vis-à-vis de Saratoga, que les circonstances permet-

ignorait sans doute qu'un gros corps de troupes
américaines , aux ordres du général Sullivan ,
avait pris poste près de New-York , et tenu
sans cesse en alarmes cette ville , dont il aurait
été imprudent d'affaiblir la garnison. Le général Clinton, qui y commandait, avait à la
vérité fait remonter l'Hudson à un détachement de troupes sous les ordres du major-général Waughan, afin de tenter une diversion ;
mais ce commandant, trop inférieur en forces
pour oser attaquer le général Gates, au lieu de
s'avancer jusqu'à Albany , était revenu précipitamment sur ses pas, et n'avait laissé que des
traces sanglantes de son passage , en réduisant
en cendres la petite ville d'Esopus et le beau
village de Kingstown , comme s'il eût cherché, par
cette scène de dévastation et d'horreur, à établir
l'indépendance américaine sur le ressentiment
universel des Colonies [1].

» tront que mes efforts puissent être secondés, jusqu'à un
» certain point, par la coopération de l'armée que com-
» mande sir William Howe. »

[1] Voyez la lettre du général Gates au major-général
Waughan, datée d'Albani, le 29 octobre 1777.

5.

La nouvelle de la prise de Philadelphie aurait produit la sensation la plus agréable dans toute l'Angleterre, si celle de la capitulation de Saratoga, qui y fut apportée en même temps, n'eût pas été de nature à y répandre une tristesse générale. La nation eut beaucoup de peine d'abord à concilier un revers aussi accablant avec l'opinion qu'elle s'était formée des Américains, qu'on ne cessait de lui représenter comme un essaim de lâches qui prenaient la fuite au premier coup de mousquet. La douleur faisant place à l'indignation, elle imputa ce désastre et au général Burgoyne et au ministre chargé du département des colonies. Les débats furent très vifs dans les deux chambres du parlement. Le parti de l'opposition se permit les invectives les plus dures contre lord Germain, et censura amèrement le plan de cette dernière campagne. La vérité de l'histoire nous oblige de dire que cette censure ne parut pas dépourvue de fondement aux personnes de l'art. En effet les avantages qui résultaient de la prise de Philadelphie pouvaient-ils, dans aucun temps, égaler ceux que promettait la réunion par terre de l'armée du Canada à celle de New-York? La jonction des généraux Howe et Burgoyne sur les rives de l'Hudson auprès d'Albani, n'aurait-elle pas rendu les Anglais maîtres de tous les derrières du New-Hampshire et de la Nouvelle-Angleterre ? N'était-il pas de la plus grande importance de commencer par réduire cette dernière province, qui s'était le plus signalée dans la révolution? Aurait-elle pu opposer une résistance efficace aux efforts réunis de deux armées? Le général Washington lui-même n'aurait-il pas craint d'être coupé dans sa retraite, si, pour venir à leur secours, il s'était hasardé à passer l'Hudson sous le canon des petits vaisseaux de guerre anglais qu'il était aisé de stationner sur cette rivière depuis New-York jusqu'à Albani ? Enfin la réduction de ces deux provinces limitrophes de la Nouvelle-Écosse et du Canada, qui n'avaient pas abandonné la cause de la Grande-Bretagne , n'aurait-elle pas découragé toutes celles du Sud ? Tels étaient les reproches que les patriotes anglais laissaient échapper dans l'excès de leur douleur.

Les négocians de Londres ajoutèrent encore dans cette circonstance à l'affliction générale, par le tableau qu'ils rendirent public des pertes qu'avait faites le commerce maritime anglais, et qui annonçaient sa décadence. Admis le 6 février 1778 à la barre de la chambre des pairs, alors formée en comité, ils mirent sous les yeux de cette assemblée un état de situation du commerce dans les îles occidentales. Ils lui présentèrent en même temps une liste de sept cent trente-trois bâtimens anglais tombés au pouvoir des Américains depuis le commencement de la guerre, et dont cent soixante-quatorze seulement avaient été repris. Enfin ils évaluaient à environ deux millions sterling la perte des cinq cent cinquante-neuf navires restés au pouvoir des capteurs. A ces détails affligeans ils avaient joint un mémoire dans lequel ils exposaient les funestes effets de cette guerre dénaturée. Ils ne lui attribuaient pas seulement la hausse considérable survenue tout-à-coup dans le prix des assurances et des gages des matelots, ils la regardaient encore comme la cause du grand nombre de faillites qui se manifestaient chaque jour, parceque les Américains, débiteurs à la métropole de deux millions sterling lorsque les hostilités commencèrent , ne lui avaient remis en marchandises qu'environ le quart de cette somme, et que le reste de cette créance n'était plus évalué que le tiers de sa valeur.

CHAPITRE III.

Démarches du congrès auprès des puissances maritimes de l'Europe. — Vexations des Anglais envers le pavillon français. — Plaintes de la France inutiles. — Prétentions de la Grande-Bretagne. — Nouveau plan de conduite du ministère anglais. — Traité de la France avec les États-Unis de l'Amérique. — Déclaration de la France à l'Angleterre. — Conduite du gouvernement britannique. Il cherche à se réconcilier avec les Américains. — Propositions des commissaires pacificateurs rejetées. — Nouvelle tentative des mêmes commissaires infructueuse. — Le gouvernement britannique agissait-il de bonne foi ? — Arrivée du comte d'Estaing en Amérique. — Son apparition devant New-Port. — Il se retire à Boston. — Pourquoi sa campagne fut stérile en évènemens. — Prise des îles Saint-Pierre et Miquelon. — Hostilités en Europe. — Les Anglais prennent les frégates françaises *la Pallas* et *la Licorne*. — Combat de *la Belle-Poule*. — Sortie des armées navales de France et d'Angleterre. — Leurs manœuvres. — Combat d'Ouessant. — Retraite respective des deux armées. — Perte des Français en officiers. — Les deux armées reprennent la mer.

Plus la convention de Saratoga humilia l'orgueil anglais, plus le congrès la jugea propre à

affermir l'indépendance des États-Unis. Depuis
dix-huit mois il cherchait à intéresser à sa cause
les puissances maritimes de l'Europe en les invi-
tant à commercer en toute liberté dans les ports
de l'Amérique, exclusivement aux Anglais [1]. Il
avait même déjà envoyé auprès de quelques unes
d'elles des députés munis de ses pleins pouvoirs,
pour signer des traités de commerce avec les
États-Unis. La plupart soupiraient sans doute
après le moment où le pavillon britannique, ac-
coutumé depuis long-temps à dominer sur les
mers, cesserait de jouir de cet avantage, qui
était plus fondé sur leur impuissance que sur
des droits effectifs et légitimes. Elles sentaient
bien que ce serait seulement alors qu'elles pourraient prétendre à la jouissance d'une navigation libre [2] et indépendante, et à l'exercice du
commerce dans les deux hémisphères en con-
currence avec l'Angleterre. Mais les efforts que

[1] Voyez le manifeste du congrès en 1775, et sa résolution du 30 décembre 1776.

[2] A l'époque de la mort de Louis XV, l'Angleterre
seule pouvait braver la confédération générale des puissances maritimes de l'Europe.

cette puissance ne cessait de déployer pour la
réduction de ses colonies leur en imposaient
trop pour qu'elles déférassent à l'invitation du
congrès. La France seule regarda l'évènement
inespéré de Saratoga comme la circonstance la
plus favorable qu'elle pût saisir pour tirer vengeance des insultes réitérées faites à son territoire et à son pavillon.

La conduite violente et arbitraire des commandans anglais envers les bâtimens français
annonçait de plus en plus une rupture prochaine
entre ces deux nations. Au lieu de suivre à leur
égard les formes prescrites par les traités, les Anglais les forçaient d'amener, à coups de canon
chargés à boulet, et faisaient enlever les capitaines à main armée. Non contens de la régula-
rité des papiers de mer, ainsi que le prescrivent
les traités, ils visitaient, bouleversaient et pil-
laient les cargaisons [1]. Tous les bâtimens qu'ils
rencontraient au sortir des îles françaises, ils
les soumettaient à cette inquisition despotique.

[1] Voyez les Observations de la Cour de France sur le
Mémoire justificatif de celle de Londres, pag. 10 et suivantes.

Cet abus du pouvoir semblait même être encouragé par les jugemens des vice-amirautés de la Grande-Bretagne. Elles n'avaient pas seulement adjugé aux capteurs anglais des prises dont l'illégalité était évidente ; elles avaient encore porté le mépris du droit des gens jusqu'à déclarer de bonne prise des bâtimens chargés de denrées qui avaient été achetées dans les îles françaises, parceque ces mêmes denrées étaient présumées du cru de l'Amérique septentrionale ; et d'autres, arrêtés en pleine mer porteurs de marchandises innocentes, parcequ'elles pouvaient convenir aux Américains. Il n'existait aucune voie d'appel pour faire redresser ces jugemens iniques, quoique la cour de Londres promît sans cesse, mais toujours sans effet, l'établissement d'une commission. Enfin le territoire français était violé [1] à chaque instant dans les

---

[1] Aux Indes orientales les Anglais avaient détruit, à main armée et sans réquisition préalable, un fossé établi autour du comptoir français de Chandernagor, pour l'écoulement des eaux et la salubrité de l'air. Vexant le commerce français dans toutes les parties de l'Inde, ils avaient osé exiger des droits de douane, faire violence à quicon-

quatre parties du monde. Cette prétention de la
Grande - Bretagne à la suprématie des mers
détruisait visiblement l'ordre et l'équilibre
que les puissances maritimes de l'Europe ont
toujours désiré d'établir entre elles comme le
gage de leur sûreté, comme le remède à l'inégalité que la nature de leur sol a mise entre leurs
forces. Par la conduite que l'Angleterre se permettait, il semblait que sa querelle avec ses colonies dût interrompre le commerce de toute
l'Europe.

La cour de Versailles lui avait porté en différentes fois des plaintes très sérieuses sur les griefs

que avait voulu s'y soustraire, défendre aux tisserands indiens de travailler pour les Français et de leur fournir aucune marchandise, sous la peine du fouet. M. Barwell
avait poussé l'audace et l'abus de la supériorité jusqu'à
faire fouetter, en 1774, un facteur de la loge française de
Daca. En Afrique, le vice-gouverneur du Sénégal avait
fait enlever, au mois de juillet 1776, Joal et Portudal,
dépendans de Gorée, avec tous les bâtimens français qui s'y
trouvaient, et avait confisqué leurs marchandises et leurs
nègres. Voyez *les Observations de la Cour de France
sur le Mémoire justificatif de celle de Londres*, pag. 30
et suivantes.

que nous venons d'exposer [1]; mais au lieu de
donner une satisfaction convenable, tantôt elle
osait nier les faits les mieux prouvés, et avancer
des principes contraires au droit des gens, aux
traités et aux lois de la mer; tantôt elle gardait
un silence offensant, et à ce moment même elle
faisait demander, par son ministre auprès de
cette cour, la restitution, d'autorité et sans examen, des prises que les Américains amenaient
dans les ports de France. Elle poussait ses prétentions jusqu'à exiger qu'il fût indéfiniment
défendu aux Français d'exporter des armes, et
à demander la punition de ceux qui donneraient de fausses désignations; comme si les
munitions de guerre ne faisaient pas partie du
commerce permis, lorsqu'elles n'ont pas une destination vers un pays en guerre avec un autre;
comme s'il était possible d'empêcher les fausses
destinations; comme si les contrebandiers anglais
qui vont courir les côtes des Espagnols en Amérique pour y verser de la contrebande, faisaient
insérer dans leurs lettres de mer la véritable

[1] Voyez les Observations de la Cour de France, pag. 17,
20 et 21.

destination de leurs cargaisons : et cependant les fausses déclarations de ces contrebandiers n'ont jamais été punies par les amirautés anglaises. Louis XVI défendit à ses sujets le commerce des armes et des munitions de guerre avec les Américains ; mais ces actes, d'une complaisance aussi marquée, ne mettant aucun frein ni aux dénis de justice, ni aux procédés arbitraires, ni aux prétentions arrogantes de la Grande - Bretagne, et les armemens immenses et précipités de cette puissance ne pouvant avoir que la France pour objet, ce monarque jugea que le moment d'une rupture inévitable approchait. Il s'y préparait depuis deux ans par le rétablissement de sa marine. Le ministre de ce département avait garni les chantiers d'ouvriers, les arsenaux d'artillerie et les magasins de munitions navales de toute espèce. Les hostilités de 1755, que la France ne se rappelait qu'avec douleur, imposaient à cette puissance l'obligation indispensable de pourvoir à sa sûreté présente, à sa sûreté future. Ses préparatifs de guerre étaient donc fondés en raison, soit pour couvrir ses possessions lointaines, soit pour les mettre à l'abri des insultes qui pouvaient résulter des opérations militaires des Anglais contre leurs colonies.

Les choses étaient en cet état lorsque la défaite totale de l'armée aux ordres du général Burgoyne fit prendre une nouvelle face aux affaires. Étonné de ce revers inattendu, le ministère britannique chercha tout à la fois à réconcilier la métropole avec les colonies et à les réunir avec elle contre la France. Leurs émissaires se succédaient et épiaient partout les commissaires américains en résidence à Paris. « Cessez, leur » disaient-ils, d'être la dupe de la France : réunis- » sez-vous à la Grande-Bretagne pour tomber sur » cette puissance, etc. » La cour de Versailles, informée de ces vues hostiles, comprit sur-le-champ qu'elle n'avait plus de temps à perdre si elle voulait prévenir les effets dangereux de ces négociations ténébreuses [1]. Elle prit donc en considération les ouvertures du congrès. Ses députés lui proposaient un traité d'amitié et de commerce, et une alliance offensive et défensive. Elle se borna à accepter, le 6 février 1778, un traité

_____

[1] Voyez les Observations de la Cour de France, page 41.

d'amitié et de commerce. Mais comme il était
probable que la Grande-Bretagne avait formé le
projet d'attaquer la France, elle crut que sa sûreté exigeait qu'elle signât en même temps avec les
États-Unis un traité d'alliance éventuelle et purement défensive [1]. Par ce traité les deux puissances se promettaient de faire cause commune
et de s'aider réciproquement de leurs bons offices, de leurs conseils et de leurs forces, comme
il convient à de bons et fidèles alliés, dans le cas
où la Grande-Bretagne attaquerait la France
avant la cessation des hostilités entre elle et ses
colonies. Elles s'engageaient encore mutuellement à ne mettre bas les armes qu'après que
l'indépendance des treize colonies aurait été formellement ou tacitement assurée par le traité ou
les traités qui termineraient la guerre. Enfin le
roi de France garantissait aux États-Unis leur
liberté, souveraineté, et indépendance absolue
tant en matière de gouvernement que de commerce. Ce second traité, comme il est aisé de le
voir, ne devait avoir d'effet que dans le cas où la

---

[1] Voyez les art. I, VIII, et XI du traité d'alliance.

Grande-Bretagne romprait la paix avec la France.
La signature de ces deux traités ne tarda pas à
être suivie d'une déclaration que la cour de Versailles fit remettre, le 13 mars, à celle de Londres. Elle était conçue en ces termes :

« Les États-Unis de l'Amérique septentrionale,
» qui sont en pleine possession de l'indépendance
» prononcée par leur acte du 4 juillet 1776, ayant
» fait proposer au roi de consolider par une con-
» vention formelle les liaisons qui ont commencé
» à s'établir entre les deux nations, les plénipo-
» tentiaires respectifs ont signé un traité d'amitié
» et de commerce, destiné à servir de base à la
» bonne correspondance mutuelle.

» Sa Majesté étant résolue de cultiver la bonne
» intelligence substitante entre la France et la
» Grande-Bretagne, par tous les moyens compati-
» bles avec sa dignité et avec le bien de ses sujets,
» croit devoir faire part de cette démarche à la
» cour de Londres, et lui déclarer en même temps
» que les parties contractantes ont eu l'attention
» de ne stipuler aucun avantage exclusif en faveur
» de la nation française, et que les États-Unis ont
» conservé la liberté de traiter avec toutes les na-

» tions quelconques, sur le même pied d'égalité
» et de réciprocité. En faisant cette communica-
» tion à la cour de Londres, le roi est dans la ferme
» persuasion qu'elle y trouvera de nouvelles preu-
» ves des dispositions constantes et sincères de
» Sa Majesté pour la paix; et que Sa Majesté bri-
» tannique, animée des mêmes sentimens, évi-
» tera de son côté tout ce qui pourrait altérer la
» bonne harmonie, et qu'elle prendra particuliè-
» rement des mesures efficaces pour empêcher
» que le commerce des sujets de Sa Majesté avec
» les États-Unis de l'Amérique septentrionale ne
» soit troublé, et pour faire observer à cet égard
» les usages reçus entre nations commerçantes,
» et les règles qui peuvent être censées subsis-
» tantes entre les couronnes de France et de la
» Grande-Bretagne.

» Dans cette juste confiance, l'ambassadeur
» soussigné pourrait croire superflu de prévenir
» le ministère britannique que le roi son maître
» étant déterminé à protéger efficacement la li-
» berté légitime du commerce de ses sujets et de
» soutenir l'honneur de son pavillon, Sa Majesté
» a pris en conséquence des mesures éventuelles

» avec les États-Unis de l'Amérique septentrio-
» nale.

» A Londres, ce 13 mars 1778.

Signé, LE MARQUIS DE NOAILLES. »

Tandis que le principal député du congrès, le
docteur Franklin, plus célèbre encore par les
découvertes physiques dont il a enrichi l'univers
que par la grande part qu'il eut à la révolution
de sa patrie, paraissait devant le monarque
français en qualité de ministre plénipotentiaire
des États-Unis, le roi de la Grande-Bretagne dé-
nonçait, le 17 mars, aux deux chambres de son
parlement la déclaration de la France comme
une agression formelle et préméditée, en un
mot, comme une déclaration de guerre; et il or-
donnait à son ambassadeur auprès de la cour de
Versailles de la quitter sans prendre congé. Le
ton sur lequel était conçue cette dénonciation,
et les discours que les ministres anglais pronon-
cèrent à ce sujet dans les deux chambres du
parlement, décelèrent bientôt tout à la fois, et
la haute idée que le cabinet de Saint-James s'é-
tait formée de la puissance britannique, et l'opi-

6.

nion peu avantageuse qu'il avait de la vigueur et des ressources de la France. *Les forces navales anglaises*, avait déjà dit le lord Sandwick, premier commissaire de l'amirauté, *actuellement prêtes à agir, surpassent de beaucoup tout ce que là France et l'Espagne pourraient rassembler dans l'Europe, où ces puissances ne sont pas en état de faire face à l'Angleterre. Souffrir*, ajoutait-il, *qu'en aucun temps les forces maritimes de la maison de Bourbon fussent supérieures à celles de la Grande-Bretagne, serait en vérité manquer étrangement à sa place de premier lord de l'amirauté*[1]. Quelques années auparavant, le lord North, premier commissaire du trésor, ne s'était pas exprimé avec moins de fierté, lorsque, pour rassurer plusieurs membres du parlement qui paraissaient craindre que la querelle de la Grande-Bretagne avec ses colonies ne fît éclater une rupture avec la maison de Bourbon, il avait dit dans la chambre des communes : *La sagesse et la prudence du ministère de Versailles, attaché aux inté-*

---

[1] Voyez les débats de la chambre des pairs du 20 novembre 1777.

rêts de sa patrie, l'empêcheront de tenter un pareil expédient [1].

Pendant que ces deux puissances se préparaient à venger, par la voie des armes, les outrages qu'elles s'imputaient respectivement, la cour de Londres s'occupait sérieusement d'une réconciliation avec ses colonies. Afin de parvenir plus promptement à ce but, les ministres firent passer trois bills au parlement [2]. Le premier autorisait le roi à nommer des commissaires pour négocier une réconciliation avec l'Amérique. Par le second, le parlement renonçait au droit de taxer les colonies; le troisième portait révocation de l'acte qui avait suspendu la charte de Massachussetts-Bay. Cette démarche du gouvernement britannique n'obtint pas une approbation générale. La partie la plus éclairée du parlement et de la nation la regarda comme l'ouvrage de la politique réduite aux dernières extrémités. Non

[1] Voyez les débats de la chambre des communes, du 3 mai 1775.

[2] Le roi n'y donna son consentement que le 11 mars. Mais les ministres en envoyèrent des copies en Amérique vers la fin de février, par la frégate *l'Andromède*.

contente de reprocher aux ministres de ne s'y
être déterminés que d'après la connaissauce
qu'ils avaient eue de la signature des deux traités
entre la France et les États-Unis, elle observait
que, si ces propositions de la mère-patrie eussent
été portées aux Américains dans les premiers
instans qu'on fut instruit du sort de l'armée du
général Burgoyne, elles auraient pu être accueil-
lies favorablement, quand même la clause de
l'indépendance n'en eût pas fait partie, parceque les colonies n'auraient pas encore eu
le temps alors d'envisager, dans toute leur
étendue, les avantages importans d'un évènement aussi extraordinaire. Elle ne se dissimu-
lait pas que le changement des circonstances
mettant les Américains dans le cas de regarder leur indépendance comme assurée, il était
à craindre qu'ils n'entendissent assez leurs intérêts pour ne jamais consentir à rentrer sous
la domination d'une puissance qui ne cesserait
de chercher les moyens de leur faire sentir les
effets de sa vengeance et de les assujétir de manière à ne pouvoir par la suite secouer le joug
de son autorité. Ces observations recevaient en-

core une nouvelle force de la crainte qu'on témoignait généralement que les trois bills ne
fussent présentés au congrès qu'après qu'il
aurait ratifié les traités que ses députés avaient
signés entre la France et les États-Unis.

Cette inquiétude était fondée. La ratification
des traités était consommée le 6 mai, lorsque
les commissaires pacificateurs anglais débarquè-
rent sur les côtes de l'Amérique. Leur première
démarche après leur arrivée, le 5 juin, fut de
proposer au sénat des États-Unis, pour servir
de base à un accommodement, les conditions
suivantes : de consentir à une cessation d'hostilités sur terre et sur mer; de rétablir une communication libre; de rendre au commerce toute
la liberté que l'intérêt de la Grande-Bretagne et
des colonies pouvait demander; de convenir
qu'il ne serait point entretenu de forces militaires dans les divers États de l'Amérique septentrionale sans le consentement du congrès ou
des assemblées particulières; de concourir dans
les mesures qui auraient pour objet la liquida-
tion des dettes de l'Amérique; de hausser la valeur et le crédit du papier mis en circulation;

de perpétuer l'union par la députation réciproque d'un ou de plusieurs agens des divers États, lequel ou lesquels auraient le privilége de siéger et de voter au parlement de la Grande-Bretagne, ou s'ils étaient députés par cette puissance, siègeraient également et voteraient dans les assemblées des divers États auprès desquels ils seraient respectivement députés ; enfin de consacrer l'autorité qu'auraient les corps législatifs, dans chaque État, d'établir le revenu ainsi que l'organisation civile et militaire de cet État, et de lui laisser une entière liberté dans l'exercice de toutes les fonctions faisant partie de l'administration intérieure.

Fidèle à la résolution qu'il avait prise, le 22 novembre 1777, de rejeter toute proposition pour un traité entre le roi de la Grande-Bretagne ou ses commissaires et les États-Unis de l'Amérique, incompatible avec l'indépendance de ces mêmes États et avec les traités ou alliances qui seraient formées sous son autorité, le congrès répondit, le 17 juin, qu'il était prêt à entrer en négociation pour un traité de paix et de commerce qui serait conciliable avec les traités déjà

subsistans, pourvu que le monarque britannique prouvât la sincérité de ses dispositions
en reconnaissant explicitement l'indépendance
des États-Unis, ou en rappelant ses armées
de terre et de mer [1]. Les commissaires pacificateurs ne trouvèrent point cette réponse claire [2];
ils en demandèrent l'explication. Le congrès se
référa à la lettre qu'il leur avait écrite le 17 juin;
et comme ils n'avaient accepté aucune des deux
propositions alternatives qu'elle contenait, il
arrêta, le 18 juillet, de ne point s'expliquer d'a-
vantage, et rendit publique cette résolution.

Cette réponse détruisait tout espoir de réconciliation avec les colonies; elle semblait même
rompre la négociation. Les commissaires pacificateurs essayèrent de la continuer en insistant,
le 7 août, sur l'exécution de la convention de
Saratoga [3]. Le général Clinton lui-même donna
les assurances les plus positives du renvoi des

[1] Voyez la réponse du président du congrès, du 17 juin
1778.

[2] Voyez la lettre des commissaires anglais, du 12 juillet
1778.

[3] Voyez leur réquisition au congrès, du 7 août 1778.

troupes dans la Grande-Bretagne aussitôt après leur embarquement, et de l'exécution fidèle de toutes les conditions convenues entre les généraux Burgoyne et Gates, au sujet de ces mêmes troupes. Toutes ces démarches furent infructueuses. Le congrès persistant dans l'arrêté qu'il avait pris, le 8 janvier, de suspendre l'embarquement de l'armée aux ordres du général Burgoyne, jusqu'à ce que la Grande-Bretagne lui eût fait notifier en forme une ratification claire et expresse de la convention de Saratoga, rejeta hautement, le 4 septembre, toute ratification qui pourrait en être offerte d'une manière implicite, ou qui soumettrait tout ce qui aurait été fait à cet égard à l'approbation ou au désaveu futur du parlement britannique [1]. Cette dernière réponse acheva de déconcerter les commissaires anglais [2]. Leur pré-

_____

[1] Voyez l'arrêté du congrès.

[2] Sur la conviction que le commissaire Johnstone avait tenté de séduire M. Joseph Red, écuyer, l'un des principaux Américains, par une offre de dix-huit mille livres sterling et par l'expectative de la charge qu'il désirerait dans les colonies, le congrès déclara publiquement, le 11 août 1778, qu'il était incompatible avec son honneur

sence devenant désormais inutile en Amérique,
ils se rembarquèrent le 27 novembre, sans avoir
pu entamer aucune conférence avec le congrès.
En vain ils cherchèrent à l'intimider avant leur
départ, en publiant, le 3 octobre, un manifeste
pour annoncer que, d'après son refus de concourir au rétablissement de la paix, il serait responsable envers Dieu, ses commettans et l'univers,
de la continuation de la guerre et de tous les
malheurs dont elle serait accompagnée. Le congrès, loin d'en être effrayé, y répondit, le 30 octobre, par un contre-manifeste dans lequel il déclarait que, si les ennemis des États-Unis osaient
exécuter leurs menaces, il en tirerait une vengeance si exemplaire, qu'elle inspirerait à qui que
ce fût une terreur propre à lui ôter l'envie de
les imiter.

Le gouvernement britannique était trop clair-

---

d'avoir aucune sorte de correspondance ou de communication avec Georges Johnstone, et en particulier de traiter avec lui d'affaires qui intéressassent la cause de la liberté et de la vertu. Dès ce moment ce commissaire s'ab-
stint de signer les propositions ultérieures qui furent faites
au congrès.

voyant pour n'avoir pas prévu le mauvais succès
de cette négociation. Sans doute, en faisant ap-
prouver par le parlement les propositions que
les commissaires pacificateurs avaient portées
aux Américains, il n'avait voulu que se justifier
auprès de la nation du reproche de perpétuer la
guerre avec les colonies. Peut-être aussi cherchait-
il à la distraire des grands préparatifs de guerre
que faisait la France, et qui commençaient à lui
donner quelque inquiétude. Si l'on suppose qu'il
avait lieu d'attendre une issue favorable de sa
démarche auprès du congrès, avait-il alors adopté
le meilleur moyen pour la faire réussir, en offrant
d'une main l'olivier de la paix, en tenant de l'autre le glaive suspendu sur la tête de ses colonies,
et en ordonnant en même temps à ses généraux
d'évacuer Philadelphie[1] et de se retirer à New-
York? Cette retraite, qui faisait perdre à la

---

[1] La lettre du général Clinton au lord Germain, en date
de New-York, le 5 juillet 1778, commence ainsi : « My-
» lord, j'ai l'honneur de vous informer qu'en vertu des
» instructions de Sa Majesté, j'évacuai Philadelphie le
» 18 juin à trois heures du matin, et que je m'avançai
» vers la pointe de Gloucester, etc. »

Grande-Bretagne tout le fruit de sa campagne précédente, et dans laquelle les troupes britanniques furent vivement attaquées le 28 juin à diverses reprises par le général Washington, n'était-elle pas un aveu tacite de l'insuffisance de ses moyens pour conserver tous les postes dont ses troupes s'étaient emparées ? La présence des commissaires pacificateurs ne devait-elle pas beaucoup ajouter à l'humiliation de cet aveu ? Le congrès, ainsi que nous l'avons rapporté, sut apprécier la politique de la cour de Londres, et ne chercha pas à traîner la négociation en longueur pour gagner du temps. Il commençait à ne plus tant redouter les calamités de la guerre ; il était informé qu'une escadre française avait fait voile de Toulon pour le continent de l'Amérique, et il prévoyait que la présence de cette force navale ne pouvait qu'affermir de plus en plus l'indépendance des États-Unis. Cette escadre ne tarda pas à paraître.

Le comte d'Estaing, parti de Toulon le 13 avril avec douze vaisseaux de ligne et quatre frégates, arriva le 8 juillet 1778 à l'embouchure de la Delaware. L'escadre anglaise, qui en était partie le

28 juin , s'était retirée à Sandy-Hook près de New-York. L'amiral français l'y suivit. Mais n'ayant osé entreprendre de la forcer à son mouillage, parceque *le Languedoc* et *le Tonnant* tiraient trop d'eau pour pouvoir franchir les passes, il leva l'ancre le 22 juillet, et alla, de concert avec les Américains, se présenter le 29 devant Rhode-Island [1]. Dès que le corps de troupes américaines qui avait pris poste auprès de Providence eut effectué son débarquement dans cette île, le comte d'Estaing força, le 8 août, le passage de New-Port, et entra dans la baie de Conanicut. A cette approche subite, les Anglais furent saisis d'une si grande frayeur, que, sans examiner s'ils pourraient prolonger leur résistance, ils brûlèrent cinq frégates, *la Juno , la Flora , la Lark , l'Orpheus* et *le Cerberus*, deux corvettes et plusieurs magasins.

Cependant l'amiral Howe, qui connaissait l'importance du poste de Rhode-Island , faisait les

[1] Voyez les lettres de l'amiral Howe à l'amirauté d'Angleterre, des 6 et 12 juillet 1778.

[2] Voyez les lettres du général Pigot au général Clinton, des 1 , 2 , et 3 août 1778.

préparatifs nécessaires pour y porter du secours. Quoique les forces navales qu'il avait rassemblées fussent inférieures à celles des Français, il ne désespérait pas de réussir dans cette entreprise [1]. Il était informé de la station que le comte d'Estaing avait assignée à ses vaisseaux pour l'attaque de Rhode-Island, et il n'ignorait pas que ce vice-amiral ne pouvait appareiller du mouillage qu'il avait pris, que par un vent de nord, qui, durant le mois d'août, souffle rarement dans ces parages. Déjà même il avait jeté l'ancre, le 9 août, à la hauteur de la pointe de Judith. Mais le vent ayant sauté au nord, l'amiral français en profita pour couper ses cables, mettre à la voile le 10, et aller le combattre. Les deux escadres étaient en présence et manœuvraient, l'une pour engager, l'autre pour éviter [2] le com-

[1] Voyez la lettre de l'amiral Howe, du 17 août 1778.

[2] «Comme je jugeai la supériorité de l'ennemi (*des Français*) trop grande pour entrer en action avec lui, afin de l'éviter, tandis qu'il avait l'avantage du vent, je fis route au sud avec l'escadre, formée en ligne de bataille, dans l'espoir d'avoir le vent du côté de la mer, comme l'on pouvait s'y attendre, d'après l'apparence du temps, dans

bat, lorsqu'un des plus terribles coups de vent qu'on eût essuyés dans ces parages, s'élevant tout-à-coup dans la nuit du 11 au 12, les dispersa après les avoir maltraitées. L'amiral anglais, qui avait porté son pavillon sur une frégate afin de mieux diriger les opérations de son escadre, en fut séparé. *Le Languedoc*, que montait le comte d'Estaing, perdit son gouvernail et tous ses mâts. Quelques autres vaisseaux français furent considérablement endommagés dans leur mâture et leurs agrès. Hors d'état de coopérer plus long-

---

la suite de la journée.» (*Extrait de la lettre du vice-amiral Howe, du 17 août 1778, à bord de l'Eagle, à la hauteur de Sandy-Hook.*) Dans la même lettre, l'amiral Howe ajoute plus bas : «Peu de temps avant quatre heures du soir, le 11, je m'étais transporté de *l'Eagle* à bord de *l'Apollon*, afin d'être dans une meilleure position pour diriger les opérations subséquentes de l'escadre. Le vent, qui s'était beaucoup rafraîchi depuis le matin, avec une pluie continuelle, ayant beaucoup augmenté durant la nuit, et continuant de souffler violemment avec une grosse mer jusqu'au 13 au soir, je fus séparé du reste de l'escadre à bord de *l'Apollon* (où j'avais été forcé de rester à cause du temps), avec *le Centurion*, *l'Ardent*, *le Roebuck*, *le Phenix*, *le Richemond* et *le Vigilant*, etc. »

temps à la réduction de Rhode-Island, en revenant reprendre son ancienne position devant cette île, l'escadre française se retira à Boston. Dès lors il ne resta plus aux Américains d'autre parti à prendre que celui de s'occuper sérieusement de leur retraite. Le général Sullivan la fit exécuter en si bon ordre, dans la nuit du 28 au 29, que les Anglais ne purent l'entamer ni dans ses bagages, ni dans ses munitions, ni dans son artillerie, quoique la majeure partie de ses troupes n'eût point encore vu le feu [1].

Tels furent les évènemens de la campagne du comte d'Estaing sur les parages de l'Amérique septentrionale. La présence d'une escadre française y contint les Anglais sur la défensive, rendit inutiles les efforts que la Grande-Bretagne avait faits cette année pour soumettre ses colonies, et donna un nouveau degré de consistance à leur indépendance. Si la traversée de l'amiral français eût été moins longue, il est très probable qu'il aurait surpris l'escadre anglaise dans la

[1] Voyez la lettre du général Sullivan au congrès, des 29 et 31 août 1778.

Delaware, et qu'il l'aurait peut-être obligée de se rendre ou de se brûler.

Libre d'agir, sans avoir à surmonter les obstacles qui avaient arrêté l'amiral Howe, le commodore Evans ne se contenta pas de s'emparer, le 14 septembre, des îles Saint Pierre et Miquelon ; il détruisit encore les magasins et les échafauds qu'il trouva établis pour la pêche de la morue, en renvoya tous les habitans en Europe et rasa tous les édifices [1]. Ce traitement cruel autorise à croire que le gouvernement britannique voulait s'assurer la propriété certaine de ces deux îles, en effaçant toutes les traces qui pouvaient rappeler à la France le souvenir de ses anciennes possessions dans ces parages.

Le comte d'Estaing approchait du continent de l'Amérique au moment où les hostilités commencèrent en Europe. Trois mois environ s'étaient écoulés depuis la déclaration de guerre de l'ambassadeur de France à la cour de Londres, sans que les deux puissances pussent se reprocher

[1] Voyez la lettre du commodore Evans au vice-amiral Montagu, datée de la rade de Saint-Pierre, le 17 septembre 1778.

aucune voie de fait, aucune agression hostile. Leurs sujets respectifs se flattaient encore assez généralement de la continuation de la paix, parcequ'ils la désiraient. Le combat de *la Belle-Poule* vint dissiper cette illusion, et la remplacer par les calamités de la guerre.

La Grande-Bretagne, informée par ses découvertes de la route que tenait l'escadre de Toulon, avait détaché à sa poursuite treize vaisseaux de ligne dont elle avait fait protéger la sortie par les forces navales qu'elle destinait à la station d'Europe. Devenu trop faible après cette séparation, pour oser tenir la mer devant l'armée navale française qu'on armait dans le port de Brest, et qui était presque entièrement prête à mettre à la voile, l'amiral Keppel faisait route vers Porstmouth lorsqu'il découvrit plusieurs voiles au vent et sous le vent à lui. A l'instant il leur fit donner chasse, et ne tarda pas à les joindre. C'étaient trois frégates françaises. Sur leur refus de se rendre sous la poupe du vaisseau amiral, deux y furent conduites de force, les 16 et 17 juin, et ensuite envoyées à Plymouth, *la Licorne*, pour avoir tiré une bordée sur des vaisseaux de ligne anglais, et *la Pallas,* en punition de la résistance de *la Licorne*[1]. Le sort de *la Belle-Poule* fut plus glorieux. Elle combattit[2] vaillamment durant trois heures, bord à bord, la frégate anglaise *l'Arethusa*, qu'elle força de s'éloigner après l'avoir démâtée de son grand mât et l'avoir considérablement endommagée dans son bord, ses voiles, ses agrès et ses autres mâts[3]. Elle l'aurait même poursuivie si elle n'avait pas été en vue de deux vaisseaux de ligne anglais, *le Vaillant* et *le Monarch* de soixante-quatorze canons, que le calme, survenu durant son combat, avait empêchés d'approcher, mais qui ne lui en avaient pas moins donné un désavantage de position en même temps qu'ils avaient dû nécessairement beaucoup ajouter à la force de *l'Arethusa*.

La sortie de toutes les forces navales de France

[1] Voyez les lettres de l'amiral Keppel à l'amirauté, des 18 et 20 juin 1778.

[2] Parmi les tués, au nombre de 45, on remarqua M. Green de Saint-Marsault; et parmi les blessés, au nombre de 57, MM. de La Roche de Kerandraon, enseigne, et Bouvet, officier auxiliaire.

[3] Voyez la lettre de l'amiral Keppel, du 20 juin 1778.

et d'Angleterre suivit de près le combat de ces deux frégates. L'Europe entière fixa ses regards sur leurs mouvemens respectifs. Son intérêt demandait que la puissance britannique fût restreinte, et son importance nationale anéantie. Elle n'attendit donc pas sans impatience la nouvelle de leur premier choc.

Dès qu'elles furent en vue l'une de l'autre, le 23 juillet, elles manœuvrèrent durant quatre jours consécutifs, le comte d'Orvilliers voulait conserver l'avantage du vent qu'il avait enlevé aux Anglais pendant la nuit du 23 au 24, tandis que l'amiral Keppel cherchait à le recouvrer. Enfin, le 27, le temps paraissant favorable pour le combat, l'amiral français s'aperçut, à neuf heures du matin, que l'amiral anglais élevait son arrière-garde au vent [1]. Alors, pour mieux pénétrer son projet et s'approcher en même temps de l'armée anglaise, il fit revirer la sienne vent arrière par la contre-marche. Ce signal était à peine exécuté que l'ar-

[1] Voyez les répliques de l'amiral Keppel aux chefs d'accusation de l'amiral Palliser, le mois de janvier suivant.

mée anglaise, et principalement son arrière-garde,
força de voiles pour s'élever dans le vent, et
pouvoir, en revirant de bord, se trouver au vent
de l'arrière-garde française, qu'elle espérait de
couper. Mais prompt à rompre cette manœuvre
par un mouvement hardi et rapide, le comte
d'Orvilliers fit revirer de bord toute son armée,
et présenta le combat au bord opposé à celui sur
lequel l'armée anglaise venait à sa rencontre. Les
Français marchaient dans l'ordre de bataille inverse suivant :

ESCADRE BLEUE OU ARRIÈRE-GARDE.

Tués.	Blessés		Canons.	Capitaines.
		Le Diadème.	74	De La Cardonie.
		Le Conquérant.. . . .	74	Le Chevalier de Monteil.
		Le Solitaire.	64	De Briqueville.
		L'Intrépide.	74	Beaussier de Châteauvert.
1	4	Le Saint-Esprit. . .	80	Le duc de Chartres, *command.* De La Motte-Piquet, *capitaine de pavillon.*
		Le Zodiaque.	74	De La Porte Vezins.
	7	Le Roland.	64	De Larchantel.
4	9	Le Robuste..	74	Le comte de Grasse.
2	14	Le Sphinx.	64	De Soulanges.

ESCADRE BLANCHE OU CORPS DE BATAILLE.

5	8	L'Artésien.	64	Destouches.
7	11	L'Orient.	74	Hector.

SUITE DE L'ESCADRE BLANCHE.

Tués	Blessés		Canons	Capitaines
1		L'Actionnaire. . . .	64	De Proissy.
5	27	Le Fendant.	74	Le marquis de Vaudreuil.
6	21	LA BRETAGNE.. . . .	110	Le comte d'Orvilliers, *général.* / Duplessis-Parscau, *cap. de pav.* / Le chevalier du Pavillon, *major.*
9	38	Le Magnifique. . . .	74	Le chevalier de Brach.
14	51	L'Actif.	74	Thomas d'Orves.
26	68	La Ville-de-Paris.. .	90	Le comte de Guichen.
9	46	Le Réfléchi.	64	De Cillart de Suville.

ESCADRE BLANCHE ET BLEUE OU AVANT-GARDE.

Tués	Blessés		Canons	Capitaines
6	25	Le Vengeur..	64	D'Amblimont.
7	13	Le Glorieux.	74	De Beausset.
6	14	L'Indien..	64	De La Grandière.
13	27	Le Palmier.	74	Le chevalier de Réals.
13	27	LA COURONNE.. . . .	80	Le Cte Duchaffault, *command.* / Huon de Kermadec, *capitaine de pavillon.*
10	39	Le Bien-Aimé. . . .	74	Daubenton.
8	57	L'Amphion..	50	De Trobriand.
1	5	L'Éveillé.	64	De Botderu.
10	21	Le Dauphin - Royal.	70	De Nieuil.

Quant aux trois autres vaisseaux, *le Triton*, de 64, *le Saint-Michel*, de 60, et *le Fier*, de 50, comme ils n'avaient ni assez de batteries ni assez d'échantillon pour combattre au vent et en ligne, ils avaient été placés aux postes des frégates.

L'évolution que l'amiral français avait ordonnée fut exécutée avec la plus grande précision, ce qui obligea l'armée anglaise de le prolonger sous le vent : elle était composée des
vaisseaux :

AVANT-GARDE.

Tués.	Blessés		Canons	Capitaines.
9	23	Le Monarch.	74	Rowley.
		Le Centaure.	74	Cosby.
12	27	L'Exeter.	64	Moore.
		Le Duke..	90	Brereton.
7	16	LA QUEEN.	90	{ Harland, *vice-amiral.* } { Prescott, *capitaine de pavil.* }
10	24	Le Shewsbury. . . .	74	Lockart Ross.
31	52	Le Berwick..	74	Steward.
6	19	Le Stirling-Castle. .	64	Charles Douglas.
		L'Hector.	74	Hamilton.
		Le Cumberland. . .	74	Peyton.

CORPS DE BATAILLE.

11	18	Le Thunderer. . . .	74	Walsingham.
6	15	Le Vigilant.	64	Kings-Mill.
14	31	Le Sandwich..	90	Edwards.
19	37	Le Vaillant..	74	Leweson Gover.
27	49	LE VITTORY.	100	{ Keppel, *amiral.* } { Campbell, *capitaine de pavil.* }
28	45	Le Foudroyant. . . .	80	Jervis.
41	67	Le Prince Georges..	90	John Lindsey.
		Le Bienfaisant. . . .	64	Mac-Bride.
23	34	Le Courageux.. . . .	74	Lord Mulgrave.
7	23	La Vengeance. . . .	74	Clements.

ARRIÈRE-GARDE.

Tués	Blessés		Canons.	Capitaines.
5	13	Le Worcester. . . .	64	Robinson.
5	19	L'Elisabeth.	74	Maitland.
9	21	La Défiance..	64	Goodall.
14	22	Le Robust.	74	Alexandre Hood.
25	42	LE FORMIDABLE.. . .	90	Palisser, *contre-amiral.* Bazely. *capitaine de pavillon.*
19	32	L'Océan.	90	La Forey.
8	19	L'America.	64	Lord Longford.
23	51	Le Terrible..	74	Bickerton.
22	25	L'Egmont.	74	Allen.
25	49	Le Ramillies.	74	Digby.

En combattant sous le vent, l'armée anglaise avait l'avantage de se servir de toutes ses batteries. Pour le lui ôter, le comte d'Orvilliers fit signal à son escadre bleue d'arriver par un mouvement successif, et à toute son armée de se former à l'ordre de bataille l'amure à tribord, afin de pouvoir suivre le serrefile, et de prolonger sous le vent, de queue à tête, l'armée anglaise. Mais ce signal, qui ne fut pas parfaitement saisi d'abord, n'ayant pu être exécuté assez promptement pour produire l'effet qu'il en attendait, l'amiral français continua son ordre de bataille renversé, en passant sous le vent de la ligne ennemie [1]. Les Anglais ne firent aucun mouvement pour empêcher cette évolution, quoiqu'ils eussent déjà viré par la contre-marche pour charger l'arrière-garde ; et à la vue de la ligne française régulièrement formée, ils profitèrent de leur position au vent pour se rallier à l'ordre de bataille, tribord amure, sans chercher à recommencer le combat, que les Français ne pouvaient qu'accepter. *L'état dans lequel se trouvaient mes vaisseaux à l'égard de leurs mâts, de leurs vergues et de leurs voiles,* écrivait, le 30 juillet, l'amiral Keppel aux lords de l'amirauté de la Grande-Bretagne [2], *ne me laissait pas le choix de ce qu'il était convenable de faire,*

[1] Voyez la relation de ce combat, publiée en France le 3 août 1778.

[2] Lors de son procès, cet amiral déclara qu'il avait présenté la poupe de ses vaisseaux aux Français, manœuvre, ajoutait-il, qui lui avait donné l'apparence d'une fuite. Mais après y avoir réfléchi, il demanda que ces dernières expressions ne fussent point insérées dans les minutes de son procès, ce qui lui fut accordé. Voyez *le Supplément à la défense de sir Hughes Palliser,* et *son interrogatoire,* en date du 13 avril 1779.

Les deux armées ayant cessé durant la nuit de se conserver en vue, firent respectivement route vers leurs ports pour y réparer leurs dommages. Les vaisseaux anglais, *le Vittory*, *le Formidable*, *le Prince-Georges*, *le Foudroyant*, *le Terrible*, *le Robuste*, *l'Egmont* et *le Shewsbury*, furent extrêmement endommagés dans leurs corps, leurs mâts, leurs voiles et leurs agrès. L'armée française, mieux formée en bataille que celle des Anglais, et dont le feu avait été plus réuni, fut beaucoup moins désemparée. *La Ville-de-Paris*, *la Couronne*, *l'Actif*, *le Bien-Aimé*, *le Réfléchi* et *l'Amphion*, furent les vaisseaux les plus maltraités. Les Français perdirent MM. Bessey de La Vouste, capitaine de vaisseau ; de Vincelles, enseigne ; Damart, lieutenant de frégate ; de Molore et de Fortmanoir, officiers d'infanterie. Ils comptèrent parmi leurs blessés, le comte Duchaffault, lieutenant - général ; MM. Daymar et de Sillans, capitaines de vaisseau; de La Croix, de Coeffier de Breuil, le chevalier Duchaffault, de Fayard, de Vigny, de Beaumanoir, lieutenans; Desnos de La Hautière, de Melfort, le chevalier du Bouexic et d'Abbadie Saint-Germain,

enseignes ; de Monthuchon et de Boisguehen-
neuc, gardes de la marine; Jambon et Rouillard ,
officiers auxiliaires ; de Châteaugiron , de Rivière
et de Bucheran , officiers d'infanterie. Telle fut
l'issue du combat d'Ouessant. Les manœuvres
savantes de l'amiral français rendirent sans effet
la supériorité que donnaient aux Anglais le nombre, la force , le rang de leurs vaisseaux et le
calibre de leur artillerie. Les détails authentiques
que procurèrent les interrogatoires de plusieurs
témoins sur l'état désemparé de l'armée anglaise ,
lors de leur comparution devant les juges de
l'amiral Keppel , ne firent que renouveler en
France les regrets qu'on y avait déjà témoignés
de ce que le signal qu'avait fait le comte d'Orvilliers , d'arriver par un mouvement successif,
n'eût pas été parfaitement saisi à temps , pour
être exécuté de même.

Les deux armées reprirent la mer le mois
suivant. Mais l'amiral anglais n'entra pas dans
l'Océan, et le comte d'Orvilliers, après l'avoir
cherché inutilement durant plusieurs jours à
l'entrée de la Manche, alla établir sa croisière au
large, soit dans l'espérance de l'y rencontrer, soit

dans le dessein de protéger les bâtimens marchands de sa nation qui revenaient des Antilles.

Leur retour donnait à leurs armateurs et à leurs propriétaires des inquiétudes d'autant mieux fondées que, de soixante bâtimens laissés au débouquement de Saint-Domingue par deux vaisseaux de guerre qui avaient reçu l'ordre de forcer de voiles pour se rendre à Brest, plus de cinquante avaient été pris. Des pertes si considérables excitaient avec raison les plaintes des villes de Bordeaux, de Nantes, de Saint-Malo et du Havre-de-Grâce. La multitude de corsaires anglais qui, depuis un an, croisaient contre les Américains, aurait pourtant dû avertir le ministre de la marine des dangers auxquels étaient exposés les bâtimens marchands sans protection. S'il ignorait que les vaisseaux de guerre sont la défense naturelle du commerce maritime, le plan de conduite de l'amirauté anglaise n'était-il pas un modèle excellent à suivre? Depuis que la Grande-Bretagne était en guerre avec ses colonies, aucun de ses navires de commerce ne sortait ni ne rentrait sans escorte. L'amirauté britannique indiquait donc au ministre français les mesures qu'il avait à prendre. Au lieu de suivre l'exemple qu'elle lui donnait, il abandonna d'abord le commerce maritime à lui-même. Il s'empressa, à la vérité, de réparer cette faute en donnant des escortes aux navires marchands, à leur départ et à leur retour ; mais, comme si les orages, les tempêtes et les ennemis eussent été réunis contre eux, les deux ou trois premiers convois furent ou dispersés par des ouragans épouvantables ou rencontrés par des forces anglaises supérieures et pris en partie [1].

Ces malheurs, qui ne faisaient qu'ajouter à la perte des bâtimens qui avaient été laissés sans escorte après avoir été débouqués à leur départ de Saint-Domingue, rendirent les Français presque insensibles aux avantages qui résultaient pour eux de la prise de la Dominique. Cette île, située à égale distance de la Martinique et de la

[1] Le convoi sous l'escorte des frégates *l'Engageante* et *la Tourterelle* fut rencontré par deux vaisseaux de ligne anglais qui en prirent douze à treize bâtimens. Celui sous l'escorte de la frégate *la Concorde* fut dispersé par un ouragan et tomba en partie au pouvoir des Anglais.

Guadeloupe, menace également ces deux autres îles en temps de guerre. Il devenait donc très important pour la France d'en faire la conquête. Aussi dès que le marquis de Bouillé, gouverneur général des îles du Vent, fut informé que les hostilités avaient commencé en Europe, il prit sur-le-champ la résolution de s'en emparer. Sans se laisser effrayer par la supériorité des forces navales anglaises dans ces parages, qui consistaient en deux vaisseaux de ligne et deux frégates, ce général rassemble dix-huit cents hommes avec autant de promptitude que de secret, s'embarque avec eux sous la protection de trois frégates et d'une corvette, met pied à terre auprès des deux principaux forts de la Dominique dont il se rend sur-le-champ maître, l'épée à la main, sans perdre un seul homme, et, par le succès de cette attaque aussi imprévue que subite, force, le 7 septembre, le gouveneur de demander à capituler. Il lui accorda jusqu'à la paix la conservation des lois et des coutumes qui régissaient cette île.

Le sort des armes était entièrement contraire aux Français dans les Indes orientales. Ils y perdaient, les unes après les autres, le petit nombre de possessions que leur avait assurées le dernier traité de paix. A en juger par la célérité avec laquelle le président du conseil du Bengale et le gouverneur de Madras attaquuurent leurs établissemens, il est très vraisemblable qu'instruits des probabilités d'une rupture prochaine entre les deux couronnes, ils n'attendaient que les ordres d'agir. Et en effet, dès qu'ils les eurent reçus, le général Munro se mit en marche pour investir Pondichéri, pendant que le commodore Vernon fit voiles, de Madras, le 29 juillet, pour le bloquer par mer avec les vaisseaux de guerre,

	Canons.	Capitaines.
Le Rippon. . .	60	Vernon, *Commodore.* Young, *Capitaine de pavillon.*
Le Coventry. .	28	Marlow.
Le Seahorse. .	24	
Le Cormorant .	24	
Le Valentin . .	24	

Mais à peine parut-il devant cette place, que M. de Tronjolli, qui commandait les vaisseaux français,

Tués.	Blessés		Canons.	Capitaines.
37	75	Le Brillant. . .	64	De Tronjolli, *command.*
18	51	La Pourvoyeuse.	40	Saint-Orens.
9	30	Le Sartine. . . .	26	Du Chayla.
5	25	Le Brisson. . . .	24 *bâtimens*	Du Chezeaux.
2	8	Le Lauriston. . .	24 *armés.*	Le Fer de Beauvais.

sortit à sa rencontre sur une ligne de front. Ces deux petites escadres s'étant jointes, engagèrent un combat le 10 août, à deux heures trois quarts après midi, en se prolongeant respectivement à bord opposé; elles le recommencèrent dans le même ordre, lorsqu'elles eurent reviré vent arrière. Après une vive canonnade de deux heures, que les forces à peu près égales des deux côtés rendirent indécise, qui coûta la vie à MM. le Chat-Deslandes et le Noir-pas-de-Loup, enseignes, et qui ne servit qu'à endommager de part et d'autre les mâts, les voiles et les agrès des vaisseaux, *le Brillant*, dont le gouvernail avait été fracassé, revint avec le reste de l'escadre française devant Pondichéri, sans que le commodore Vernon osât le poursuivre, quoiqu'il eût l'avantage du vent [1].

Le commandant français, malgré sa blessure, remit en mer le 20; mais ce fut pour retourner à l'Ile-de-France. Cette retraite, qui livrait Pondichéri à ses seules forces, ne découragea pas

[1] Voyez la lettre de Vernon aux lords de l'Amirauté, du 16 août 1778.

le général de Bellecombe, qui prit la ferme résolution de défendre cette place avec toute la
vigueur que lui suggéraient son intrépidité et
son expérience. L'armée anglaise s'étant emparée, le 21, d'abord de la Haie d'enclos (*Bound-
hedge*), qui n'est éloignée de la ville que de la
portée du canon, commença par lui couper toute
communication avec le pays [1]. Bientôt après elle
put battre la place, les 6 et 7 septembre, avec
vingt-huit pièces de grosse artillerie et vingt-
sept mortiers. Animée par la présence et l'activité de son commandant, la garnison de Pondichéri opposa aux assiégeans la plus vigoureuse
résistance, mais elle ne put les empêcher de conduire leur galerie jusque dans le fossé du sud,
de faire brèche au bastion de l'hôpital, et de détruire les faces des bastions voisins. Ils se préparaient à livrer un assaut général, lorsque le
général de Bellecombe, considérant qu'une plus
longue résistance ne servirait qu'à sacrifier en
pure perte les braves gens qu'il commandait,

[1] Voyez la lettre du général Munro au lord Weimouth,
en date du 27 octobre 1778.

demanda, le 17 octobre, à capituler, après quarante jours de tranchée ouverte. Il obtint, avec tous les honneurs de la guerre, d'être transporté en France aux frais du gouvernement britannique, lui, ses officiers, sa garnison, et généralement tous ceux qui étaient ou avaient été employés au service de la France, en quelque qualité que ce fût.

La prise des autres possessions françaises dans l'Inde suivit de près celle de Pondichéri [1]. Chan-

---

[1] On a attribué à la retraite du commandant de Tronjolli la perte de Pondichéri. Qu'il nous soit permis de soumettre au jugement des lecteurs les faits suivans. Pondichéri était entièrement investi le 21 août. (Voyez la *lettre du général anglais Munro, datée du 27 octobre 1778.*) Rien ne pouvait donc y entrer du côté de la terre. Alors comment l'escadre française se serait-elle procuré les munitions de guerre et de bouche qui lui seraient devenues nécessaires durant son séjour dans la rade de cette ville? Du côté de la mer, le commodore anglais fut, durant le cours du siége, renforcé de cinq vaisseaux de la Compagnie anglaise, armés en guerre, dont deux portaient quarante canons chacun. (Voyez la *lettre du commodore Vernon aux lords de l'amirauté d'Angleterre, en date du 31 octobre 1778.*) M. de Tronjolli, qui ne pouvait atten-

8.

dernagor et les autres petits comptoirs dans le
Bengale et sur la côte de Coromandel se ren-
dirent sans coup férir, et Mahé, sur la côte de
Malabar, capitula le 20 mars de l'année suivante.
Alors on ne vit plus le pavillon français arboré
dans aucun endroit de l'Inde.

dre ancuns renforts, ni de l'Ile-de-France, ni d'Europe,
n'aurait-il pas été bloqué lui-même par des forces navales
aussi supérieures? Aurait-il pu soustraire ses vaisseaux au
sort que Pondichéri fut obligé de subir? Ou s'il les avait
brûlés, cette destruction, qui aurait fait clairement connaître aux assiégeans le désespoir des Français, n'aurait-
elle pas pu les irriter au point d'exiger que Pondichéri se
rendît à discrétion, et de le détruire de fond en comble,
comme ils avaient fait en 1761 ? La perte de cette place
provenait principalement de ce qu'on avait interrompu,
plusieurs années auparavant, la construction des fortifications qu'un habile ingénieur avait commencées pour sa
défense, pour en adopter d'autres qui non seulement n'é-
taient pas finies lorsque le siége commença, mais qui
rendaient même les premières presque inutiles.

CHAPITRE IV.

Négociations de l'Espagne avec l'Angleterre rompues. — Manifeste de l'Espagne. — Réponse de la Cour de Londres. — L'Angleterre menacée d'une invasion. — Ses inquiétudes. — Réunion des Français et des Espagnols. — Entrée de l'armée navale combinée dans la Manche. — Fuite des Anglais. — Combat de *la Surveillante* contre *le Quebec*. — Départ du comte d'Estaing de Boston. — Les Anglais s'emparent de Sainte-Lucie. — Ils repoussent le comte d'Estaing par mer et par terre. — Importance du poste de Sainte-Lucie durant la guerre. — Arrivée de l'amiral Byron à Sainte-Lucie.

La dernière campagne n'avait été remarquable en Europe par aucun évènement décisif. Les puissances belligérantes redoublèrent d'activité durant l'hiver pour être en état d'agir, au retour de la belle saison. Elles envoyèrent respective-

ment des renforts aux Antilles, et leurs armées
navales en Europe reprirent la mer au mois de
juin. Leurs forces, dans cette partie du monde,
étaient à peu près égales ; mais le roi d'Espagne,
en ordonnant à son armée navale de se réunir
à celle de la France, rendit cette dernière puissance si supérieure en forces, que les Anglais
furent obligés de se tenir sur la défensive. Jusqu'à ce moment le monarque espagnol avait
cherché à réconcilier les deux puissances belligérantes. Il leur avait proposé de consentir à
une trève illimitée pour l'Europe et l'Amérique,
durant laquelle les États-Unis auraient été regar-
dés comme indépendants de fait, et chacune des
deux puissances serait demeurée en possession
de ce qu'elle se serait trouvée occuper au moment de la ratification[1]. Cette trève n'aurait pu
être rompue qu'après un avertissement préalable
d'une année; et tant qu'elle aurait subsisté, le
roi de la Grande-Bretagne serait resté le maître

[1] Voyez les Observations de la Cour de France sur le
Mémoire justificatif de celle de Londres, page 79 et suivantes.

de traiter directement avec les Américains de la
trève ou de la paix. Sur le refus de la cour de
Londres d'accepter ces propositions, le roi d'Espagne fit sortir l'escadre qu'il tenait rassemblée
depuis un an dans la rade de Cadix. Ce monarque ordonna en même temps à son ambassadeur
auprès du roi d'Angleterre de remettre, le 16 juin,
au ministère britannique une déclaration dans
laquelle il développait les motifs qui le forçaient
de recourir aux armes. Elle était conçue en ces
termes :

« *Le monde entier a été témoin de la noble*
» *impartialité du roi dans la conduite qu'il a te-*
» *nue au milieu des disputes élevées entre la cour*
» *de Londres, ses colonies américaines et la*
» *France. Indépendamment de cela, Sa Majesté*
» *ayant appris que l'on désirait sa puissante mé-*
» *diation, en a généreusement fait l'offre volon-*
» *taire, et les puissances belligérantes l'ont ac-*
» *ceptée. C'est même dans cette vue seule que Sa*
» *Majesté Britannique a envoyé un vaisseau de*
» *guerre dans l'un des ports d'Espagne.*

» *Le roi a pris les mesures les plus efficaces*
» *pour amener les puissances désunies à un ac-*

» commodement également honorable pour toutes
» les parties. Il a proposé des moyens sages, pro-
» pres à écarter toutes les difficultés, et à pré-
» venir les calamités de la guerre. Mais, quoique
» les propositions de Sa Majesté, particulièrement
» celles contenues dans son *ultimatum*, fussent
» conformes à celles que la cour de Londres elle-
» même avait paru, dans d'autres temps, regar-
» der comme propres à produire un accommode-
» ment; quoique dans toute leur étendue elles
» fussent aussi modérées, elles ont été rejetées
» d'une manière qui indique le peu d'inclination
» que sent le cabinet britannique à rendre la paix
» à l'Europe, et à conserver l'amitié de Sa Ma-
» jesté. Et, en vérité, la conduite que ce cabinet
» a tenue à l'égard de Sa Majesté dans le cours de
» la négociation, n'a eu pour objet que de la traî-
» ner en longueur pendant plus de huit mois,
» quelquefois sous de vains prétextes, d'autres
» fois en donnant des réponses qui ne concluaient
» rien, tandis que, pendant cet intervalle de
» temps, le conseil britannique faisait au pavillon
» espagnol des insultes portées à un point in-
» croyable, commettait des excès sur les terri-

» toires du roi, saisissait la propriété de ses sujets,
» fouillait et pillait leurs vaisseaux, et faisait feu
» sur plusieurs, qui ont été obligés de se défendre.
» On a porté l'insulte jusqu'à ouvrir et mettre en
» pièces des registres et des lettres appartenant
» à la cour, et trouvés à bord des paquebots de
» Sa Majesté. Les États de Sa Majesté en Amérique
» ont été menacés ; et la cour britannique a eu
» recours à l'extrémité effrayante de susciter les
» nations indiennes, appelées Chatcas, Chérokèes
» et Chicackas, contre les habitans innocens de
» la Louisiane, qui eussent été victimes de la bar-
» barie de ces sauvages, si les Chatcas eux-mêmes
» n'eussent été sensibles aux remords, et n'eussent
» révélé toutes les atteintes de la séduction bri-
» tannique.

» Les Anglais ont usurpé la souveraineté de
» Sa Majesté sur la province de Darien et sur la
» côte de Saint-Blas ; et le gouverneur de la Jamaï-
» que a donné à un Indien rebelle une commission
» de capitaine général de ces provinces. Les
» droits de Sa Majesté ont été récemment violés
» dans la baie d'Honduras, où les Anglais ont
» commis des actes d'hostilité contre les Espagnols

» dont on a emprisonné les personnes et saisi les
» propriétés. Il y a plus, la cour de Londres a
» négligé de remplir la stipulation faite relative-
» ment à cette côte par l'article 16 du dernier
» traité de Paris.

    » Ces griefs, si nombreux, si récens, et d'une
» nature si sérieuse, ont été, en différens temps,
» des sujets de plaintes portées au nom du roi,
» et détaillées dans des mémoires délivrés à
» Londres aux ministres de Sa Majesté Britanni-
» que, ou communiqués à eux par l'ambassadeur
» d'Angleterre à Madrid. Mais quoique dans les
» réponses données à ces plaintes, on ait jusqu'à
» présent employé les expressions de l'amitié,
» Sa Majesté, loin d'obtenir aucune satisfaction,
» n'a vu que réitérer les insultes dont on s'était
» plaint en son nom, et dont on pourrait citer
» cent exemples.

    » Le roi, avec la sincérité et la candeur qui ca-
» ractérisent Sa Majesté, a formellement déclaré
» à la cour de Londres, dès le commencement
» de sa contestation avec la France, que la con-
» duite de l'Angleterre serait la règle qui dirige-
» rait les conseils d'Espagne.

» Sa Majesté a déclaré aussi à la cour britanni-
» que, qu'aussitôt que ses disputes avec celle de
» Versailles seraient arrangées, il serait absolu-
» ment nécessaire de terminer celles qui s'étaient
» déjà élevées, ou qui pourraient s'élever dans la
» suite entre elle et l'Espagne. Dans le plan
» transmis à l'ambassadeur soussigné, le 28 sep-
» tembre dernier, et que le même ambassadeur
» présenta au ministère britannique vers le com-
» mencement d'octobre, plan dont il fut immé-
» diatement fourni copie au lord Grantham,
» Sa Majesté déclarait en termes exprès aux puis-
» sances belligérantes que, vu les insultes faites
» à ses sujets, et les atteintes portées à ses droits,
» elle se verrait dans la nécessité indispensable
» de prendre un parti décisif, dans le cas où la
» négociation, au lieu d'être conduite avec sincé-
» rité, serait rompue, et ne produirait pas son
» effet.

» Les outrages faits à Sa Majesté par la cour
» de Londres n'ayant pas cessé, et cette cour ne
» marquant aucune intention de les réparer, le
» roi a résolu et ordonné à ses ambassadeurs de
» déclarer que l'honneur de sa couronne, la pro-

» tection qu'il doit à ses sujets, et sa dignité per-
» sonnelle, ne permettent plus qu'il souffre la
» continuation de ces insultes, ou qu'il néglige
» plus long-temps de se procurer la réparation
» de celles qu'il a déjà reçues, et que dans cette
» vue, malgré les dispositions pacifiques de Sa
» Majesté, malgré même l'inclination particulière
» qu'elle a toujours eue de cultiver l'amitié de
» Sa Majesté Britannique, elle se trouve dans la
» nécessité désagréable de faire usage de tous les
» autres moyens que le Tout-Puissant lui a don-
» nés, pour se faire elle-même la justice qu'elle a
» sollicitée en vain.

» Se reposant sur l'équité de sa cause, Sa
» Majesté espère qu'elle ne sera responsable ni
» à Dieu ni aux hommes, des suites de cette ré-
» solution, et que les nations étrangères s'en for-
» meront une idée convenable, en comparant le
» traitement que Sa Majesté a reçu du ministère
» britannique, avec celui qu'elles ont éprouvé
» elles-mêmes, lorsqu'elles ont eu affaire à ce
» même ministère.

» *Signé* LE MARQUIS D'ALMOVODAR. »

La cour de Londres s'empressa de répondre, le 13 juillet, à cette déclaration par un mémoire très sommaire. Après avoir observé que le tempérament proposé par le roi d'Espagne tendait inévitablement à rendre effectives les conditions injurieuses de la France, elle ajoutait que la cour de Madrid affectait de représenter comme des injures faites au pavillon espagnol, toutes les déprédations que les corsaires américains avaient commises sous le pavillon britannique; que par conséquent les griefs dont elle avait porté plainte, même en désignant les auteurs des insultes, étaient souvent mal fondés, et en général frivoles. Enfin, sur l'article qui concernait la violation plusieurs fois réitérée du territoire espagnol, elle donnait ou la dénégation la plus formelle, ou l'assurance positive que les informations qu'elle avait jugé convenables de prendre sur l'objet des plaintes, ne lui étaient pas encore parvenues.

La déclaration du monarque espagnol n'était, ainsi qu'on a pu l'observer, qu'un précis de ses griefs contre la Grande-Bretagne. La cour de Madrid ne tarda pas à en faire publier dans toute l'Europe le détail le plus circonstancié; elle y

joignit la date de toutes les démarches qu'elle
avait infructueusement faites pour en obtenir
satisfaction. Celle de Londres garda le silence
sur cette réplique. Des objets de la plus sérieuse
importance fixaient alors toute son attention.
L'armée navale, la plus formidable que l'Océan
eût jamais portée, était en vue des côtes d'Angleterre; et trente-cinq mille hommes de troupes
françaises, distribués sur les côtes de Normandie
et de Bretagne, menaçaient à chaque instant ce
royaume d'une invasion. Environ trois cents bâtimens, qu'on avait rassemblés dans les ports du
Havre et de Saint-Malo, étaient destinés au
transport de cette armée. On l'exerçait sans
cesse à des simulacres de descente; rien n'égalait
l'ardeur qu'elle témoignait de s'embarquer. Outre une nombreuse artillerie qu'elle traînait à
sa suite, cinq mille grenadiers, tirés des différens régimens français, devaient former son
avant-garde.

Malgré l'embargo général qui avait été mis
dans les ports désignés pour le lieu de son embarquement, il est vraisemblable que le gouvernement britannique fut informé de tous ces

préparatifs, à en juger par les précautions extraordinaires qu'il prit. Jamais la face des affaires de la Grande-Bretagne n'avait présenté un aspect aussi défavorable. Abandonnée à ses propres forces, et dénuée de tout secours étranger, elle avait tout à la fois deux puissances formidables à combattre et l'Amérique à subjuguer. Dans cet état de crise, le monarque anglais ne borna pas sa vigilance à faire doubler les milices de son royaume; pour ôter aux Français toute ressource, dans le cas où ils effectueraient leur projet, il enjoignit à tous ses officiers, tant civils que militaires, de faire garder exactement toutes les côtes, et, à la première approche des Français, de faire marcher tous les bestiaux, à l'exception de ceux qui seraient réservés pour son service ou pour la défense du pays, vers les endroits éloignés du lieu de leur débarquement, afin qu'il n'en pût tomber aucun en leur pouvoir[1]. Dans le même temps, ses gardes du corps se tenaient sans cesse prêts à

[1] Voyez la proclamation du roi d'Angleterre, du 9 juillet 1779.

monter à cheval ; et plusieurs régimens de milice, campés sur les côtes du sud, attendaient sous les armes l'ordre de marcher vers les endroits qui seraient attaqués.

Tandis que la France et l'Angleterre faisaient les dispositions nécessaires, l'une pour attaquer, l'autre pour se défendre, le comte d'Orvilliers était sorti de Brest, le 3 juin, pour aller se réunir à l'armée navale espagnole sur l'île de Cizarga, à la hauteur de la Corogne. Les vents s'opposèrent long-temps à cette jonction si désirée. Dès qu'elle fut complètement effectuée, le 25 juillet, cet amiral fit voiles pour la Manche. Son armée, forte de 66 vaisseaux de ligne et d'un grand nombre de frégates, corvettes et cutters, marchait dans l'ordre de bataille suivant :

AVANT-GARDE.

* Désigne les vaisseaux espagnols.

	Canons.	Capitaines.
Le Citoyen	74	De Nieuil.
* Le Saint-Michel ¹	70	
L'Auguste.	80	Le vicomte de Rochechouart.

¹ La crainte de mal ortographier les noms des capitaines des vaisseaux espagnols a engagé à nè donner que ceux des principaux commandans.

SUITE DE L'AVANT-GARDE.

	Canons.	Capitaines.
Le Protée.	64	De Cacqueray.
' Le Saint-Paul.	70	
L'Éveillé	64	De Balleroi.
' L'Arrogant	70	
LA VILLE DE PARIS	104	{ Le comte de Guichen, *command.* Huon de Kermadec, *cap. de pav.*
Le Glorieux.	74	De Beausset.
' Le Sérieux	70	
L'Indien	64	De La Grandière.
' Le Saint-Pierre.	70	
' Le Saint-Joseph.	70	Osorno.
Le Palmier	74	Le chevalier de Réals.
La Victoire	74	D'Albert Saint-Hippolyte.

CORPS DE BATAILLE.

Le Zodiaque.	74	De La Porte-Vezins.
* Le Guerrier	70	
* Le Saint-Vincent	80	De-Arcè.
Le Scipion.	74	De Cherisey.
Le Bien-Aimé.	74	Daubenton.
L'Actif	74	De Baraudin.
* Le Saint-Charles.	80	Postego.
LA BRETAGNE	110	{ Le comte d'Orvilliers, *général.* Duplessis-Parscau, *cap. de pav.* Le chevalier Du Pavillon, *major.*
Le Neptune	74	Hector.
* Le Vainqueur	70	
Le Destin	74	Le chevalier d'Espinouse.
* Le Saint-Joachim	70	
* La Sainte-Elisabeth	70	Posada.
La Bourgogne	74	Marin.
Le Solitaire	64	De Monteclerc.

I.

ARRIÈRE-GARDE.

	Canons.	Capitaines.
L'Hercule	74	D'Amblimont.
* Le Septentrion.	70	
Le Saint-Esprit	80	Le chevalier de Ternay.
L'Intrépide	74	De Beaussier.
* L'Ange de la Garde	70	
Le Bizarre	64	De Saint-Riveul.
Le Conquérant.	74	Le chevalier de Monteil.
* La Foudre	80	Gaston, *commandant.*
* Le Saint-Damase	70	
L'Actionnaire	64	De Larchantel.
L'Alexandre	64	De Tremigon.
* Le Brillant.	70	
* Le Saint-Louis.	80	Solano.
Le Caton.	64	De Seillans.
Le Pluton	74	Destouches.

L'escadre légère marchait en avant de l'armée avec les frégates qui n'étaient point attachées aux divisions. Elle était formée des vaisseaux,

	Canons.	Capitaines.
Le Saint-Michel	60	Le chevalier de La Biochaye.
* L'Espagne	60	
La Couronne.	80	De La Touche-Tréville, *command.*
* Le Mino	54	
Le Triton	64	De La Clocheterie.

Enfin l'escadre d'observation, commandée par Don Louis de Cordova, était composée des vaisseaux espagnols :

	Canons.		Canons.
La Sainte Trinité	114	Le Saint-Nicolas.	70
Le Monarque	70	Le Saint-Pascal	70

SUITE DE L'ESCADRE D'OBSERVATION.

	Canons.		Canons.
Le Saint-Raphael	70	Le Saint-Eugène.	70
La Princesse	70	L'Atlas.	70
Le Saint-François d'Assise.	70	Le Saint-François-de-Paule.	70
Le Velasco.	70	La Galice	70
Le Saint-Ysidre.	70	L'Orient.	70
Le Saint-Ysidore.	60	Le Rusé	60

Elle avait ordre de prendre pour point de relèvement le chef de file de l'armée.

Les calmes empêchèrent, durant plusieurs jours, cette formidable armée d'entrer dans la Manche. A son apparition sur les côtes d'Angleterre, le 15 août 1779, l'alarme et la consternation y furent générales. À l'instant toutes les balises furent enlevées, toutes les bouées coupées. On doubla les gardes dans les chantiers de Plymouth et de Portsmouth. On ferma la banque le 17 août, et on interrompit tout commerce dans cette dernière ville. La majeure partie de ses habitans, ceux de Cornouailles et de Devonshire, se retirèrent précipitamment dans l'intérieur des terres avec leurs familles et leurs effets les plus précieux. La terreur augmenta encore par la prise, le 17 août, du vaisseau de ligne *l'Ardent*, de 64 canons, qui se rendit, à

9.

la vue de terre, aux frégates françaises *la Junon*
et *la Gentille*, commandées par le chevalier de
Marigny, capitaine de vaisseau, et par le lieutenant Mengaud de La Hâge. Ce fut là le seul
évènement malheureux qu'éprouva la Grande-
Bretagne. Les vents la secondèrent mieux que
son armée navale, forte de 37 vaisseaux de ligne,
sous les ordres de l'amiral Hardy. L'armée combinée, contrariée par un vent continuel de
nord-est forcé, par le tonnerre, par les orages,
et par une disette absolue de vivres et d'eau,
rentra le 10 septembre à Brest, après avoir pou-
suivi¹ inutilement durant vingt-quatre heures

¹ *Extrait des manœuvres de l'armée combinée, le* 31
août et le 1ᵉʳ *septembre* 1779 : « Le 31 août, l'armée étant
» en marche sur trois colonnes, dans l'ordre naturel, le
» cap à l'est-quart-sud-est, les vents à l'ouest-sud-ouest va-
» riables à l'ouest-nord-ouest et nord, le général à la tête
» de sa colonne ; le comte de Guichen au centre de son es-
» cadre, marchant à la gauche de l'escadre blanche ; Don
» Michel Gaston, au centre de la bleue, placée à la droite de
» l'escadre blanche ; Don Louis de Cordova, en marche à
» la gauche de la grande armée ; l'escadre légère, com-
» mandée par M. de La Touche-Tréville, située à la droite
» de l'escadre bleue ; les brûlots, bombardes et autres bâ-

l'armée anglaise qui avait pris chasse à toutes voiles. Cette campagne navale fut très funeste aux équipages des vaisseaux français. Comme ils avaient tenu la mer durant cent quatre jours

» timens sur les ailes ; les frégates avancées découvrirent » au point du jour l'armée anglaise en avant de l'armée » combinée, ayant les amures à tribord, tous ses vaisseaux » en panne. A cinq heures un quart, le vaisseau *la Bretagne*, » qui marchait à la tête de sa division, eut bonne con- » naissance par lui-même de l'armée ennemie. Son arrière- » garde restait à l'est-quart-nord-est du compas, et son » avant-garde à l'est-quart-sud-est, à quatre ou cinq lieues » de distance. En même temps ou découvrait les Sorlingues » du haut des mâts au nord-nord-est du monde. Aussitôt » le général fit les dispositions suivantes : l'escadre blanche » et bleue (*ou l'avant-garde*) eut ordre de venir sur bâ- » bord par un mouvement successif, et de forcer de voiles ; » l'escadre bleue (*ou l'arrière-garde*) mit en panne tri- » bord, et l'escadre blanche (*ou le corps de bataille*) mit » en panne bâbord au vent. Par cette évolution, le comte » de Guichen était destiné, avec son escadre, à couper » chemin aux ennemis, en serrant les côtes d'Angleterre » pour ôter à l'armée britannique la ressource de ses ports. » Le vaisseau *la Bretagne*, à la tête de l'escadre blanche, » mit en panne bâbord au vent, et donna différens ordres » aux frégates et au lougre *le Chasseur*, qu'on envoya sur-

sans recevoir aucun rafraîchissement , il se
développa parmi eux une maladie contagieuse
qui emporta plus de cinq mille hommes , et qui
la mit dans l'impuissance de reparaître en
mer le reste de l'année. De retour à Brest ,

» le-champ reconnaître la position de l'armée ennemie ,
» pour être instruit à chaque instant, par les signaux de ces
» bâtimens , de tous les mouvemens des Anglais. Par la po-
» sition de l'escadre blanche, destinée à faire le corps de
» bataille de l'armée combinée, cette escadre restait libre
» de suivre, sans aucune perte de temps, celle des deux
» escadres qui, selon la circonstance, ferait l'avant-garde
» de l'armée combinée, tribord ou bâbord ; en sorte que
» la ligne ne pouvait pas manquer de se déployer avec toute
» la vitesse dont une armée combinée peut être susceptible.
» Dès que l'amiral anglais s'aperçut que le comte de Gui-
» chen se glissait avec son escadre vers les côtes d'Angle-
» terre, il fit revirer son armée avec précipitation, et prit
» chasse à toutes voiles. L'escadre légère de l'armée com-
» binée eut ordre de chasser. On fit également signal à
» toute l'armée de poursuivre les ennemis, et en même
» temps au vaisseau de tête de la ligne de bataille, de di-
» riger sa route de manière à couper en avant du chef de
» file de l'armée anglaise. Malheureusement la poursuite
» fut vaine, quoiqu'on eût chassé les Anglais jusqu'à l'ou-
» verture de la baie de Plymouth, par la raison qu'une

le comte d'Orvilliers quitta pour toujours le commandement et le service ; son extrême sensibilité n'avait pu soutenir l'injustice des reproches que le ministre de la marine lui avait adressés de n'avoir pas intercepté [1] les con-

» armée ne gagne pas quatre ou cinq lieues dans un seul » jour sur une autre armée qui fuit à toutes voiles (on n'a » jamais vu, de dessus les gaillards du vaisseau *la Bretagne*, » que les huniers des vaisseaux anglais les plus rapprochés, » et cependant *la Bretagne* était à la tête de la colonne du » centre et l'horizon très étendu), surtout avec des vents » faibles et variables, à l'avantage des fuyards, qui leur » ouvrent un port sûr, en laissant sous le vent l'armée qui » poursuit. Les Anglais conservèrent assez d'ensemble dans » leur retraite; et les vents, en se refusant à leur première » route, les placèrent nécessairement en échiquier et dans » le meilleur ordre de défense contre les détachemens de » l'armée combinée, dans le cas où ils auraient pu attein- » dre leur arrière-garde. Le 1er septembre, au point du » jour, on aperçut l'armée ennemie à sept ou huit lieues au » vent de l'armée combinée, et dès lors à portée d'entrer » dans la baie de Plymouth, toujours observée et suivie » par les frégates *la Concorde*, *la Gloire*, et plusieurs au- » tres, les vents alors à l'est du monde, se refusant de plus » en plus à notre poursuite. »

[1] Le 31 juillet 1779, le convoi des îles du Vent était

vois de la Jamaïque et des îles du Vent, et de ne s'être pas servi des grands moyens qu'il avait en son pouvoir pour anéantir la flotte anglaise le jour qu'il la poursuivit dans la Manche.

Si ce général éprouva quelque consolation, ce fut cette satisfaction si douce pour l'homme vertueux d'emporter dans sa retraite l'estime, la considération et les regrets sincères des marins des deux nations qu'il avait commandés [1].

devant Plymouth, et les navires de la flotte marchande de la Jamaïque, destinés pour Londres, mouillèrent, le 8 août, à l'île de Wight. (*Voyez tous les journaux à cette date.*) Était-on fondé à reprocher au comte d'Orvilliers, qui ne parut que le 6 août, à douze lieues dans l'ouest d'Ouessant, de n'avoir pas intercepté ces convois? Pouvait-il dans le même temps opérer sa jonction avec les Espagnols sur l'île de Cizarga, et croiser à l'entrée de la Manche?

[1] L'amiral espagnol, Don Louis de Cordova, qui, quoique plus ancien que le comte d'Orvilliers, avait fait cette campagne sous ses ordres, dit hautement qu'il n'avait jamais vu de manœuvres aussi savantes que celles qu'il avait exécutées sous le commandement de l'amiral français.

L'amiral Keppel, lors de son jugement, dit en présence de la chambre des communes, que la journée d'Ouessant lui avait appris quelque chose de nouveau. (*Voyez la séance de la chambre des communes, du 2 décembre 1778.*)

Il fallut donc se borner à faire éclairer les mouvemens des Anglais par quelques vaisseaux de
guerre qu'on fit sortir alternativement de Brest.
Ce fut durant une de ces croisières momentanées
que la frégate *la Surveillante*, de vingt-six canons
de douze en batterie, et le cutter *l'Expédition*,
commandés par le chevalier Du Couedic et le
vicomte de Roquefeuil, firent la rencontre de la
frégate anglaise *le Quebec* et du cutter *le Rambler*.
Il s'ensuivit un combat d'autant plus acharné
que les forces étaient égales des deux côtés.

Dès que ces vaisseaux de guerre furent à la
portée du canon, ils engagèrent, le 7 octobre,
l'action bord à bord; et leur feu se soutint
avec une grande vivacité durant deux heures et
demie. Démâtées de tous leurs mâts presque au
même instant, les deux frégates continuèrent
le combat avec la même chaleur et la même intrépidité, jusqu'au moment où tout le gaillard
du *Quebec* parut en feu. Alors le commandant
de la frégate française, que trois blessures dan-
gereuses n'avaient pu contraindre à quitter son
poste, manœuvra pour s'éloigner du bâtiment
embrasé, et pour ne plus s'occuper que des

moyens de sauver les malheureux Anglais qui
se précipitaient en foule dans la mer. Ses soins
ne furent pas inutiles. Il eut le bonheur d'en
retirer quarante-trois , que le gouvernement
français renvoya aussitôt en Angleterre , ne
croyant pas devoir retenir prisonniers de guerre
des hommes qui avaient échappé, dans un même
jour , au feu du canon, à l'explosion de leur
vaisseau et aux abîmes de la mer. Pour *le
Quebec* , il sauta et disparut avec son brave
capitaine Farmer. *La Surveillante* fut vaillamment secondée par le cutter *l'Expédition*, qui,
quoiqu'il combattît avec avantage [1] le cutter *le

[1] « Le cutter français s'éloigna de nous. Nous n'avions
» pas eu le bonheur de lui abattre rien d'essentiel. *Le
» Rambler* au contraire , ayant son mât de hune percé, ses
» drisses de hunier, ses manœuvres dormantes et courantes
» coupées, et sa grande voile en lambeaux , se trouvait hors
» d'état de suivre le cutter ennemi, avec espoir de le join-
» dre. » (*Extrait mot à mot de la lettre du commandant du
Rambler à l'amirauté, datée de Spithead le 9 octobre* 1779.)

Entre autres actions particulières qui eurent lieu durant
les années 1778 et 1779, nous avons cru devoir faire mention des quatre suivantes :

1° Le 22 août 1778 , la frégate française *la Concorde*,

Rambler, l'abandonna pour venir la reprendre à la remorque. En récompense de sa belle défense, le chevalier Du Couedic fut élevé au grade de capitaine de vaisseau. Mais cet intrépide officier n'en jouit pas long-temps ; il mourut des suites de ses blessures le 9 janvier de l'année suivante, emportant avec lui au tombeau l'estime et l'amitié de la marine, et les regrets de tous les Français.

Les calmes et les vents contraires avaient préservé la Grande-Bretagne de l'invasion dont elle était menacée. Les forces navales des deux puissances belligérantes n'éprouvèrent pas les

de vingt-six canons de douze en batterie, commandée par le lieutenant de vaisseau de Tilly, s'empara, après un combat de deux heures, à la hauteur du vieux Cap-Français, de la frégate anglaise *la Minerva*, de force absolument égale.

2° Le 31 janvier 1779, la frégate française *l'Oiseau*, de vingt-six canons de huit en batterie, commandée par le lieutenant de vaisseau de Tarade, fut prise après avoir soutenu un combat très vif, durant trois heures, contre la frégate anglaise *l'Apollon*, armée de vingt-six canons de douze en batterie. La défense valeureuse du commandant français, qui reçut deux blessures, donna le

mêmes obstacles aux Antilles ; et les succès que l'Angleterre obtint d'abord furent suivis de revers. Tandis que le comte d'Estaing, après avoir réparé son escadre comme il l'avait pu, remettait à la voile, le 4 novembre, de Boston pour les Antilles, cinq vaisseaux de ligne, une frégate et cinquante-neuf transports anglais étaient partis le 3 novembre de Sandy-Hook pour aller porter à la Barbade cinq mille hommes de trou-

temps au convoi qu'il escortait d'entrer sain et sauf à Saint-Malo.

3° Le 15 août de la même année, *le Sprightly*, corsaire armé de seize canons et de douze pierriers, fut pris à l'abordage dans l'ouest d'Ouessant, par des chaloupes et canots de la frégate française *l'Atalante* et de la corvette espagnole *la Sancta-Catalina*, aux ordres de MM. Bernardin-Girard, lieutenant de vaisseau, de Saint-Georges, enseigne, et de Don Francisco Yepez, lieutenant de frégate.

4° Le 11 septembre 1778, la frégate anglaise *le Fox*, de vingt-six canons de huit en batterie, capitaine Windsor, ne se rendit à la frégate française *la Junon*, de vingt-six canons de douze en batterie, commandée par le vicomte de Beaumont, qu'après avoir fait la plus honorable défense.

pes réglées, destinés à renforcer les garnisons des îles britanniques du Vent. Peu s'en fallut que cette flotte ne tombât au pouvoir des Français [1]. Leurs vaisseaux, qu'un furieux coup de vent avait séparés, et qui ne s'étaient ralliés qu'au nombre de six, savoir, *le Languedoc, le César, le Guerrier, le Protecteur, le Vaillant* et *le Sagittaire*, l'approchèrent de si près durant sa traversée, qu'ils s'emparèrent, le 28 novembre, de trois bâtimens qui s'en étaient séparés dans l'intervalle de minuit au jour. Le comte d'Estaing, fermement persuadé qu'elle se rendait à Antigues, fit porter sur cette île, dans le dessein de l'intercepter à son atterrage. Mais après l'avoir inutilement attendue durant trois jours dans ces parages, il jugea qu'elle avait tenu une autre route [2], et il remonta à la Martinique.

[1] Voyez la lettre du général Grant au lord Germain, du 31 décembre 1778.

[2] Si l'escadre française avait dirigé sa route sur la Barbade, non seulement la perte des cinq vaisseaux de ligne anglais, dont trois ne portaient que cinquante canons, ou la prise de la plus grande partie de leur convoi, étaient

Son premier soin, après son arrivée, le 6 décembre, fut de rassembler le plus de troupes qu'il lui fut possible. Au moment où il se préparait à aller attaquer, avec six mille hommes, les possessions britanniques, il apprit, le 14, que les Anglais l'avaient prévenu en débarquant le 12 quatre mille hommes dans l'île de Sainte-Lucie, sous la protection de sept vaisseaux de ligne. L'amiral français ne pouvait désirer un évènement plus favorable. Il réunis-

inévitables : alors Sainte-Lucie était sauvée, et les possessions anglaises du Vent, dépourvues de toute garnison, ne pouvaient opposer aucune résistance. D'après les journaux des trois navires pris, il était à présumer que la flotte anglaise irait atterrer à la Barbade, et non à Antigues.

1° La veille de la prise de ces bâtimens, le vent étant à l'est-sud-est, loin de courir au sud, elle avait reviré au nord-est, Antigues lui restant au sud-ouest. Elle n'avait pourtant qu'à courir au sud-sud-ouest pour se mettre en latitude à soixante lieues de cette île. Puisqu'elle préférait perdre de sa route en allant au nord-est, plutôt que de courir même au sud, c'était une preuve qu'elle craignait de tomber sous le vent de son objet; que son point d'arrivée était l'île anglaise la plus au

sait alors la supériorité des forces et par mer et par terre; aussi mit-il en mer à l'instant pour aller au secours de cette île. Mais son départ, le 14, en plein jour, avertit les Anglais de son approche [1]. A portée alors de bien reconnaître les forces navales des Français, l'amiral Barrington s'embossa, durant la nuit, dans l'anse du grand Cul-de-Sac, sous la protection d'une batterie qu'il fit élever sur la pointe du morne le plus proche, et plaça tous ses transports derrière ses vaisseaux

vent. Or c'était la Barbade, restant au sud-quart-sud-ouest.

2° La Barbade, par sa position au vent, domine toutes les autres îles. La flotte, en atterrant à Antigues, ne pouvait remonter que très difficilement à la Barbade, d'où, au contraire, après y avoir jeté l'ancre, elle se distribuait en autant de portions qu'elle avait de garnisons à renforcer.

3° En courant au sud-quart-sud-est durant vingt-quatre heures tout au plus, ou l'escadre française rencontrait le convoi, ou elle s'assurait, en ne le rencontrant pas, que sa destination n'était pas pour la Barbade; et alors, se trouvant en latitude d'Antigues, elle n'avait qu'à courir vent arrière, et le lendemain elle joignait ce convoi avant qu'il atterrât sur cette île.

[1] Les précautions que les Français avaient prises à la

de guerre¹. Au moyen de ces dispositions, qui furent aussi promptes que judicieuses, et qui lui donnaient les plus grands droits à la reconnaissance de sa patrie, il n'eut pas de peine à rendre sans effet l'attaque de l'escadre française, qui d'ailleurs ne se prolongea, le 15, qu'à la grande portée du canon, et par conséquent sans lui causer aucun dommage.

Il restait aux Français la ressource d'une attaque par terre. Leur général la mit en usage en débarquant les troupes qu'il avait amenées, et en les faisant marcher, le 18, sur trois colonnes

Martinique pour surprendre les Anglais, tournèrent contre eux. A l'arrivée des premiers vaisseaux de l'escadre du comte d'Estaing, il fut mis un embargo général sur tous les bâtimens, pour empêcher que les Anglais n'en eussent connaissance. Le comte d'Estaing ne l'ayant pas levé après son entrée dans le Fort-Royal, il s'ensuivit 1° que l'amiral Barrington, ne soupçonnant point d'escadre française à la Martinique, vint avec confiance attaquer Sainte-Lucie; 2° que les Français ne purent être informés de son approche, parcequ'ils n'avaient aucune frégate en croisière au vent.

¹ Voyez la lettre de l'amiral Barrington, du 23 décembre 1778.

par trois sentiers différens, afin qu'elles attaquassent séparément les ennemis. Mais, soit qu'elles se fussent égarées après que leurs guides eurent pris la fuite, soit que la position des retranchemens anglais n'eût pas été bien reconnue, elles débouchèrent toutes au même point et sous le feu de l'artillerie ennemie. Elles furent alors foudroyées d'une manière si terrible, qu'elles tombèrent bientôt dans le plus grand désordre et se retirèrent précipitamment au travers des bois. Cette attaque fut d'autant plus meurtrière pour les Français, que les batteries du morne Fortuné, que le gouverneur de l'île avait abandonnées sans avoir eu la précaution de les faire enclouer auparavant, firent le plus grand ravage dans leurs rangs. Forcé à la retraite, le comte d'Estaing reprit sa croisière devant les vaisseaux anglais, sans chercher à profiter de la supériorité de ses forces navales pour attaquer les îles de Saint-Vincent ou de la Grenade; et peu de jours après il fit rembarquer, dans la nuit du 29, ses troupes, et revint au Fort-Royal de la Martinique. Le gouverneur français capitula le lendemain de son départ; et sa garnison,

composée de cent hommes, fut faite prisonnière
de guerre[1]. Ainsi tomba au pouvoir des Anglais
l'île de Sainte-Lucie, qu'une plus forte garnison
aurait mise à l'abri de toute surprise. Les dépenses
qu'ils firent pour la conserver durant la guerre,
en y entretenant sans cesse un nombreux corps
de troupes, malgré l'insalubrité de son climat
qui leur dévora un nombre prodigieux d'hommes,
apprirent à la France à connaître l'importance
de sa position. Elle devint leur place d'armes et
le point de réunion de toutes leurs forces navales
aux Antilles. Cette conquête les mit à proximité
pour surveiller sans danger tous les mouvemens des Français dans la baie du Fort-Royal
de la Martinique et intercepter les renforts et
les convois qui viendraient dans la suite attérir
sur cette île par le canal de Sainte-Lucie.

Peu de jours après la retraite du comte d'Estaing, l'amiral Byron vint mouiller à Sainte-
Lucie avec neuf vaisseaux de ligne. Alors ces
deux amiraux, réduits à l'inaction, l'un parceque ses forces navales étaient trop inférieu-

[1] Voyez la relation publiée en France, le 26 février 1779.

res, l'autre parcequ'il n'avait pas un corps de troupes assez considérable pour entreprendre, avec espoir de succès, l'attaque de quelqu'une des possessions françaises, s'observèrent respectivement durant cinq mois.

———◆◆◆——··

CHAPITRE V.

Prise de Saint-Vincent par les Français. — Le comte d'Estaing
s'empare de la Grenade. — Arrivée de l'amiral Byron au secours de cette île. — Combat naval de la Grenade. — Pertes
des Français en hommes. — Départ du comte d'Estaing pour
Saint-Domingue. — Prise de Savannah par les Anglais. — Arrivée du comte d'Estaing en Géorgie. — Il assiége Savannah.
— Il est repoussé dans un assaut. — Il se rembarque. —
Alarmes des Anglais à New-York. — Conduite du général
Washington. — Ravages des Anglais en Amérique. — Fermeté
inébranlable des Américains. — La levée du siége de Savannah, annoncée en Angleterre au bruit du canon. — Les Anglais perdent leurs principaux établissemens à la côte d'A-
frique.

Les Français reprirent les premiers l'offensive. Prompt à saisir l'instant de l'éloignement
de l'escadre anglaise, qui avait fait voile de
Sainte-Lucie pour aller rassembler à Saint-
Christophe les bâtimens marchands des Antilles
britanniques, et les escorter jusqu'à une certaine
hauteur, le comte d'Estaing confia au chevalier

Du Rumain, lieutenant de vaisseau, l'attaque de
Saint-Vincent, avec cinq bâtimens armés et trois
cents hommes de troupes réglées et de milices.
L'évènement justifia complètement le choix de
l'amiral français. Le chevalier Du Rumain ne se
laissa décourager ni par les obstacles que lui opposèrent les courans qui lui firent d'abord manquer son atterrage, ni par la perte d'un de ses
bâtimens qui portait quatre-vingts hommes[1].
Dès que ce jeune marin eut remonté au nord et
au vent de la Martinique et de Sainte-Lucie, il
retourna débarquer sa petite troupe à Saint-
Vincent, et s'empara, l'épée à la main, des
hauteurs qui dominent Kingstown : de là, sans
donner aux Anglais le temps de revenir de
leur surprise, il marcha droit au Fort. Le gouverneur, déconcerté par une attaque aussi brus-
que, et voyant d'ailleurs six cents Caraïbes
descendre du haut des mornes pour se joindre
aux Français, entra à l'instant en pourparler.
L'ardeur et le zèle du chevalier Du Rumain ne
lui permirent pas de régler lui-même les articles

---

[1] Voyez la relation publiée en France, le 17 août 1779.

de la capitulation. A la nouvelle de l'apparition de trois bâtimens, cet intrépide officier coupe aussitôt ses câbles, se met à leur poursuite, en prend deux, et revient peu d'heures après recevoir la reddition de la garnison anglaise et la soumission des habitans. Ainsi fut reprise l'île de Saint-Vincent.

La conquête de cette île ne tarda pas à être suivie d'une autre beaucoup plus importante, de celle de la Grenade. Le comte d'Estaing ne pouvait guère l'entreprendre qu'avec des forces navales supérieures. La réunion qui eut lieu le 27 juin, de l'escadre du chevalier de La Motte-Piquet aux dix-neuf vaisseaux commandés par le comte d'Estaing, mit bientôt cet amiral à portée d'exécuter ses projets. Il appareilla le 30, du Fort-Royal de la Martinique, et alla débarquer, le 2 juillet, quinze cents hommes à la Grenade sans rencontrer la moindre opposition. Après avoir reconnu la position du morne de l'hôpital, il ne perdit pas un moment. Il marche lui-même à la tête des grenadiers pour en former l'attaque, s'élance, la nuit du 3 au 4, un des premiers dans les retranchemens anglais, se porte avec rapidité au sommet du morne, et s'en empare l'épée à la main[1]. Il y trouva quatre pièces de canons de 24, dont il en fit tourner une, au point du jour, contre le Fort, dans lequel s'était retiré le gouverneur. Ainsi menacé d'être foudroyé à chaque instant par une artillerie qui dominait le lieu de sa retraite, le lord Macartney fut obligé, deux heures après, de se rendre à discrétion. La garnison de l'île était composée de sept cents hommes, tant troupes réglées que volontaires et matelots. Les Français s'emparèrent aussi de trente bâtimens marchands, dont plusieurs avaient leur chargement complet.

Le seul moyen de se rendre maître de la Grenade avait été d'en brusquer l'attaque. Un siége en règle du morne de l'hôpital aurait donné aux Anglais le temps d'arriver à son secours; et les troupes qu'ils auraient débarquées auraient pu rendre la retraite du comte d'Estaing d'autant plus difficile, qu'il n'avait pas mis à terre une seule pièce d'artillerie pour la protéger en cas

[1] Voyez la relation française de la prise de la Grenade, imprimée au fort Saint-Georges.

de besoin. Ce général l'avait bien senti. Aussi, sans laisser au gouverneur de la Grenade le temps de se reconnaître, il avait profité de l'ardeur de ses troupes pour tenter ce coup de main. Ce parti fut bientôt reconnu le meilleur. Dès le lendemain, pendant qu'il était à terre occupé à faire désarmer les habitans et à indiquer lui-même l'emplacement des nouvelles batteries qu'il avait ordonné de construire, il reçut l'avis de l'approche de l'armée navale anglaise. Le vent, qui soufflait de l'est et de l'est-nord-est, ne lui permettant pas de sortir à sa rencontre, il rappela au mouillage ceux de ses vaisseaux que la mauvaise qualité du fond de l'anse Molenier avait fait dérader et s'étendre jusque dans la baie pour y trouver une meilleure tenue. En même temps il envoya quelques frégates croiser au vent de son armée. A la vue de celle des ennemis, il fit signal, le 6 à la pointe du jour, à une partie de ses vaisseaux, qui n'avaient point encore appareillé, de couper leurs câbles et de se former en ligne, l'amure à tribord, sans avoir égard ni à leurs postes ni à leurs rangs. L'armée anglaise, qui avait l'avantage du vent, s'ap-

prochait alors, toutes voiles dehors, dans l'ordre
de bataille suivant :

AVANT-GARDE.

	Canons.	Capitaines.
Le Suffolk.	74	Rowley.
Le Boyne.	70	Sawyer.
Le Royal-Oack..	74	Fitz-Herbert.
LE PRINCE DE GALLES.	74	Barrington, *vice-amiral.* / Hill, *capitaine de pavillon.*
Le Magnificent.	74	Elphinston.
Le Trident..	64	Molloy.
Le Medway.	60	Philip Affleck.

CORPS DE BATAILLE.

Le Fame.	74	Butchart.
Le Non-Such	64	Griffith.
Le Sultan.	74	Gardner.
LA PRINCESSE ROYALE.	90	Byron, *amiral.* / Blair, *capitaine de pavillon.*
L'Albion.	74	Bowier.
Le Stirling-Castle.	64	Carkett.
L'Elisabeth..	74	Truscott.

ARRIÈRE-GARDE.

L'Yarmouth. . , ...	64	Bateman.
Le Lion.	64	Cornwallis.
Le Vigilant.	64	Digby-Dent.
LE CONQUEROR.	74	Hyde Parker, *contre-amiral.* / Hamnond, *capitaine de pavillon*

SUITE DE L'ARRIÈRE-GARDE.

	Canons.	Capitaines.
Le Cornwal.	74	Elwards.
Le Montmouth.	64	Fanshaw.
Le Graflon.	74	Collingwood.

L'armée française qui courait à bord opposé, était ainsi formée :

AVANT-GARDE.

Tués.	Blessés		Canons.	Capitaines.
11	36	Le Zélé	74	Le comte de Barras.
19	43	Le Fantasque	64	Le commandeur de Suffren.
9	34	Le Magnifique. . . .	74	Le chevalier de Brach.
2	10	Le Tonnant	80	Le cte de Breugnon, *command.* De Bruyères, *cap. de pavillon.*
1	14	Le Protecteur	74	De Grasse-Limermont.
2	10	Le Fier	50	De Turpin.
5	20	Le Dauphin-Royal. .	70	De Mithon.
6	19	La Provence	64	De Champorcin.

CORPS DE BATAILLE.

Tués.	Blessés		Canons.	Capitaines.
3	64	Le Fendant	74	Le marquis de Vaudreuil.
		L'Artésien.	64	De Peynier.
2	23	Le Fier-Rodrigue . .	50	De Montaut.
5	24	L'Hector	74	De Morriès.
10	54	Le Languedoc. . . .	80	Le comte d'Estaing, *généra l.* De Boulainvilliers, *cap. de pau.* Le chevalier de Borda, *major.*
5	45	Le Robuste	74	Le comte de Grasse.
1	14	Le Vaillant.	64	Le marquis de Chabert.
3	23	Le Sagittaire.	50	D'Albert de Rions.
1	18	Le Guerrier	74	De Bougainville.

ARRIÈRE-GARDE.

Tués.	Blessés		Canons.	Capitaines.
9	50	Le Sphinx	74	De Soulanges.
13	41	Le Diadème	70	Le commandeur de Dampierre.
4	35	L'Amphion.	50	Ferron Du Quengo.
	4	Le Marseillais	74	La Poype-Vertrieux.
19	64	Le César	74	De Broves, *commandant.* / De Castellet. *cap. de pavillon.*
9	37	Le Vengeur	64	Le chevalier de Retz.
6	50	Le Réfléchi	64	De Cillart de Suville.
31	41	L'Annibal	74	De La Motte-Piquet.

Il n'y eut d'abord que quinze vaisseaux français qui purent prendre part au combat, à sept heures et demie du matin, les courans ayant fait tomber les autres sous le vent. Cependant l'armée anglaise, sans cesser de combattre, continuait de courir avec confiance vers la baie de Saint-Georges, dans l'espoir d'arriver encore assez à temps pour secourir efficacement l'île de la Grenade. Mais à la vue du feu des forts sur son chef de file, l'amiral Byron, convaincu que cette île n'était plus au pouvoir des Anglais, fit revirer son armée vent arrière, et mit au même bord que les Français[1]. Le combat continua avec la plus grande vivacité jusqu'à midi un quart:

[1] Voyez la lettre de l'amiral Byron, du 8 juillet 1779.

alors il cessa, parceque l'armée anglaise forçait toujours de voiles et serrait le vent pour rejoindre son convoi, tandis que l'amiral français arrivait insensiblement pour rallier ses vaisseaux sous le vent[1]. Lorsque l'armée française fut bien formée en ligne[2], le comte d'Estaing la fit revirer vent devant, toute à la fois, à deux heures trois quarts. L'objet de cette évolution était de couper *le Grafton*, *le Cornwall* et *le Lion*, vaisseaux de l'arrière-garde anglaise qui semblaient fort désemparés, et qui se trouvaient à une grande distance en arrière et plus sous le vent. Mais l'amiral anglais ayant fait, peu de temps après, la même évolution, le comte d'Estaing fit reformer son armée en ligne sur son

---

[1] Voyez la relation du combat naval de la Grenade, imprimée au fort Saint-Georges.

[2] *Le Guerrier*, *le Vaillant*, *l'Amphion* et *le Fier-Rodrigue*, ne combattirent pas au poste qui leur était assigné dans la ligne de bataille qu'on a donnée ci-dessus ; et au commencement du combat, *l'Annibal*, *le Réfléchi*, *le Vengeur*, *le César*, *le Marseillais* et *le Diadème*, se trouvèrent sous le vent de la ligne. Mais ces vaisseaux se formèrent dans les eaux du *Sphinx*.

vaisseau de queue. Alors *le Grafton* et *le Cornwall* ne purent rejoindre leur escadre qu'en passant au vent de la ligne française; ils essuyèrent le feu de tout son corps de bataille. Pour *le Lion*, qui était extraordinairement dégréé et absolument coupé, il fit vent arrière, et alla se réfugier à la Jamaïque dans l'état d'un vaisseau naufragé [1]. L'amiral français aurait pu le faire poursuivre et s'en emparer aisément, puisque l'armée anglaise ne fit aucun mouvement pour le secourir. L'inconvénient d'une séparation, la crainte de tomber sous le vent de la Grenade, l'empêchèrent de profiter de son avantage. Les dommages considérables que les autres vaisseaux anglais, *le Prince de Galles*, *le Boyne*, *le Sultan*, *le Grafton*, *le Cornwall*, *le Monmouth*, *le Fame*, *le Suffolk*, avaient reçus dans leurs mâts, leurs voiles et leurs agrès, et la certitude de la prise de la Grenade, déterminèrent l'amiral Byron à la retraite [2]. Il la fit sans être inquiété par les Français, qui

[1] Voyez la lettre de l'amiral Peter Parker, datée de la Jamaïque, le 26 juillet 1779.

[2] Voyez la lettre de l'amiral Byron, du 8 juillet 1779.

ne lui enlevèrent qu'un seul bâtiment de transport. Le lendemain de cette journée, le comte
d'Estaing vint jeter l'ancre dans la rade de Saint-
Georges, aux acclamations des soldats et des habitans français qui avaient été spectateurs de l'action, du haut des mornes. Telle fut l'issue du combat naval de la Grenade. Les Français y perdirent
MM. de Champorcin et Ferron Du Quengo, capitaines de vaisseau; de Montaut, commandant
le Fier-Rodrigue; de Gotho, chevalier de Gotho,
de Marguery, Jacquelot, de Campredon, lieuce-
nans; Buisson, officier auxiliaire; Bernard de
la Turmelière et Tuffin de Ducis, gardes de la
marine; de Frémond et de Clairand, officiers
d'infanterie; et cent soixante-seize matelots ou
soldats. Ils comptèrent parmi les blessés MM. de
Dampierre, chevalier de Retz, de Cillart de Suville, de Castellet, capitaines de vaisseau; Le Nor-
mand de Victot, Massillian de Sanilhac, Des-
glaireaux, de Vassal, de Carné-Carnavalet, lieutenans; Scortierna, officier suédois; de Bonlou-
vard, de Barentin, de La Martinière, Le Roy,
Frossard et Jugan, officiers auxiliaires; de Rey-
niès et de Biarges, gardes de la marine; le

comte Édouard Dillon, le chevalier de Lameth, de Peyrelongue, Pluquet, Raffin et le vicomte de Mory, officiers d'infanterie; et sept cent soixante-quinze matelots ou soldats.

L'armée française ne resta au mouillage dans la baie de Saint-Georges que le temps nécessaire pour réparer ses dommages. Dès que le comte d'Estaing put reprendre la mer, il alla se présenter devant l'île de Saint-Christophe, et offrir le combat, le 22 juillet, à l'amiral Byron, alors embossé dans la rade de Basse-Terre. Mais au lieu de l'accepter, l'armée anglaise conserva immuablement la position redoutable qu'elle avait prise. Alors l'amiral français continua sa route vers Saint-Domingue avec les bâtimens marchands des îles du Vent. Après son arrivée, il les réunit à ceux de cette colonie, et n'en forma qu'un seul convoi[1] auquel il donna pour escorte

---

[1] Ce convoi fut dispersé par une tempête effroyable, le 17 septembre suivant, et éprouva les plus grands malheurs. Plusieurs bâtimens naufragèrent corps et biens; et un nombre considérable fut pris aux atterrages en Europe, ou dans leur retour aux Antilles, ou en se réfugiant à Boston. Il est bien à désirer que le gouvernement français,

deux vaisseaux de ligne et trois frégates. Lorsqu'il l'eut débouqué, le 16 août, il prit sur lui[1] de faire voile avec le reste de son armée vers les parages de la Géorgie.

Dès la fin de l'année précédente, le 26 dé-

lors de la première guerre maritime, imite l'amirauté de la Grande-Bretagne, qui a ordonné, en 1782, que tous les convois partiront désormais des Antilles, en temps de guerre, avant les premiers jours d'août; afin de ne pas se trouver sur le banc de Terre-Neuve dans la saison des équinoxes.

[1] Suivant les instructions, en date du 27 mars 1779, remises au gouverneur général des îles du Vent, à la fin du mois de juin suivant, par le chevalier de La Motte-Piquet, l'amiral français avait ordre, 1° de détacher sans différer trois vaisseaux de ligne et deux frégates sous les ordres du chevalier de La Motte-Piquet, pour aller prendre la station de Saint-Domingue; 2° de laisser durant l'hivernage à la Martinique huit vaisseaux de ligne, sept frégates, trois corvettes et un cutter, sous le commandement du comte de Grasse, pour agir de concert avec le marquis de Bouillé; 3° de faire, sans perdre de temps, son retour en Europe par Saint-Domingue avec les douze vaisseaux de ligne et les quatre frégates qui composaient son escadre, lors de son départ de Toulon, et avec tous les bâtimens marchands qui seraient prêts à revenir en France.

cembre 1778, un corps de troupes anglaises avait pris possession de Savannah, tandis qu'un autre corps pénétrait dans la Géorgie du côté de la Floride orientale. Toutes ces troupes s'étant réunies, le général Prévôt s'était mis à leur tête et avait marché, le 12 mai, vers Charles-Town [1]. Mais, informé que les renforts qui s'étaient jetés dans cette capitale de la Caroline méridionale la mettaient à l'abri d'un coup de main, et que le général américain Lincoln s'avançait pour lui couper la retraite, il se retira dans l'île Saint-John, afin de conserver ses communications avec la Géorgie, et il y séjourna durant les grandes chaleurs et la saison malsaine [2]. Il n'avait pas encore repris l'offensive au moment où l'armée navale française parut sur le continent.

Un coup de vent qu'elle essuya, le 2 septembre, à son mouillage, désempara la plupart de ses

[1] Voyez la lettre du lieutenant-colonel Campbell, du 16 janvier 1779.

[2] Lettre du général Prévôt, datée de l'île de Saint-John, le 10 juin 1779.

vaisseaux, brisa le gouvernail de cinq, et retarda le débarquement des troupes qu'elle avait à bord. Le comte d'Estaing ne put donc le commencer que quelques jours après, dans la nuit du 11 au 12. A l'apparition de forces aussi formidables, le général Prévôt ne se borna pas à replier sur-le-champ ses postes extérieurs; il détruisit encore la batterie qu'il avait établie sur l'île de Tibée, en fit enclouer les canons, emporta les munitions de guerre qui s'y trouvaient, et se retira à Savannah. A la nouvelle du débarquement des Français, il fit descendre à terre, le 13, l'artillerie de plusieurs vaisseaux de guerre qui s'étaient réfugiés dans la rivière, et en occupa les équipages à construire de nouveaux retranchemens et à mettre cette place en état de se défendre au moins quelque temps.

Dès que les Français eurent achevé leur débarquement, leur général alla, sans perdre un moment, se présenter devant Savannah, dont il somma, le 16, le gouverneur de se rendre. L'armistice de vingt-quatre heures qu'il lui accorda

---

¹ Voyez la relation française, du 7 janvier 1780.

sur sa demande, contribua beaucoup au salut de cette place. Le général Prévôt ayant
reçu, dans cet intervalle, un renfort d'environ mille hommes de vieilles troupes anglaises,
qui s'introduisirent, le 16 et le 17, dans cette
place en descendant la rivière sur des bateaux,
refusa aussitôt d'écouter toute proposition ultérieure, et ne témoigna plus d'autre résolution
que celle de se défendre jusqu'à la dernière extrémité[1]. Il fallut donc recourir à un siége en
règle. Le comte d'Estaing et le général américain
Lincoln qui l'avait joint, le 16, avec deux mille
hommes, le formèrent de concert, et ne furent
détournés de cette entreprise ni par le nombre
des assiégés, supérieur à celui des assiégeans[2];

---

[1] Voyez la lettre du général Prévôt, du 1ᵉʳ novembre 1779;
celle du général Lincoln au congrès, du 22 octobre de la
même année; et la relation française, du 7 janvier 1780.

[2] Suivant la relation de l'expédition de Savannah,
publiée en France le 7 janvier 1780, le nombre des assiégeans était de cinq mille cinq cent vingt-quatre hommes;
et les forces des assiégés consistaient dans trois mille qua-
tre-vingt-cinq hommes de troupes anglaises, quatre-vingts
sauvages Chiroquois, et quatre mille Nègres.

ni par le manque de chariots pourtr ansporter les canons, qui tous étaient montés sur des affûts de vaisseau; ni par le grand éloignement de l'armée navale dont il fallait tirer toutes les munitions de guerre nécessaires. Enfin les batteries de canons et de mortiers ouvrirent, le 4 octobre, leur feu, qu'elles continuèrent plusieurs jours de suite sans produire un grand effet.

Cependant l'armée navale, mouillée à l'embouchure de la rivière de Savannah, essuyait de temps en temps des coups de vent. Sa position, dans une saison aussi avancée, devenait chaque jour plus dangereuse. Ses vivres diminuaient, et il ne lui était guère possible de s'en procurer une quantité suffisante dans un pays dépourvu de munitions de bouche ' et presque

---

' Durant le siége de Savannah, *le Sagittaire* s'empara de *l'Experiment*, de cinquante canons; et la frégate *l'Amazone*, de la frégate anglaise *l'Ariel*, de vingt-six canons de neuf, qui opposa la plus vigoureuse résistance. *L'Iphigénie* et *la Cérès* prirent quatre bâtimens chargés de vivres, de draps, d'habits et de souliers. Enfin *le Lively* prit deux autres bâtimens anglais chargés de vivres. Ces

entièrement occupé par les Anglais. Dans l'alternative ou de lever immédiatement le siége et de
renoncer par conséquent à toute idée de conquête, ou de tenter de se rendre maître de la
capitale de la Géorgie par un assaut, le général
français préféra ce dernier parti[1]. Un chemin
creux et marécageux conduisait à couvert jusqu'à la distance d'environ cent cinquante pieds
des principaux retranchemens, et plus près encore dans quelques endroits. Ce fut ce côté que
le comte d'Estaing choisit pour diriger l'attaque
réelle et principale, qu'il conduisit lui-même, le
9 à quatre heures du matin. Elle fut très vigoureuse, et la résistance encore plus opiniâtre.
Les Américains ne cédèrent point en bravoure
aux Français. Ils plantèrent deux de leurs drapeaux sur les retranchemens des Anglais. Mais le
feu de l'artillerie des assiégés, qui prenait les as-
saillans dans presque toutes les directions, fut
si vif, qu'il les força à la retraite après avoir

cinq dernières prises furent de la plus grande ressource
pour l'armée navale et les troupes françaises.

[1] Voyez la lettre du général Prévôt, du 1ᵉʳ novembre
1779.

tué ou blessé environ sept cents Français[1] et quatre cents Américains. Le général Prévôt, satisfait de l'avantage qu'il venait de remporter, ne songea pas même à la troubler. Les Américains retournèrent dans la Caroline du sud, et les Français se rapprochèrent de leurs vaisseaux. Leur escadre ne put quitter ces parages ensemble et le même jour. Un coup de vent obligea leur général, embarqué sur *le Languedoc*, de mettre à la voile, le 28, avant d'avoir eu le temps de donner ses derniers ordres. Ainsi se termina l'expédition du comte d'Estaing en Géorgie. Cet amiral s'était d'autant moins attendu à la résistance des Anglais, qu'il avait notifié au général Lincoln; au moment de son apparition sur la côte, *qu'il ne pouvait rester à terre que huit jours seulement*[2]. Avant son arrivée, les Américains ignoraient ses projets d'attaque. Ils ne purent

---

[1] Les Français eurent au siége de Savannah quinze officiers tués et quarante-cinq blessés ; le comte d'Estaing, les vicomtes de Fontanges et de Béthisy, et le baron de Steding, colonel, furent du nombre des derniers.

[2] Expressions de la lettre du général Lincoln au congrès, datée du 22 octobre 1779.

douc que le seconder faiblement, n'ayant pas été avertis assez à temps pour rassembler les chevaux nécessaires au trait de l'artillerie et au transport des munitions de guerre et de bouche; en un mot, pour faire tous les préparatifs qui diminuent les obstacles et déterminent les succès.

Quoi qu'il en soit, l'apparition inattendue de l'armée navale française sur les côtes de la Géorgie en imposa aux Anglais, et suspendit, durant plusieurs mois, l'exécution de leurs projets offensifs contre les provinces méridionales. A New-York, le général Clinton, alarmé de son approche, ne se contenta pas de resserrer une partie des postes qu'il avait établis dans le New-Jersey; il fit évacuer, le 27 octobre, Rhode-Island avec tant de précipitation, que la garnison, oubliant de détruire les fortifications de New-Port, y laissa sa grosse artillerie et une grande quantité de munitions de guerre[1]. Les Américains, après en avoir repris possession, y arborèrent aussitôt le pavillon britannique. Cette ruse de guerre causa la perte de plusieurs bâtimens anglais, qui, ignorant

[1] Voyez la lettre du général Clinton, du 30 janvier 1780.

qu'elle eût été évacuée, vinrent y atterrer et furent pris par les Américains. De ce nombre fut
le navire armé *la Polly*, à bord duquel les Américains trouvèrent trois caisses remplies de papier monnoyé du Congrès, contrefait, quoique
non signé, pour une somme d'environ cinq
cent mille dollars ou deux millions sept cent
mille livres tournois. .

L'évacuation de Rhode-Island par les Anglais,
et la reprise, le 15 juillet, de Stony-Point sur
l'Hudson par les Américains, la baïonnette au
bout du fusil, poste qu'ils abandonnèrent après
en avoir démoli les fortifications, furent les évènemens les plus remarquables de cette campagne
dans les colonies du nord de l'Amérique. Le
général Washington se tint presque toujours
sur la défensive, sans chercher à repousser les
attaques des Anglais, qui n'en formaient que
contre les postes situés sur les bords de la mer
où des rivières navigables. Trop prudent pour
exposer légèrement son armée, le généralissime
américain savait qu'il ne pouvait la rendre offensive que lorsqu'il serait secondé par des
forces navales supérieures; et il ne se dissimu-

lait pas en même temps que les dépenses de la
guerre excédant de beaucoup les contributions
des treize provinces , les États-Unis étaient dans
l'impuissance de créer une marine assez redoutable pour protéger efficacement les entreprises qu'il
pourrait former contre les postes maritimes des
Anglais. La construction des vaisseaux de ligne
exige des chantiers , des magasins , des bassins ,
des arsenaux , des fonderies de canons , enfin des
fortifications pour défendre les ports qui leur
servent d'abri [1] ; or tous ces ouvrages sont le
fruit d'une longue paix. Ce n'est point au milieu
des horreurs d'une guerre civile qu'on doit entreprendre de les construire.

Le général anglais Clinton ne fut guère plus
entreprenant. Comme les gros détachemens de
troupes qu'il avait envoyés dans la Géorgie et
aux Indes occidentales , avaient beaucoup affai-

---

[1] Durant la dernière guerre , les États-Unis ne firent
construire qu'un seul vaisseau de ligne , *l'America*, de
soixante-quatorze canons , dont ils firent présent au roi de
France en 1782. Il fut armé avec l'artillerie du vaisseau
français *le Magnifique*, qui s'était brisé la même année
sur des roches dans la baie de Boston.

bli son corps d'armée, il borna ses opérations
militaires à deux incursions, l'une dans le New-
Jersey, l'autre dans le Connecticut. Le commodore
Collier causa un plus grand dommage aux Américains. Il porta d'abord le ravage dans la Virginie, où il détruisit, le 19 mai, un nombre
considérable de bâtimens et une grande quantité de munitions de guerre et de bouche. De là
il fit voiles vers le Connecticut, où il réduisit en
cendres, le 11 juillet, les villes de Fairfield, de
Norwalk et de Greenfield. Il termina son expédition par forcer une flottille américaine à se
brûler, le 14 août, dans la baie de Penobscot
sur les confins de la Nouvelle-Écosse et du New-
Hampshire. Au surplus tous ces ravages, tous
ces embrasemens, toutes ces dévastations que
les Anglais se permettaient impitoyablement
dans tous les endroits où ils mettaient pied à
terre, loin de rapprocher les Colonies de la mère-
patrie, ne faisaient qu'augmenter de plus en
plus leur animosité et leur ressentiment contre
elle [1]. Les Américains, révoltés des moyens

[1] Voyez l'arrêté du congrès au sujet des ravages des
Anglais en Virginie, du 24 mai 1779.

destructeurs qu'elle employait pour les soumettre, aimaient mieux abandonner leurs propriétés et se réfugier dans les bois, que de reconnaître l'autorité britannique. Peut-être la
postérité n'apprendra-t-elle pas sans étonnement
que toutes les fois que leurs suffrages ne furent
pas gênés par la présence des troupes anglaises,
aucun n'éleva la voix en faveur de la Grande-
Bretagne, aucun ne proposa la destitution de
ses représentans. S'il y eut diversité d'opinion
dans le congrès au sujet de quelques différends
entre les commandans militaires, on n'entendit
jamais aucun de ses membres se permettre une
expression qui annonçât le désir de rentrer sous
la domination britannique. Au contraire l'unanimité sur cet objet ne cessa pas un instant,
et l'on vit toujours les assemblées législatrices et tout le peuple en général déterminés
à la plus ferme résistance, tant était devenu
profond le sentiment de la haine des Colonies contre la Métropole! tant les dévastations
des campagnes, les incendies des villes, les meurtres de leurs habitans, avaient ulcéré le cœur
des Américains!

La nouvelle de la levée du siége de Savannah fut annoncée à la ville de Londres par une décharge générale des canons de la tour et du parc de Saint-James [1]. Le gouvernement britannique publia en même temps la prise de Saint-Fernando d'Omoa dans la baie d'Honduras. Mais cette place était déjà rentrée sous la domination de ses anciens maîtres au moment où la Grande-Bretagne en apprit la conquête [2]. Une fièvre pestilentielle et l'approche d'un corps considérable de troupes espagnoles déterminèrent les Anglais à l'évacuer le 19 novembre, quarante jours après s'en être emparés.

Ces faibles succès ne compensaient pas les revers que l'Angleterre avait essuyés durant cette campagne. Outre les îles de Saint-Vincent et de la Grenade, cette puissance avait encore perdu, dès le commencement de l'année, plusieurs établissemens considérables sur la côte d'Afrique. Le gouvernement français avait chargé

[1] C'était la première fois que cette artillerie servait à cet usage depuis le commencement de la guerre.

[2] Voyez la lettre de l'amiral Peter Parker, du mois de janvier 1780.

de cette expédition le marquis de Vaudreuil, capitaine de vaisseau¹. Ce commandant n'éprouva
aucune résistance dans l'attaque, le 30 janvier,
des forts et comptoirs anglais sur la rivière du
Sénégal, dont il prit possession après en avoir
fait la garnison prisonnière de guerre. Tandis
qu'il faisait route avec les vaisseaux de ligne le
Fendant et le *Sphinx*, pour renforcer l'armée
navale française stationnée alors aux îles du
Vent, le vicomte de Pontevès-Gien, devenu
commandant dans ces parages après son départ,
alla prendre et détruire, les 11 février et 14 mars,
les forts James et Bense dans les rivières de
Gambie et de Sierra-Léona, les établisse-

¹ L'escadre française employée à cette expédition était
composée des vaisseaux de guerre,

	Canons.	Capitaines.
Le Fendant	74	Le marquis de Vaudreuil. *comm.*
Le Sphinx.	64	De Soulanges.
La Résolue	26	Le vicomte de Pontevès-Gien, *lieu-tenant de vaisseau.*
La Nymphe	26	De Seineville, *idem.*
L'Épervier.	14	De Capellis, *idem.*
La Lunette.	12	De Chavagnac, *idem.*
Le Lively	14	Eyvriez, *lieutenant de port.*
Le Gerée	14	Alary. *lieutenant de frégate.*

mens anglais dans les îles de Loz, de Tasso, de Bobs et de Tombo, et le 24 mai le fort de Suc-condée sur la Côte-d'Or. Ces diverses expéditions, qui furent conduites avec autant d'intelligence que de zèle et d'activité, et dans lesquelles les Français n'eurent que six hommes tués et vingt-deux blessés, causèrent aux Anglais une perte de neuf bâtimens, dont les uns étaient armés en guerre et les autres employés à la traite des nègres, portèrent le plus grand dommage au commerce britannique dans ces parages, et durent faire soupçonner aux souverains du pays que le pavillon de la Grande-Bretagne ne dominait pas dans les mers d'Europe, puisque cette puissance n'avait stationné aucun vaisseau de guerre sur la côte d'Afrique, pour protéger ses forts et ses établissemens en cas d'attaque.

DEUXIÈME PARTIE.

DEUXIEME PARTIE.

1779 A 1781.

CHAPITRE I.

L'amiral Rodney chargé de ravitailler Gibraltar. — Il s'empare d'un convoi et d'un vaisseau de ligne espagnols. — Et de la plus grande partie de l'escadre de Don Langara. — Prise du vaisseau français *le Protée*. — Inquiétudes des Français en Europe. — Arrivée du comte de Guichen à la Martinique. — L'amiral Rodney le suit. — Manœuvres des escadres anglaise et française. — Combat naval sous la Dominique. — Suites de ce combat. — Les deux armées navales se rejoignent. — Combat partiel. — Troisième combat. — Perte des Français en hommes. — Arrivée d'une escadre espagnole à la Martinique. — Combat du chevalier de La Motte-Piquet dans la baie du Fort-Royal de la Martinique. — Son départ pour Saint-Domingue. — Il combat trois vaisseaux de guerre anglais à la hauteur de la Grange. — Départ de l'amiral Rodney pour New-York. — — Siége et prise de Charles-Town par les Anglais. — Suites de la prise de Charles-Town.

Durant la campagne de 1779, la Grande-Bretagne, contenue par les forces navales réunies

de la France et de l'Espagne, avait strictement
gardé la défensive en Europe. Cette puissance
la quitta à la fin de la même année; et les
succès qu'obtint l'escadre qu'elle envoya jeter
du secours dans Gibraltar, surpassèrent autant
ses espérances, qu'ils trompèrent l'attente de
toute l'Europe. Le roi d'Espagne, en faisant
remettre sa déclaration de guerre à la cour de
Londres, avait en même temps donné l'ordre
de former le blocus de cette place par terre et
par mer. Malgré la vigilance de l'amiral espagnol,
Don Barcelo, plusieurs petits bâtimens s'y
étaient introduits avec des munitions de guerre
et de bouche, à la faveur de la nuit et des vents.
Mais ces secours étaient insuffisans pour la préserver de la famine. Sa conservation importait
trop au commerce de l'Angleterre dans la Méditerranée, et à la réputation de ses armes, pour
que cette puissance négligeât les moyens de la
ravitailler. Elle confia cette mission à l'amiral
sir Georges Rodney. De grands obstacles semblaient devoir la rendre très périlleuse. Quinze
vaisseaux de ligne espagnols, sous les ordres
de Don Louis de Cordova, avaient fait voiles,

le 9 novembre, de Brest pour Cadix. Leur réunion avec les autres vaisseaux alors mouillés dans cette rade et dans celle de Carthagène, présentait un assemblage de forces navales capables de disputer avec avantage aux Anglais l'entrée du détroit. Mais assaillies, le 3 janvier, par un violent coup de vent durant leur croisière sur les caps Trafalgar et Spartel, et dans la saison la plus rude de l'année, les escadres espagnoles furent presque entièrement désemparées, et obligées de rentrer dans le port de Cadix pour s'y radouber.

Cependant l'amiral Rodney, sorti des ports d'Angleterre avec vingt-un vaisseaux de ligne et un nombreux convoi pour aller ravitailler Gibraltar, s'emparait, le 8 janvier, à la hauteur du Cap-Finistère, de vingt-une voiles espagnoles chargées de blé, de farine et d'autres provisions, et du vaisseau de ligne *le Guipuscoa*, de soixante-quatre canons, qui leur servait d'escorte[1]. Cette prise fut le prélude d'un grand succès. Une escadre de neuf vaisseaux de ligne de la même

---

[1] Voyez la lettre de l'amiral Rodney, à bord du *Sandwick*, le 9 janvier 1780.

12.

nation, sous les ordres de Don Juan Langara, croisait avec la plus grande sécurité à la hauteur du cap Sainte-Marie, lorsqu'après la disparition d'un brouillard épais, elle aperçut, le 16, à une heure trente minutes après midi, vingt voiles du haut des mâts. La prudence prescrivait à ce chef d'escadre de les faire à l'instant reconnaître par ses frégates, pour s'assurer si elles étaient des vaisseaux de guerre ou des bâtimens marchands. Mais au lieu de donner cet ordre, le seul convenable dans la circonstance, il fit à son escadre le signal de se former en ligne de bataille et de se préparer au combat; et il plaça sous le vent de sa ligne ses deux frégates avec les quatre prises qu'il avait précédemment faites. A trois heures après midi les voiles aperçues n'étant plus qu'à la distance de trois lieues, parurent ce qu'elles étaient, des vaisseaux de ligne anglais escortant un convoi. Il restait encore un moyen à mettre en usage: le vent était fort violent, la mer grosse, les jours courts et la côte périlleuse; il fallait donc prendre chasse sur-le-champ, toutes voiles dehors, pour s'éloigner de forces aussi considérables. L'amiral espagnol ne s'y détermina qu'après avoir consulté [1] par un signal les commandans des autres vaisseaux. Ce ne fut qu'alors seulement qu'il fit les signaux d'arriver au premier port en forçant de voiles. Il avait attendu trop long-temps à prendre cette résolution. L'escadre anglaise avait généralement une marche si supérieure aux vaisseaux espagnols, qu'il ne lui fallut

---

[1] Ce chef d'escadre, dans sa lettre au commandant de la marine de Cadix, datée de Gibraltar, le 22 janvier 1780, s'exprimait ainsi : « Découvrant du haut des mâts de mon » vaisseau (*le Phénix*), qui faisait l'avant-garde, vingt » voiles dans le nord-nord-ouest, je ne changeai pas ma » disposition, et je fis le signal de se former en ligne les » amures à tribord, et de se préparer au combat. Cette ligne » fut formée avec mes neuf vaisseaux, *le Phénix*, *le Saint-* » *Augustin*, *le Saint-Eugène*, *le Saint-Dominique*, *le* » *Saint-Laurent*, *le Saint-Julien*, *la Princessa*, *le Dili-* » *gent et le Monarca*. Je fis placer sous le vent à nous les » frégates *la Sainte-Cécile* et *la Sainte-Rosalie*, ainsi que » les quatre prises que j'avais précédemment faites. » Et plus bas, il ajoutait : « Cette supériorité d'ennemis me dé- » cida à profiter du temps pour connaître les sentimens » des autres commandans, en leur demandant par un signal » s'ils croyaient convenable d'arriver au premier port. Les » opinions se trouvèrent telles unanimement ; et je fis les » signaux d'arriver au premier port, en forçant de voiles. »

que deux heures pour les joindre et leur couper
la retraite dans le port de Cadix, en se mettant
sous le vent à eux. L'action s'étant alors engagée,
le Saint-Dominique, de soixante-dix canons et
six cents hommes d'équipage, sauta en l'air.
Peu s'en fallut que le vaisseau anglais qui com-
battait avec lui n'éprouvât le même sort. Les
deux escadres continuèrent de se canonner
avec un grand acharnement jusqu'à deux heures du matin. Les Espagnols se défendirent avec
beaucoup de courage et de résolution. L'amiral Rodney, après s'être emparé, dans la nuit
du 16 au 17, des vaisseaux *le Phénix*, de quatre-
vingts canons, *le Diligent*, *la Princessa*, *le Monarca*, *le Saint-Eugène*[1] et *le Saint-Julien*, de
soixante-dix canons, poursuivit sa route vers
Gibraltar[2].

---

[1] La nuit qui suivit cette prise fut si orageuse et la mer
si terrible, que les Anglais qui avaient amariné à la hâte
ces deux derniers vaisseaux, manquant de pilotes qui con-
nussent la côte d'Espagne, et sans cesse en danger de périr,
s'abandonnèrent à la conduite de leurs prisonniers, qui les
entrèrent dans la baie de Cadix.

[2] Voyez la lettre de l'amiral Rodney, datée de Gibraltar,

Ce succès extraordinaire pouvait être suivi d'un prompt revers. Don Michel Gaston, sorti de Brest, le 13 janvier, avec vingt-quatre vaisseaux de ligne, à la poursuite de l'amiral anglais, était attendu à tout moment à Cadix. Les Espagnols avaient lieu d'espérer que ces forces, réunies à celles qu'ils avaient rassemblées dans ce port, leur donneraient les moyens de prendre une revanche complète. Les vents continuèrent à favoriser les Anglais. Les vaisseaux sortis de Brest ayant été battus et dispersés par une tempête, une partie se réfugia au Ferrol, l'autre arriva à Cadix avec des dommages qu'il fallut sur-le-champ s'occuper de réparer. Dans cet intervalle, l'amiral Rodney, qui avait rempli sa mission, repassa le Détroit avec un vent favorable ; il emmena les prises qu'il avait faites et poursuivit sa destination ultérieure. Les nouvelles de ces différens succès excitèrent la plus grande joie en Angleterre, et les deux chambres lui votèrent unanimement des remerciemens et des éloges.

L'arrivée de l'escadre anglaise au détroit de Gibraltar avait été funeste aux Espagnols, son retour en Angleterre coûta aux Français *le Protée*, de 64 canons. Ce vaisseau faisait route avec l'*Ajax*, d'égale force, la frégate *la Charmante* et un petit convoi pour l'Ile-de-France, lorsque le vicomte du Chilleau, qui le commandait, aperçut le 23 février après midi, par les 40° de latitude, nord et sud de Madère, plusieurs voiles qui le chassaient. A l'instant ce commandant prescrivit la route pour la nuit à l'*Ajax* et aux bâtimens que ce vaisseau avait sous son escorte. Pour lui, continuant d'observer les voiles qu'il avait découvertes, il fit un faux convoi avec son vaisseau, la frégate *la Charmante* et deux petits bâtimens, afin d'engager les ennemis à ne pas changer de route, et de donner au gros de sa flottille le temps de s'échapper. Cette manœuvre eut le succès qu'il en attendait. Il fut seul poursuivi; et au moment où il jugea le reste de son convoi en sûreté, il revint au plus près du vent, l'allure la plus avantageuse pour la marche de son vaisseau, afin de se dérober lui-même, durant la nuit, à la chasse qu'on lui donnait alors vivement. Malheureusement pour lui, la chute du petit mât de hune du *Protée*, en ralentissant sa marche, facilita l'approche des voiles qui le poursuivaient. Attaqué par cinq vaisseaux de ligne anglais, le vicomte du Chilleau céda au nombre ; et *le Protée* fut conduit à la remorque dans les ports d'Angleterre avec trois bâtimens de son convoi[1].

La prise de ce vaisseau de ligne, le premier que les Français perdaient depuis le commencement de la guerre, les attrista. Elle ajouta aux inquiétudes qu'ils éprouvaient depuis deux mois sur le sort de leurs îles du Vent. Ils n'ignoraient pas qu'elles étaient dépourvues de toute protection navale, et que le comte d'Estaing avait affaibli leurs garnisons pour mieux assurer le succès de son expédition contre Savannah. Ils avaient même tout lieu de craindre que l'amiral Hyde Parker, maître absolu de la mer aux Antilles, n'attaquât leurs possessions dans ces parages, ou que du moins il ne tentât

---

[1] Le vicomte du Chilleau fut honorablement absous par un conseil de guerre. Dans le combat que rendit *le Protée*, MM. Legentil et Pingré, officiers auxiliaires, et Cabarine, officier d'infanterie, perdirent la vie.

d'intercepter [1] les escadres du comte de Grasse
et du chevalier de La Motte-Piquet, à leur retour de Savannah à la Martinique. Ils ne furent pleinement rassurés sur leur sort qu'au
moment où ils apprirent que le comte de
Guichen y était arrivé, le 23 mars, sain et sauf
avec toute sa flotte, et que les opérations militaires allaient y recommencer avec une nouvelle vigueur. Effectivement, l'amiral français
de concert avec le marquis de Bouillé, se présenta, le 24, avec vingt-deux vaisseaux de
ligne, devant Sainte-Lucie. Mais à la vue de seize
vaisseaux de ligne anglais embossés au Gros-
Ilet, il lui fallut abandonner tous ses projets

---

[1] L'escadre de l'amiral Hyde Parker s'empara de trois
frégates françaises, savoir : le 24 octobre 1779, de *l'Alc-
mène*, de vingt-six canons de huit, qui retournait à la
Guadeloupe dans un état effroyable, ayant été séparée du
convoi du *Protecteur* par une horrible tempête; et le
22 décembre de la même année, des frégates *la Fortunée*
et *la Blanche*, de vingt-six canons de douze en batterie,
lorsqu'elles retournaient à la Martinique, après avoir débarqué à la Grenade les troupes qu'elles avaient reçu ordre
d'y rapporter de Savannah.

d'attaque contre cette île, et retourner à la Martinique.

Dès que son armée y eut pris tous les rafraî-chissemens dont elle avait besoin, l'amiral français remit en mer, le 13 avril, avec quatre mille hommes qu'il avait distribués sur tous ses vaisseaux et frégates, et qui étaient destinés à former, sous les ordres du marquis de Bouillé, toutes les attaques qu'il pourrait protéger. Il avait le projet de débouquer par le canal de la Dominique, pour remonter au vent de la Martinique, d'y attirer la flotte anglaise, et de la provoquer au combat. Il était occupé à lutter contre les courans et les vents contraires, lorsqu'il eut connaissance, le 16, de la flotte anglaise, au vent à lui. Alors il signala l'ordre de bataille et les manœuvres propres à l'en rapprocher et à lui procurer l'avantage du vent.

Il parut d'abord que l'amiral Rodney, sous le commandement duquel la Grande-Bretagne avait mis toutes ses forces navales aux Antilles, ne voulait qu'observer les Français. Mais le comte de Guichen le voyant porter, à huit heures du soir, sur son arrière-garde, fit aussitôt revirer son

armée vent devant et prendre les mêmes amures
que les vaisseaux anglais, qui tinrent alors le
vent et mirent au bord opposé [1]. L'amiral français ordonna encore plusieurs autres évolutions,
toutes relatives aux mouvemens des Anglais.
S'apercevant ensuite, le 17 avril au matin, que
l'armée britannique arrivait dans l'ordre de bataille suivant :

AVANT-GARDE.

Tués.	Blessés		Canons.	Capitaines.
4	34	Le Stirling-Castle . .	64	Carket.
4	13	L'Ajax.	74	Uvelade.
9	15	L'Elisabeth.	74	Maitland.
5	14	LA PRINCESSE-ROYALE	90	{ Hyde Parker, *vice-amiral.* { Hammond, *capitaine de pav.*
3	2	L'Albion.	74	Bowier.
		Le Terrible.	74	Douglas.
14	26	Le Trident.	64	Molloy.

CORPS DE BATAILLE.

2	30	Le Grafton.	74	Collingwood.
5	15	L'Yarmouth	64	Bateman.
21	49	Le Cornwall.	74	Edwards.
18	51	LE SANDWICK	90	{ Rodney, *amiral.* { Young, *capitaine de pavillon.*
	12	Le Suffolk.	74	Crespin.
2		Le Boyne.	70	Cotton.
	2	Le Vigilant	64	Home.

[1] Voyez la lettre de l'amiral Rodney, du 20 avril 1780.

ARRIÈRE-GARDE [1].

Tués.	Blessés		Canons.	Capitaines.
1	6	La Vengeance	74	Hotham.
2	3	Le Medway	60	Philip Affleck.
9	26	Le Montagu	74	Houlton.
13	36	LE CONQUEROR. . . .	74	Rowley, *contre-amiral.* Watson, *capitaine de pavillon.*
7	9	L'Intrépide.	64	Saint-John.
1	10	Le Magnificent. . . .	74	Elphinston.

qu'elle se reformait successivement et manœuvrait pour tomber avec toutes ses forces sur son arrière-garde, il fit revirer la sienne tout à la fois, le 17 à neuf heures du matin. Cette évolution fut suivie des signaux de se rallier à l'ordre de bataille tribord, de serrer la ligne, et de suivre les mouvemens de *l'Intrépide*, chef de file dans l'ordre de bataille inverse suivant :

ESCADRE BLEUE OU ARRIÈRE-GARDE [2].

Tués.	Blessés		Canons.	Capitaines.
8	53	L'Intrépide. . . . . ,	74	Duplessis Parscau.
5	2	Le Triton	64	De Boades.
5	9	Le Magnifique. . . .	74	Le chevalier de Brach.
14	16	LE ROBUSTE	74	Le comte de Grasse, *command.* De Longueville, *cap. de pav.*

[1] *Le Centurion*, de cinquante canons, était placé à l'arrière-garde pour la seconder en cas de besoin.

[2] La ligne de bataille publiée dans la Gazette de France, le 11 juillet 1780, n°. 55, est inexacte.

SUITE DE L'ESCADRE BLEUE OU ARRIÈRE-GARDE.

Tués.	Blessés		Canons.	Capitaines.
5	19	Le Sphinx	64	De Soulanges.
13	58	L'Artésien.	64	De Peynier.
5	10	L'Hercule	74	D'Amblimont.

ESCADRE BLANCHE OU CORPS DE BATAILLE.

Tués.	Blessés		Canons.	Capitaines.
6	16	Le Caton.	64	De Frammont.
5	10	La Victoire.	74	D'Albert Saint-Hippolyte.
8	16	Le Fendant.	74	Le marquis de Vaudreuil.
3	2	LA COURONNE. . . .	80	Le comte de Guichen, *général.* / Buor de La Chanalière, *cap. dep.* / Buor de La Charoulière, *maj.*
20	53	Le Palmier.	74	Le Chevalier de Monteil.
4	15	L'Indien.	64	Le Chevalier de Balleroi.
9	20	L'Actionnaire. . . .	64	De Larchantel.

ESCADRE BLANCHE ET BLEUE OU AVANT-GARDE.

Tués.	Blessés		Canons.	Capitaines.
22	43	Le Destin.	74	Dumaitz de Goimpy.
8	27	Le Vengeur	64	Le Chevalier de Retz.
22	35	Le Saint-Michel. . .	60	Daymar.
7	32	Le Pluton.	74	De La Marthonie.
5	26	LE TRIOMPHANT. . .	80	Le Chevalier de Sade, *comm.* / Le Chevalier de Gras-Préville, *capitaine de pavillon.*
35	31	Le Souverain.	74	De Glandevès.
6	29	Le Solitaire	64	De Cicé.
6	15	Le Citoyen.	74	De Nieuil.

Les Français continuèrent cet ordre de bataille et de marche toutes voiles dehors, jusqu'au moment où le combat s'engagea, à une heure après

midi, à l'avant et à l'arrière-garde des deux escadres.

En forçant de voiles depuis onze heures du
matin, l'armée française avait d'autant plus
étendu sa ligne, que les vaisseaux qui composaient son escadre blanche et bleue étaient
moins bons voiliers. La lacune qui s'était nécessairement faite entre cette escadre et le corps de
bataille devint encore plus grande par la dérive
de l'*Actionnaire*, qui, quoique forçant de voiles,
tomba sous le vent de la ligne. Ce fut cet instant
que l'amiral Rodney saisit pour tenter de couper l'arrière-garde. Mais l'audace du *Destin* [1] à
tenir *le Sandwick* par son travers, et à le combattre
obstinément à la demi-portée du fusil, et les manœuvres que faisait le corps de bataille français
pour exécuter le signal de virer lof pour lof tout

[1] D'après l'inspection des plans de cette bataille, on
pourrait dire que les deux armées se livrèrent en quelque
sorte deux combats séparés. Les vaisseaux anglais depuis
le Stirling-Castle jusques et compris *l'Yarmouth*, avaient
en opposition treize vaisseaux français, à commencer par
l'Intrépide, tandis que l'escadre blanche et bleue combat-
tait le reste de l'armée anglaise, à partir du *Cornwall.*

à la fois, rompirent toutes ses mesures, et le contraignirent de reprendre ses amures. Dans cette position, ne pouvant plus combattre l'escadre blanche et bleue, qui était tombée sous le vent, parcequ'elle avait été beaucoup dégréée, l'amiral anglais fit voiles pour attaquer le corps de bataille français. Mais voyant la mâture de son vaisseau endommagée et la ligne française se reformer, il amura, à quatre heures un quart du soir, sa grande voile, retint le vent, et le fit serrer à toute son armée. Cette dernière manœuvre mit fin au combat. Entre autres vaisseaux anglais, *le Sandwick*, qui avait été combattu successivement par les vaisseaux français *le Vengeur*, *le Destin* et *le Palmier*, fut si maltraité, que peu s'en fallut qu'il ne coulât bas [1]. Le *Sphinx* et

---

[1] L'amiral Rodney, dans sa lettre à l'Amirauté, en date du 26 avril 1780, s'exprimait ainsi : « L'état désemparé de » plusieurs vaisseaux, et particulièrement du *Sandwick*, » qu'on eut toutes les peines du monde durant vingt-qua- » tre heures à tenir sur l'eau, ne permit pas de les poursui- » vre (les Français) sans le plus grand désavantage. »

Dans cette même lettre l'amiral Rodney se plaignait hautement de plusieurs de ses capitaines, qui n'avaient com-

l'Artésien soutinrent, durant plus d'une heure et avec fermeté, le feu supérieur des plus gros vaisseaux de l'avant-garde anglaise, parmi lesquels se trouvait *la Princesse-Royale*, jusqu'à ce que *le Robuste*, après avoir viré de bord, fût venu à leur secours et les eût dégagés.

L'armée française mit en panne le 18 avril, pour se regréer [1], s'approcha de la Guadeloupe le 19, pour y déposer ses blessés et ses malades, et manœuvra durant tout un jour pour disputer le vent à l'armée anglaise qu'elle avait aperçue. Lorsqu'elle eut disparu, le comte de Guichen, auquel l'égalité de force entre les deux armées ne permettait pas de former l'attaque des îles de Saint-Christophe ou d'Antigues, parceque leurs garnisons avaient été complétées à l'arrivée de l'escadre française à la Martinique, prit la résolution de remonter au vent des îles par le

battu qu'à une grande distance, malgré le signal qu'il leur répéta plusieurs fois de combattre de près.

[1] L'amiral anglais s'était principalement attaché, dans ce combat, à dégréer les vaisseaux français, sans doute dans le dessein de déjouer le comte de Guichen dans ses projets, et de le forcer à rentrer à la Martinique.

nord de la Guadeloupe. Cet amiral se proposait
de protéger le débarquement des troupes françaises, pendant qu'elles feraient, sous la conduite du marquis de Bouillé, la tentative de prendre poste au Gros-Islet. Mais à la vue de l'armée
anglaise, que l'on découvrit, le 8 mai, dans le
canal de Sainte-Lucie, il fallut abandonner ce
projet d'attaque. Celle des Français, renforcée du
Dauphin-Royal [1], manœuvra durant sept jours
consécutifs pour conserver le vent, pour attirer les
Anglais au vent de la Martinique, pour profiter
de leurs fautes et les combattre avec avantage.
L'amiral anglais fit manœuvrer, de son côté, pour
gagner le vent, pour éviter le combat, pour faire
arriver son avant-garde et se mettre en bataille
au bord opposé, toutes les fois que les Français
s'avançaient sur lui, et toujours de manière que,
quand les deux armées se trouvaient à portée du canon, il ne restait pas assez de temps
pour engager une action. Enfin le combat allait

---

[1] L'armée anglaise fut aussi renforcée, dans les combats
des 15 et 19 mai, d'un vaisseau de 74, *le Triomph*, capitaine Affleck. Ces deux actions eurent lieu au vent de la
Martinique.

commencer, lorsque le vent ayant passé au sud
par grains, vers les deux heures après midi,
obligea les Français de fermer les premières batteries de leurs vaisseaux, et de courir en échiquier. Attentif à profiter de ce changement de
vent, l'amiral Rodney fit revirer par la contre-
marche pour le gagner aux Français[1]. Mais le
vent étant revenu au sud - est, toute l'armée
française revira de bord, se forma successivement et très promptement en ordre de bataille,
et présenta aux Anglais un front qui les força
d'arriver par un mouvement successif, et de la
prolonger sous le vent. L'action s'étant engagée partiellement à sept heures du soir, et à
bord opposé, l'amiral anglais fit aussitôt porter,
et renonça entièrement à son projet de gagner
le vent[2].

Les Français passèrent les jours suivans à faire
les manœuvres les plus habiles, manœuvres dont
l'amiral Rodney évita toujours l'effet, sans avoir

[1] Lettre de l'amiral Rodney, du 31 mai 1780.

[2] Les Français n'eurent que vingt-six hommes tués dans
ce combat, et cinquante-un blessés. Leur escadre blanche
et bleue ne combattit pas.

13.

paru, même un instant, prendre la fuite. Enfin
l'armée anglaise se trouvant trop engagée, le 19
vers les deux heures après midi, pour refuser le
combat, le comte de Guichen ordonna aux vaisseaux de tête de la sienne de gouverner de manière à passer de l'avant du chef de la ligne anglaise, et de diriger tous leurs efforts sur son
avant-garde. Le combat ne tarda pas à s'engager,
à trois heures et demie, entre les deux chefs de
file. L'action devint successivement générale entre les deux armées à bord opposé. Les Anglais
furent forcés d'arriver et de passer sous le vent.
Mais comme les vaisseaux de tête de la ligne
française avaient beaucoup largué pour combattre de plus près, et que les autres avaient
suivi dans les eaux des premiers, l'amiral français, pour être en position d'empêcher les Anglais de charger son arrière-garde en revirant dessus, fit le signal de ralliement en tenant
le vent. On ne pouvait ordonner une manœuvre plus convenable à la circonstance, puisqu'une demi-heure après, neuf vaisseaux anglais ayant reviré, vinrent toutes voiles dehors sur les derniers vaisseaux de la ligne

française. Mais à la vue de son corps de bataille qui, après avoir reviré tout à la fois vent
devant et formé l'ordre du combat à l'autre bord,
venait au secours de son arrière-garde, ils arrivèrent et rallièrent leur armée. Les Français se
présentèrent inutilement vers les cinq heures du
soir pour recommencer le combat. L'amiral Rodney ne parut pas disposé à l'accepter. Les deux
armées passèrent la nuit à la distance d'environ
deux portées de canon. Au point du jour, le 20,
celle des Anglais fut aperçue sous le vent, à la
distance de deux lieues, et courant largue. L'a-
miral français ne jugea pas à propos de la poursuivre. Il commençait à éprouver des besoins
d'eau et de vivres; et de plus, il était affaibli du
vaisseau *le Solitaire*, qui, fort endommagé dans
sa mâture, avait fait route pour la Martinique. Si
quelque chose put diminuer la douleur que lui
causait la blessure mortelle de son fils, dont les
qualités militaires excitèrent les justes regrets du
corps entier de la marine, ce fut sans doute d'apprendre, en rentrant le 22 mai au Fort-Royal,
que des trois vaisseaux anglais *le Boyne*, *le Con-
queror* et *le Cornwall*, que l'amiral Rodney avait

envoyés dans le plus déplorable état au port du
Carénage, dans l'île de Sainte-Lucie, pour y
réparer leurs dommages, le dernier avait coulé
bas en y entrant [1]. Outre le fils de leur amiral,
les Français perdirent dans ces trois combats
MM. de Coëtivy, lieutenant de vaisseau; de Chef-
fontaine et de Ramatuelle, enseignes; de Vassal
et de Gazan, officiers auxiliaires; de Seguin, de
Moncourrier, d'Aiguisy et de Douville, officiers
d'infanterie; et trois cent quatre matelots ou
soldats. Ils comptèrent au nombre des blessés, qui
s'éleva à sept cent quarante, MM. Dumaitz de
Goimpy, Dumas, de Cohars et Daymar, capitaines de vaisseau; de Lambour, de Rieux, de
Chambellé, de Gantès, de Blois et Huraut, enseignes; de Bromer, officier suédois; de Dienne,
Du Sellier, Ogier et Vaillant, officiers auxiliaires;

---

[1] On ignorerait peut-être encore en Europe le sort de ce
vaisseau, si le gouvernement britannique n'avait pas rendu
publique une lettre du brigadier-général Saint-Léger au
général Waughan, datée de Sainte-Lucie le 14 mai 1781,
dont ce qui suit est extrait mot à mot : « La frégate *la Thétis*
» a malheureusement touché contre un rocher, et est ac-
» tuellement coulée bas près du *Cornwall*. »

de Vigier, Dombret, de Berulle et de Chaumarey, gardes de la marine; de La Balme, de La Folie, de Kerné, de Vosselle, de Malleville, de Querbouant, de Beaulieu, de Grande-Seigne et Daudifrédy, officiers d'infanterie.

Telle fut l'issue de la campagne de 1780 aux îles du Vent. Si l'égalité, à peu de chose près, des forces navales des deux nations rendit en quelque sorte indécis les trois combats qu'elles se livrèrent, on ne put du moins refuser à leurs amiraux le tribut d'éloges qu'ils méritèrent pour les savantes et habiles manœuvres qu'ils ordonnèrent, et qui furent exécutées de part d'autre avec autant de précision que de célérité.

Les deux armées allèrent se réparer, l'une à la Barbade et l'autre à la Martinique. Pendant que le comte de Guichen, pour suppléer aux munitions de bouche dont les magasins français étaient dépourvus¹, envoyait des vaisseaux

---

¹ Comment les magasins du Fort-Royal pouvaient-ils avoir été dégarnis si promptement, lorsqu'ils avaient été si abondamment approvisionnés par le convoi nombreux que

de guerre acheter à Saint-Eustache des farines et des vins, une frégate et un lougre espagnols vinrent lui annoncer, le 1er juin, l'arrivée prochaine de dix vaisseaux de ligne de leur nation, escortant un convoi très riche et qui portait onze mille hommes de troupes réglées. Dès qu'il fut en état de mettre à la voile, il alla, le 9, à leur rencontre, et les joignit auprès de la Guadeloupe. Les deux escadres ainsi réunies remontèrent ensemble à la Martinique, après avoir mis le convoi en sûreté à la Guadeloupe.

Avec un renfort aussi considérable, l'amiral français devait espérer, malgré l'approche de la saison de l'hivernage, de se rendre maître de quelqu'une des possessions anglaises aux Antilles, avant de descendre à Saint-Domingue; mais le général espagnol, lié vraisemblablement par ses instructions, ne voulut adopter aucun projet d'attaque qui pût retarder sa marche, et ne

le comte de Guichen avait amené avec lui? Il fallait nécessairement qu'il y eût quelque vice caché dans l'administration des colonies.

parut occupé que de se rendre promptement à sa destination. Le seul parti qui resta alors à prendre au comte de Guichen fut de réunir son armée et les bâtimens de sa nation à la flotte espagnole [1], de l'escorter jusqu'à l'entrée du canal de Bahama, et de retourner ensuite rejoindre au Cap l'escadre que le gouvernement français y avait stationnée pour la protection du commerce de Saint-Domingue. Elle était sous les ordres du chevalier de La Motte-Piquet.

Ce chef d'escadre, après le départ du comte d'Estaing de Savannah, était d'abord revenu à la Martinique. Les autres vaisseaux français qui l'y avaient suivi, *le Magnifique*, *le Diadème*, *le*

---

[1] On regretta beaucoup que cette armée navale, en se rendant à Saint-Domingue, n'eût pas tenté de prendre, brûler ou couler bas le convoi anglais qui mouillait dans la rade de Basse-Terre, île de Saint-Christophe, et qui ne mit à la voile pour l'Europe que le 2 août, après le départ des Français et des Espagnols de la Martinique. Le succès de cette entreprise paraissait d'autant plus certain, que l'escadre anglaise qui mouillait alors à la Barbade était trop inférieure en forces pour oser s'y opposer.

Dauphin-Royal, *le Vengeur*, *l'Artésien* et *le Réfléchi*, étaient rentrés au Fort-Royal dans un délabrement effrayant. Ils subissaient les réparations dont ils avaient besoin, au moment où les vigies de la côte signalèrent une flotte poursuivie dans le canal de Sainte-Lucie par une escadre anglaise[1]. L'ardeur avec laquelle l'amiral Hyde Parker lui donna chasse, dès qu'il la découvrit, ne pouvait être égalée que par la célérité avec laquelle le chevalier de La Motte-Piquet appareilla pour la secourir. Il n'y avait alors qu'un seul vaisseau, *l'Annibal*, prêt à mettre à la voile. L'état-major et les équipages des autres vaisseaux, abattus en carène, demandèrent avec empressement, et obtinrent en partie de servir à bord comme volontaires. Le danger qui menaçait les bâtimens aperçus, et que poursuivaient vivement quatorze vaisseaux de ligne anglais, ajoutait encore à leur zèle et à leur courage. En un mot l'activité fut si générale, que *le Réfléchi* et *le Vengeur*, que commandaient MM. de Cillart de Suville et de

[1] Voyez la relation publiée en France le 21 février 1780.

Fournoue [1], et qui n'avaient à bord ni leurs équipages, ni leurs poudres, furent en moins d'une heure en état d'aller au secours de *l'Annibal*, alors occupé à combattre contre trois vaisseaux ennemis qui avaient coupé la flotte. Ils se réunirent à lui, et engagèrent ensuite une action très vive contre sept vaisseaux de ligne anglais dans la grande rade du Fort-Royal, entre les batteries de la côte qui tiraient continuellement, mais de loin, les ennemis n'osant ni s'en approcher de trop près ni s'enfoncer trop avant dans cette rade. Cette manœuvre, aussi hardie que bien exécutée, sauva la frégate *l'Aurore* et une partie du convoi qu'elle amenait de Marseille. De vingt-six bâtimens qui le composaient, douze furent dégagés, quatre brûlés à la côte après qu'on en eut retiré les cargaisons, et neuf tombèrent au pouvoir des Anglais [2].

Ce zèle et cette ardeur que ce chef d'escadre

---

[1] Le chevalier de Retz, qui commandait *le Vengeur*, était alors retenu malade à terre.

[2] Lettre de l'amiral Hyde Parker, datée de Sainte-Lucie le 23 décembre 1779, et sa lettre au chevalier de La Motte-Piquet, du 28 du même mois.

français déploya dans cette circonstance, il ne
cessa de les montrer tout le temps qu'il séjourna à la Martinique. Il osa même, malgré
la supériorité des forces navales anglaises, escorter un petit convoi qui allait chercher des vivres à Saint-Eustache ; et toujours il échappa à la
vigilance de l'amiral Parker. Empressé ' de se rendre à la station de Saint-Domingue, il partit le 13
mars pour remplir sa mission, dès qu'il fut instruit
par le cutter *le Cerf* de l'approche de la flotte que
commandait le comte de Guichen. Il avait sous
ses ordres un convoi et les vaisseaux de ligne

	Canons.	Capitaines.
L'ANNIBAL	74	De La Motte-Piquet, *command.* De La Croix, *capitaine de pav.*
Le Diadème.	74	Le commandeur de Dampierre.
Le Réfléchi	64	De Cillart de Suville.
L'Amphion	50	De Saint-Cezaire.

' Pour ne pas trop affaiblir les forces navales alors en
station aux îles du Vent, on y avait différé plusieurs fois le
départ du chevalier de La Motte-Piquet pour Saint-Domingue. Il aurait été bien à désirer que ce chef d'escadre
eût voulu prendre sur lui d'attendre l'arrivée du comte de
Guichen, qui parut devant le Fort-Royal dix jours après son
départ : 1° parcequ'il aurait emmené avec lui les bâtimens
destinés pour cette colonie et qui faisaient partie du convoi

Il désirait rencontrer les Anglais ; il les trouva en croisière à la hauteur de la Grange, avec les vaisseaux

	Canons.	Capitaines.
Le Lion.	64	Cornwallis, *commandant.*
Le Bristol.	5o	Pakenkam.
Le Janus.	44	Stevens.

Aussitôt il se met à leur poursuite ; et, profitant de la supériorité de la marche de son vaisseau, il engage avec eux un combat de chasse qui dura six heures et qui ne fut interrompu que par le calme. Le lendemain, se trouvant, à quatre heures du matin, le plus près des vaisseaux qu'il avait chassés, sa bouillante intrépidité ne lui permit pas de différer de re-

de cet amiral, ce qui aurait dispensé de leur donner une escorte séparée, comme il devint absolument nécessaire après son départ ; 2° parceque la réunion de son escadre aux seize vaisseaux qu'amenait le comte de Guichen, et aux six que commandait le comte de Grasse, aurait donné aux Français les moyens de former quelque entreprise contre les possessions britanniques, sans avoir à redouter aucune opposition de la part des forces navales anglaises.

commencer le combat. Mais les courans et un calme plat survenu tout-à-coup s'opposèrent à l'approche du reste de son escadre, qui le vit environné et combattu par les trois vaisseaux anglais, sans pouvoir le secourir. Il en essuya durant plus de deux heures un feu terrible et bien dirigé qui causa de grands dommages à la mâture et au corps de l'*Annibal*. Heureusement pour lui, la brise s'étant élevée, favorisa tout à la fois la retraite des Anglais et son rapprochement de ses autres vaisseaux. Dès qu'il eut repassé des manœuvres et assuré sa mâture, il fit le signal de recommencer la chasse. Déjà il n'était plus qu'à une portée de canon des vaisseaux ennemis, lorsqu'à la vue du vaisseau *le Ruby,* de soixante-quatre canons, et des frégates *le Niger,* de trente-deux, et *la Pomone* de vingt-huit, qui portaient toutes voiles dehors sur les deux escadres, et qu'il reconnut bientôt pour être anglais, il prit chasse à son tour et fit route vers le Cap-Français. Depuis environ trois mois les Anglais bloquaient ce port. Ils ne reparurent dans la suite que très rarement, même après que le comte de Guichen en eut appareillé, le 14 août, avec quatorze vaisseaux de ligne et un nombreux convoi qu'il ramenait en Europe.

Cependant les forces navales anglaises n'étaient pas restées aux îles du Vent après le départ du comte de Guichen. Incertain de la destination des troupes de terre espagnoles, l'amiral Rodney avait envoyé dix vaisseaux de ligne à la Jamaïque pour la défendre au besoin, et il avait fait voiles, avec le reste de son armée, pour le continent de l'Amérique.

La position des Américains ne présentait pas alors un aspect favorable pour eux dans le sud des États-Unis. Depuis six mois les colonies méridionales étaient devenues le principal théâtre de la guerre. Le général Clinton avait repris l'exécution de son projet après le départ du comte d'Estaing de Savannah, et était venu lui-même attaquer, le 1er avril, Charles-Town par terre, pendant que l'amiral Arbuthnot, après être entré dans le havre de cette ville avec plusieurs vaisseaux de guerre, menaçait cette place du côté de la mer. Malgré cette double attaque, le général américain Lincoln, qui la défendait,

persistait dans le refus de la capitulation qu'on
lui offrait, parceque la communication qu'il conservait encore avec l'intérieur du pays lui laissait quelque espoir d'être secouru; mais elle lui
fut bientôt coupée. Dès lors Charles-Town fut
entièrement investi, et resserré d'autant plus étroitement que les assiégeans avaient reçu de New-
York un renfort de trois mille hommes. Maîtres,
le 6 mai, de la contrescarpe de l'ouvrage extérieur qui flanquait le canal, les Anglais préparaient un assaut général lorsque le général
Lincoln, cédant aux instances réitérées des habitans, demanda et obtint, le 11, les conditions
auxquelles il avait refusé de souscrire deux jours
auparavant. Il fut convenu que les troupes et
les marins continentaux, au nombre de deux
mille cinq cent soixante-huit, resteraient prisonniers de guerre jusqu'à ce qu'ils eussent été
échangés; que les milices en garnison dans la
ville et les habitans qui avaient porté les armes
durant le siége auraient la liberté de retourner
chez eux en qualité de prisonniers de guerre sur
leur parole, et que le général Clinton leur ac-
corderait toute sûreté pour leurs personnes et

pour leurs biens [1]. Ce fut à ces conditions que Charles-Town rentra, le 22 mai 1780, sous la domination britannique.

La dispersion des milices américaines qui avaient marché au secours de Charles-Town jeta d'abord une épouvante générale dans la Caroline méridionale [2]. Les riches habitans de cette province, pour préserver leurs possessions du pillage et de l'incendie, s'empressèrent de prêter le serment de fidélité, et offrirent même de prendre les armes pour la défense du gouvernement britannique. Il parut que le général Clinton ajouta beaucoup de foi à ces marques extérieures de soumission et de respect [3]. Mais dès que les différens corps d'Américains qui avaient été dispersés eurent commencé à se ras-

[1] Voyez les lettres du général Clinton au lord Germain, de l'amiral Arbuthnot à l'amirauté d'Angleterre, et du général Lincoln au Congrès, datées de Charles-Town, les 13, 14 et 24 mai 1780.

[2] Lettre du lieutenant-colonel Tarleton au lord Cornwallis, du 30 mai 1780.

[3] Lettre du général Clinton au lord Germain, en daté du 4 juin 1780.

I.   14

sembler sous les armes, et que la marche du général Gates à la tête d'une petite armée vers les confins de la Caroline du sud fut devenue certaine, ceux qui s'étaient rangés sous l'étendard britannique l'abandonnèrent aussitôt; et ce qui dut alors beaucoup étonner les Anglais, un corps de milice qui avait paru jusqu'alors très dévoué à la cause de la Grande-Bretagne se saisit de ses premiers officiers et les emmena prisonniers dans la Caroline septentrionale[1]. L'indépendance avait tant d'attraits pour les Caroliniens, ou, ce qui produisait le même effet, le gouvernement britannique leur était devenu si odieux, que le lord Cornwallis, qui commandait alors dans les Carolines, crut devoir employer des moyens de rigueur pour arrêter leur émigration. Les uns vendaient leurs possessions pour se retirer clandestinement de Charles-Town et aller fixer leur résidence hors des limites de la domination britannique; les autres faisaient emmener le bétail de leurs plantations, sous prétexte d'y être au-

---

[1] Lettre du lord Cornwallis au général Clinton, en date du 6 août 1780.

torisés. Le général anglais défendit la vente des biens et la sortie des bestiaux, sous peine de saisie et de confiscation[1].

[1] Proclamations du lord Cornwallis, des 25 juillet et 16 septembre 1780.

CHAPITRE II.

Les Américains se rassemblent en force. — Bataille de Camden. —Suites de cette bataille. — Conduite du général Washington dans les provinces du Nord. — Divers évènemens en Europe. — Prise des frégates francaises *la Capricieuse*, *la Belle-Poule*, et *la Nymphe*. — Prise d'un riche convoi anglais. — L'Angleterre déclare la guerre à la Hollande. — Prétentions de cette puissance. — Elle fait arrêter en mer les bâtimens neutres. — Plaintes de négocians suédois à leur souverain. — Le roi de Suède ordonne l'armement d'une escadre. — Plan proposé par la Russie. — Commencement de la neutralité armée. — Silence des États-Généraux sur un mémoire de la cour de Londres. — Attaque d'un convoi hollandais par une escadre anglaise. — Réponse menaçante de la cour de Londres aux plaintes des Hollandais. — Réponse provisoire des Hollandais. — La Grande-Bretagne fait arrêter les navires hollandais allant dans les ports de France ou d'Espagne. — Les Hollandais refusent le secours qu'elle lui demandait. — Vexations des Anglais. — Réquisition de la France. — Conduite des Hollandais.

Cependant les Américains, après s'être rassemblés en force, reparaissaient sur les confins de la

Caroline méridionale, et escarmouchaient fréquemment et presque toujours sans désavantage avec les différens partis anglais qu'ils rencontraient [1]. La multitude de postes que les troupes britanniques avaient à garder les affaiblissaient en les divisant, et les pertes continuelles d'hommes qu'elles faisaient dans leurs différentes rencontres avec les Américains les minaient sensiblement. Elles ne pouvaient les remplacer qu'avec les recrues qu'elles recevaient d'Europe; mais ces malheureuses victimes de la querelle de la Grande-Bretagne avec ses Colonies succombaient presque toutes en arrivant sous l'intempérie du climat qui les dévorait. La possession de la Caroline du Sud était donc d'autant plus précaire, que d'un côté les Américains y faisaient de fréquentes incursions, et que de l'autre les habitans du pays situé entre les rivières de Pedee et de Black, mal affectionnés à la cause britannique, avaient embrassé celle du Congrès.

A mesure que le général Gates s'avançait dans

----

[1] Lettre du lord Cornwallis au général Clinton, en date du 6 août 1780.

le pays, son armée grossissait, et les postes anglais se repliaient. De jour en jour il devenait plus instant d'arrêter les progrès des Américains. Le lord Cornwallis sentit aisément qu'il ne pourrait encourager les partisans de la Grande-Bretagne qu'autant qu'il se conserverait sur l'offensive. Dans cette intention, ce général se porta sur Camden, petite ville située presque au centre de la Caroline méridionale. Réduit à opter entre deux partis, l'un d'abandonner huit cents malades et une grande quantité de provisions, et de se renfermer dans Charles-Town; l'autre d'attaquer l'armée américaine, il se détermina pour le dernier [1]. En cas de revers, il était entièrement rassuré sur le sort de la capitale de la Caroline du Sud, dans laquelle il avait laissé une garnison nombreuse pour la défendre. Ne pouvant donc que perdre peu par une défaite, et croyant beaucoup gagner par une victoire, le lord Cornwallis marcha, dans la nuit du 15 au 16 août, à la rencontre des Américains, les attaqua à la pointe du jour, et dirigea son principal effort contre

[1] Lettre du lord Cornwallis, du 21 août 1780.

leurs troupes continentales qui occupaient un
poste désavantageux. Dans ce même moment
le général Gates faisait marcher son armée, mais
sans aucune précaution, pour attaquer les Anglais [1]. Surpris sur un terrain rétréci par des
marécages à sa droite et à sa gauche, et favorable à la petite armée anglaise [2], il fut attaqué si brusquement, qu'il n'eut pas le temps de
faire à son ordre de bataille les changemens
qu'il désirait. Son aile gauche et la milice de
la Caroline septentrionale lâchèrent pied à l'instant et se débandèrent. Ce fut en vain que,
secondé de ses officiers, il fit tous ses efforts pour
les rallier. L'armée anglaise, en tournant la division de la brigade du Maryland, compléta la
déroute de toute la milice, qui se réfugia dans
les bois. Les troupes continentales seules tinrent tête, durant trois quarts d'heure, à toutes
les forces anglaises. Mais à la fin elles s'ébranlè-

[1] Lettre du général Gates au congrès, du 20 août
1780.

[2] Elle était composée de quatre mille hommes, parmi
lesquels on en comptait deux mille de troupes réglées. Les
deux autres mille consistaient en Américains réfugiés.

rent, et se retirèrent en désordre. Les Américains perdirent dans cette action huit à neuf cents hommes, un nombre considérable de chariots, une grande quantité de munitions de guerre, tous les bagages et les équipages de leur armée ; les Anglais n'eurent que cinq cents hommes tués ou blessés.

La bataille de Camden ne précéda que d'un jour la défaite de sept cents Américains aux ordres du colonel Sumpter. Le lieutenant-colonel Tarleton, que le lord Cornwallis avait détaché avec un corps de cavalerie anglaise, les surprit, le 17 août, près des gués de la Catawbaw, en tua cent cinquante, fit trois cents prisonniers et dispersa le reste.

La victoire que l'armée anglaise venait de remporter ne tarda pas à être suivie d'un échec considérable. Les Américains, outrés et de la sévérité du lord Cornwallis envers dix de leurs compatriotes qu'il avait fait pendre sur le champ de bataille pour avoir été repris les armes à la main, en contravention au serment de fidélité qu'ils avaient prêté, et de la barbarie avec laquelle plusieurs autres, faits prisonniers en

Géorgie, le 14 septembre, avaient été aban-
donnés à la férocité des sauvages, se rallièrent, surprirent, le 7 octobre, à Kingsmoun-
tain, douze cents Anglais aux ordres du colonel
Ferguson, en tuèrent une grande partie avec
leur commandant, et firent l'autre prisonnière
de guerre [1]. Cette défaite dérangea entièrement
le plan d'opération du lord Cornwallis. Elle l'o-
bligea même de se tenir sur la défensive jusqu'à ce qu'il eût été joint par les troupes que
le général Clinton avait envoyées dans la rivière de James pour couper toute communication entre la Caroline du Nord et la Virginie [2]. Tels furent les exploits militaires de la
campagne de 1780 dans les provinces du Sud
des États-Unis.

Affaiblie par les nombreux détachemens que
le général Clinton avait envoyés dans la Caroline
méridionale, l'armée anglaise borna ses opérations militaires à une incursion dans le New-

---

[1] Voyez la correspondance du lord Germain, pages 10
et 11.

[2] Lettre du général Clinton, du 30 octobre 1780.

Jersey, dans laquelle elle brûla Springfield, à
quelque distance d'Elisabeth-Town ; mais le généralissime américain, plus attaché que jamais à
son ancien plan de guerre, de ne hasarder aucune opération, se tint constamment sur la défensive, même après l'arrivée à Rhode-Island,
le 11 juillet, d'une escadre[1], et de six mille
hommes de troupes françaises sous les ordres du
comte de Rochambeau. Quelle entreprise ce général pouvait-il former avec apparence de succès, tant que les Anglais seraient les maîtres
de la mer en Amérique?

Si la campagne des puissances belligérantes
aux Antilles et sur le continent de l'Amérique
n'avait produit aucun de ces évènemens décisifs
qui pouvaient abréger la durée de la guerre, celle
d'Europe contribua moins encore à accélérer le

---

[1] Durant la traversée, l'escadre française, composée de
sept vaisseaux de ligne, rencontra, le 20 juin, par les trente
degrés quatorze minutes latitude nord et les soixante-dix
degrés trente minutes longitude occidentale, méridien de
Paris, cinq vaisseaux de ligne anglais qu'elle canonna de
loin durant une heure. Mais elle ne les poursuivit pas,
afin de ne point s'éloigner de sa destination.

retour de la paix. La réunion tardive des forces navales de la France et de l'Espagne, la station qui leur fut assignée, rendirent en quelque sorte leur supériorité inutile. Pour contenir les escadres anglaises, il aurait suffi, ce nous semble, de rassembler au Ferrol la plus grande partie de la flotte espagnole. Ce port, un des mieux situés de l'Europe, et qui n'est éloigné de celui de Brest que de cent vingt lieues environ, aurait pu servir, durant cette guerre, de point de communication entre les armées navales de ces deux puissances. En se prêtant sans cesse un appui mutuel par leur proximité, les frégates de ces deux nations auraient promptement réprimé l'audace des corsaires anglais qui infestaient le golfe de Gascogne et les côtes de la Galice et de la Biscaye. De plus, elles auraient protégé l'entrée et la sortie des flottilles qui approvisionnaient leurs armées. Ce n'étaient pas là les seuls avantages que présentait la position du Ferrol : soit que les Anglais eussent établi une croisière sur les côtes du Portugal, ou qu'ils voulussent ravitailler Gibraltar; soit qu'ils tentassent d'intercepter les convois français à leur retour, ou qu'ils couvrissent le départ des leurs pour les possessions aux Indes orientales et occidentales, la prompte réunion des escadres de la France et du Ferrol contraignait les ennemis de conserver dans les stations d'Europe des forces supérieures à celles de la maison de Bourbon. Et alors quelle résistance efficace les îles du Vent et de sous le Vent pouvaient-elles opposer aux efforts des Français? A ces avantages se joignait l'alternative ou d'attaquer la flotte ennemie dans l'Océan, attaque que le trop grand éloignement des ports de l'Angleterre, en cas d'échec, fera toujours éviter avec soin à cette puissance, surtout à forces égales, ou de se porter rapidement dans l'ouest de l'Irlande pour intercepter les convois, si des expéditions plus importantes ne contrariaient pas cette destination.

Les forces navales de la maison de Bourbon, ainsi stationnées, eussent toujours présenté aux Anglais une résistance imposante; mais il en fut autrement décidé. L'Espagne, invariable dans son projet de réduire Gibraltar par la famine, tint son escadre long-temps rassemblée dans la baie de Cadix; et tandis que la France faisait sortir de Brest et de Rochefort ses vaisseaux les uns après les autres pour aller la joindre, l'armée navale anglaise en station à l'entrée du golfe de Gascogne bloquait les ports français dans l'Océan, avec un essaim de corsaires, dispersait un des convois de cette puissance, dont elle lui enleva douze bâtimens, et lui faisait perdre, les 5 et 16 juillet et 10 août 1780, *la Capricieuse*, *la Belle-Poule et la Nymphe*. Ces trois frégates rendirent trois combats terribles ; mais leur résistance opiniâtre ne servit qu'à faire regretter davantage les braves qui avaient perdu la vie en les défendant si valeureusement.

La première, envoyée à la découverte de l'escadre anglaise, rencontra les deux frégates ennemies *la Prudente* et *la Licorne*, qui la chassèrent et la joignirent de nuit. Aussitôt le combat s'engagea bord à bord avec le plus grand acharnement, et dura cinq heures et demie. Quoique démâtée de son grand mât, très endommagée dans ses voiles, vergues et agrès, et percée d'un grand nombre de boulets à la flottaison, *la Capricieuse* n'amena que lorsque cinq pieds d'eau dans sa cale l'eurent mise dans le danger évident de couler bas. Des débris d'hommes et de vaisseau furent la seule conquête des Anglais. Ils furent obligés de détruire eux-mêmes leur prise, qu'ils trouvèrent trop maltraitée pour entreprendre de la soutenir sur l'eau. [1] Tel fut le sort de cette frégate, pour la défense de laquelle périrent MM. Le Breton de Ransanne qui la commandait, et de Fontaine-Mervé, son lieutenant. Parmi les blessés on remarqua MM. de Cherval, lieutenant, Le Goup et Guérin, officiers auxiliaires, et de Grosse-Tête, lieutenant dans le régiment de la marine. Les Français eurent cent hommes tant tués que blessés.

La *Belle-Poule* croisait de conserve avec la frégate *l'Aimable* et la corvette *le Rossignol*, pour éloigner les corsaires qui infestaient les côtes de l'Aunis et de la Saintonge, lorsqu'elle découvrit un vaisseau de ligne anglais. C'était *le Non-Such*, de soixante-quatre canons, commandé

---

[1] Voyez la lettre du capitaine Waldegrave à l'amirauté, datée de Spilead, le 18 juillet. Le procès-verbal de son maître charpentier, la lettre de M. de Cherval, au ministre de la marine, datée de Fortsmouth, le 21 juillet.

par le chevalier James Wallace. En vain, après avoir signalé à ses deux conserves de prendre chasse, elle fit vent arrière, qui était son allure la plus avantageuse; inutilement elle jeta à la mer tous les effets qui pouvaient alléger son poids et augmenter sa marche [1]; *le Non-Such* l'atteignit vers onze heures et demie du soir. Arrivé à la portée de la mousqueterie, le chevalier de Kergariou, qui commandait *la Belle-Poule*, ordonna de se tenir prêt à envoyer la bordée de la batterie et des gaillards aussitôt qu'on verrait *le Non-Such* lancer sur bâbord. Cet ordre fut exécuté avec tant de succès, que les trois bordées qu'elle envoya au vaisseau ennemi avec la plus grande vivacité le dégréèrent de ses manœuvres hautes et l'obligèrent de culer un instant; ce léger avantage fut de courte durée. Ce vaisseau s'étant rapproché, se trouva par le travers de *la Belle-Poule* bord à bord; alors il la désempara tellement qu'elle ne put manœuvrer. La prenant ensuite par le bossoir

---

[1] Lettre de M. De La Motte Tabourel au ministre de la marine, datée de Galmouth, le 1er août 1780.

de bâbord, il l'écrasa de tout son feu durant un quart d'heure. En ce moment le chevalier de Kergariou fut mortellement blessé. Ce funeste évènement ne découragea pas l'équipage ; le combat continua encore trois quarts d'heure. Enfin le capitaine du *Non-Suck*, irrité de tant de résistance, ne faisait plus tirer qu'à couler bas, lorsque tout-à-coup des cris redoublés s'élevant de la cale sur le danger imminent de couler à fond, les chirurgiens et ceux des blessés qui l'étaient le moins remontèrent dans l'entre-pont et dans la batterie. Les trous à la flottaison, de la grosseur d'un homme, ne permettaient pas d'aveugler la voie d'eau sans cesser le combat. Ce fut dans cette terrible position que M. de La Motte Tabourel, voyant la moitié des canons de la batterie démontés, les manœuvres, les voiles et le gréement hachés, les mâts et les vergues criblés, soixante-huit hommes hors de combat et six pieds d'eau dans la cale, fit amener le pavillon. Dans ce combat qui dura bord à bord, tant en hanche que de l'avant, deux heures et demie, l'on remarqua parmi les officiers tués M. de Kergariou, commandant, et Hurault de La Ville-

Luisant, garde-marine, et parmi les blessés, MM. de La Motte Tabourel, faisant fonction de premier lieutenant, Haranguel, officier auxiliaire, le chevalier Desvieux, officier d'infanterie, de Laulanie, garde-marine, Durup de Balleine et de Nerbier, volontaires. Le courage le plus héroïque caractérisa tous ces officiers.

La frégate *la Nymphe*, de ving-six canons de douze en batterie; et de six sur les gaillards, éprouva le mois suivant le sort de *la Capricieuse* et de *la Belle-Poule*. Elle était stationnée à la hauteur d'Ouessant lorsqu'elle aperçut un vaisseau qui portait sur elle : c'était la frégate *la Flora*, de vingt-huit canons de dix-huit en batterie, avec quatorze de neuf livres de balle sur les gaillards, et quatre obusiers de dix-huit, montée par le capitaine William [1]. A l'instant le chevalier Du Rumain fait carguer ses basses voiles pour l'attendre. Cette manœuvre fut bientôt suivie

---

[1] Voyez la lettre du capitaine William à l'amirauté, datée de Falmouth, le 15 août ; celle de M. Taillard au ministre de la marine, datée de Falmouth, le 17 du même mois.

d'un combat vergue à vergue. Il durait depuis
une heure dans cette position, lorsque *la Flora*
commença à perdre l'avantage qu'elle tirait de la
supériorité de sa force. La roue de son gouvernail, ses haubans et ses manœuvres courantes se
trouvant presque entièrement hachés, elle dé-
riva à bord de *la Nymphe*. Le moment paraissait
arrivé de manœuvrer pour la combattre en hanche de l'avant ou de l'arrière, et de la réduire ainsi
à coups de canon. Mais l'intrépide Du Rumain
n'était plus en état de commander, quatre balles
de fusil l'avaient blessé mortellement. Tout son
équipage n'aspirant qu'au moment de venger sa
mort, M. de Pérandreff de Keranstrel, commandant en second, fait abandonner la batterie, ordonne l'abordage, et saute lui-même à bord de
la frégate ennemie, sur laquelle il est aussitôt tué.
M. du Couédic, enseigne, reçoit, en s'élançant,
un coup de pique qui le renverse, et il est écrasé
entre les deux frégates. MM. Taillard, lieutenant
de frégate en pied, de La Fond, Courson de la
Villehélio, officiers auxiliaires, et Dudrésy, garde
de la marine, blessés dangereusement, ne purent
repousser les Anglais, qui, tentant à leur tour

l'abordage, s'emparèrent de *la Nymphe*. Les Français comptèrent cinquante-cinq hommes tués et soixante-dix blessés. Au, reste la joie que ces petits succès causèrent aux Anglais fut vivement troublée par un échec considérable que leur commerce maritime reçut dans le même temps. L'armée combinée, aux ordres de Don Louis de Cordova, s'empara, le 9 août, à quatre heures du matin, à soixante lieues au large du cap Saint-Vincent, d'un de leurs convois chargé de vivres, de voiles, d'agrès, et de renforts de troupes, qui avait pris, durant la nuit, le fanal du vaisseau de l'amiral espagnol pour celui du *Ramillies* qui lui servait d'escorte [1]. Le nombre des prisonniers s'éleva à plus de trois mille. Le convoi fut conduit dans la baie de Cadix. L'armée combinée revint y mouiller, le 30 octobre, et elle ne remit à la voile qu'au moment du départ des vaisseaux français pour retourner à Brest.

Pendant que le comte d'Estaing, qui était allé prendre à Cadix le commandement de la flotte

---

[1] Lettre de Don Cordova, du 12 août 1780.

française, la ramenait dans les ports de France, la Grande-Bretagne augmentait le nombre de ses ennemis en déclarant la guerre à la Hollande. Il est à propos de reprendre les choses de plus haut, et d'exposer les raisons qui motivèrent ou prétextèrent cette déclaration.

L'Angleterre avait acquis une grande prépondérance en Europe durant ses deux dernières guerres avec la France. Cette puissance en avait abusé pour s'arroger dès lors le droit d'arrêter et même de confisquer, sous de vains prétextes, les cargaisons des bâtimens neutres. Soit jalousie contre la France, soit faiblesse, les autres puissances maritimes de l'Europe n'avaient osé réclamer avec fermeté contre ces vexations que l'Angleterre faisait essuyer au commerce de leurs sujets. Cette conduite timide avait donc en quelque sorte légitimé le pouvoir arbitraire qu'elle exerçait sur toutes les mers, et l'avait enhardie à répondre tantôt avec menace, tantôt d'une manière artificieuse, aux plaintes et aux griefs des puissances lésées. Nous ne dissimulerons pas que dès avant le commencement des hostilités entre la France et la Grande - Bretagne, plusieurs armateurs

français avaient secrètement expédié des bâtimens pour les colonies du continent de l'Amérique. Mais, de ce que l'Angleterre était autorisée
par les traités et les conventions qui les avaient
suivis, à les arrêter sur les côtes de l'Amérique,
devait-elle en conclure qu'elle eût le droit d'arrêter à la sortie des ports de l'Europe, et de dé-
tenir les navires chargés de marchandises qui
pouvaient convenir aux Américains ? La Hollande avait défendu par une proclamation, le
18 août 1775, la sortie, pendant un an, et sans la
permission du conseil d'amirauté, de toutes munitions de guerre sur les vaisseaux nationaux ou
étrangers, à peine de confiscation et d'une
amende de mille florins contre les contrevenans.
Cette puissance avait renouvelé cette défense les
années suivantes. Que pouvait exiger de plus la
Grande-Bretagne ? N'avait-elle pas vu ses propres
sujets éluder les défenses semblables qu'elle
avait faites ? Ses vaisseaux de guerre n'avaient-ils
pas arrêté, en 1775, sur les parages du Maryland,
un bâtiment sorti de Bristol avec un chargement d'armes pour six mille hommes, et d'une
quantité de poudre en proportion, et dont la

destination ostensible était pour la côte d'Afri-que? Ignorait-elle que les Américains échan-geaient sans cesse avec les Nègres leur rhum contre la poudre à canon qu'on portait d'An-gleterre à la côte d'Afrique? L'île hollandaise de Saint-Eustache n'était-elle pas devenue un mar-ché général où les Américains venaient recevoir des Anglais même, en échange de leur merrain, de leur riz, de leur morue et des autres produc-tions de leur pays, toutes les munitions de guerre nécessaires à la défense de colonies qui projetaient depuis long-temps de se séparer d'avec leur mère-patrie? Pouvait-elle raisonna-blement se croire fondée à exiger que les autres nations devinssent responsables des infractions de leurs sujets à cet égard, et à alarmer sans cesse leur commerce maritime, pendant qu'elle ne pouvait empêcher ses propres sujets d'en-freindre journellement les ordonnances qu'elle avait rendues sur le même objet?

Toutes ces considérations ne furent pas assez fortes pour faire abandonner à l'Angleterre le projet de vexer le commerce des puissances neutres. Dès que la rupture eut éclaté entre elle

et la France, elle fit arrêter en mer les navires
à bord desquels se trouvaient des marchandises propres à la construction ou à l'armement
des vaisseaux de guerre [1], et saisir plusieurs bâtimens hollandais, au mépris des traités, et
nommément de celui de 1674 [2], qui avait clairement distingué les marchandises réputées munitions de guerre d'avec celles qui étaient réputées innocentes. A la vérité, sa cour d'amirauté
prononça d'abord, le 5 février 1779, la restitution de onze bâtimens neutres chargés de munitions navales ; mais elle ordonna en même
temps qu'ils feraient la vente [3] de leurs cargai-

[1] Requêtes des négocians d'Amsterdam et de Roterdam,
des 12 septembre, 23 octobre et 17 novembre 1778.

[2] L'article IV de ce traité est ainsi conçu : *Mali navales,
ut et asseres, tabulæ et trabes, ex quibuscunque arboribus,
omniaque alia, quæ ad naves, seu construendas, seu re-
ficiendas, pertinent, quin planè inter mercimonia libera
censebuntur, juxta alia quælibet merces et res, quæ in
articulo præcedenti non comprehenduntur.* Extrait du
corps diplomatique de Dumont, tom. VII, année 1674.

[3] Le lecteur se formera sans doute une idée juste des
prétentions de la Grande-Bretagne en lisant ci-après la
sentence que sa cour d'amirauté prononça en décem-

sons aux commissaires de l'amirauté, suivant un prix fixé par des arbitres. C'était, ce nous semble, annoncer clairement à toute l'Europe, par cette conduite oppressive et dérisoire, que la

bre 1778, contre le navire hollandais *la Liberté*, capitaine Guillaume Hendriks, dont le chargement consistait en mâts, et qui allait de Riga à Rochefort :

« La cour d'amirauté ordonne que le vaisseau soit resti-
» tué comme propriété hollandaise ; qu'on paie le fret et
» qu'on bonifie la perte du temps causée par le retarde-
» ment ; ordonne de plus que la cargaison soit vendue aux
» commissaires de l'amirauté, à juste prix, au profit des
» réclamans. La cour considère qu'on doit consulter et inter-
» préter autant l'esprit que la lettre du traité de 1674, en le
» comparant avec d'autres traités qui subsistent entre les
» deux États, particulièrement avec ceux de 1670 et de
» Breda ; que, quoique les articles du chanvre, des
» mâts, etc., soient spécialement nommés dans le traité
» de 1674, l'on doit examiner comment cela doit être ex-
» pliqué selon la probabilité, d'autant qu'on ne peut en
» accorder l'application que d'après des principes de com-
» merce, et que les traités d'une date plus ancienne que
» celui de 1674 portent expressément qu'aucune des deux
» puissances ne pourrait donner du secours à l'ennemi de
» l'autre en lui fournissant des armes, des munitions ou
» des vaisseaux ; qu'il n'y a aucune différence qu'on four-

Grande-Bretagne ne se déterminait que par le
droit de convenance. C'était attaquer tout à la
fois et l'indépendance des nations et la teneur
des traités. En un mot, c'était vouloir forcer la

» nisse des vaisseaux entièrement armés ou qu'on le fasse
» en envoyant des parties dont on puisse bientôt compo-
» ser des vaisseaux; que, sans cela, l'intention du traité
» pourrait être éludée, si un Hollandais fournissait des
» mâts, un second des voiles, un troisième des cordages,
» ce qui anéantirait la prohibition du secours au sujet du-
» quel l'on croyait s'être mis en sûreté; que les intérêts
» des deux puissances, de la Grande-Bretagne et des États-
» Généraux, sont très étroitement unis, et qu'on y a fait
» attention dans les traités qui autorisent la détention des
» vaisseaux et de leurs équipages appartenant à l'une des
» deux puissances, par l'autre, en cas de nécessité; nécessité
» de laquelle celle qui se trouve dans l'embarras peut
» être juge elle-même; autrement l'autre puissance, in-
» téressée dans cette discussion, pourrait éluder l'accom-
» plissement de cet engagement réciproque en ne voulant
» pas reconnaître le cas de nécessité; que s'il y a jamais eu
» une époque où une telle assistance puisse être réclamée
» de droit, c'est aujourd'hui que la nation anglaise éprouve
» les plus grands obstacles pour maintenir ses intérêts, ainsi
» que *pour défendre la souveraineté des mers qui lui ap-*
» *partient, et au sujet de laquelle elle est dans le cas de*

Hollande à renoncer au parti de la neutralité qu'elle avait embrassé.

Les bâtimens suédois éprouvèrent le même traitement. Mais le corps des négocians de cette nation, moins indécis dans ses résolutions que les Hollandais, porta à son souverain, le 10 février 1779, des plaintes très fortes contre les vexations inouïes et répétées des vaisseaux de guerre et des corsaires anglais. Il lui exposa qu'au

» soutenir une contestation si sérieuse avec la France;
» que l'usage ou la coutume suivant laquelle on a expliqué
» les traités forme, en second lieu, un argument d'autant
» plus fort, que, dans les deux guerres précédentes entre
» la France et l'Angleterre, les États-Généraux ont été
» tenus par les mêmes décisions : savoir, qu'on a détenu
» tous les matériaux servant à la marine et qui se trou-
» vaient à bord des bâtimens hollandais destinés pour la
» France; et que, dans le cas présent, il est manifeste par la
» mesure des mâts qu'ils sont destinés à l'usage de la ma-
» rine française et à assister cette couronne dans sa guerre
» actuelle contre l'Angleterre; que, d'après tous ces mo-
» tifs, la cour a donné le jugement ci-dessus, qui ne porte
» aucun préjudice au propriétaire hollandais, puisqu'on
» lui paie la juste valeur de la cargaison, le fret et les
» dommages-intérêts causés par la capture et la détention. »

mépris des traités, les navires suédois, impu-
nément arrêtés, étaient privés de leurs cargaisons, de quelque nature qu'elles fussent, dès
qu'elles étaient pour le compte des Français; que
les Anglais s'arrogeaient le pouvoir de les forcer
de vendre, au prix qu'ils fixaient, toutes les cargaisons qui étaient pour le compte d'une nation
neutre, aussitôt que quelque partie leur conve-
naitet pouvait servir à l'équipement des vaisseaux.
Il lui représenta que, s'il n'y avait que les bâtimens pour le compte des neutres, et non chargés de matériaux ou de munitions propres à la
marine, qui pussent seuls librement naviguer,
cette limitation deviendrait destructive du commerce et de la navigation de la Suède. *Un pareil
principe*, ajoutait-il, *posé comme fondamental,
anéantirait l'exportation des principales productions de la Suède, qui consistent en fer, en cuivre,
en acier, en goudron, en poix, planches, poutres,
chevrons, etc. Consentir que ces objets, jusqu'alors
réputés marchandises, ne pussent être vendus en
pays étranger, mais seulement transportés en
Angleterre pour y être laissés au prix qu'il plairait à cette puissance d'y fixer, serait souscrire*

à une condition trop humiliante pour la Suède.

Ces principes, applicables au commerce de toutes les nations neutres, furent favorablemént accueillis du monarque suédois. Ce souverain ne se contenta pas d'ordonner sur-le-champ l'armement d'une escadre pour la protection du commerce de ses sujets : en faisant notifier cette résolution à la cour de Pétersbourg, il lui donna à connaître qu'il espérait qu'elle s'unirait à lui pour faire en temps et lieu les représentations convenables au sujet de la violation du pavillon des neutres. L'impératrice de Russie n'ignorait pas que les Anglais avaient saisi et fait déclarer de bonne prise par leur amirauté, même avant l'époque du 10 novembre 1778 [1], plusieurs cargaisons de chanvre, de

---

[1] Sur la réclamation que fit le roi de Suède, en 1778, de plusieurs vaisseaux appartenans à ses sujets, et qui étaient détenus dans les ports d'Angleterre, le roi de la Grande-Bretagne ordonna la restitution en valeur de tous ceux dont les cargaisons pouvaient, selon lui, être regardées comme de contrebande ; et il déclara qu'après le 10 novembre 1778 la restitution des effets de contrebande n'aurait plus lieu.

fer et autres marchandises, chargées sur des navires suédois à Pétersbourg et en d'autres ports
de son empire; et que ses sujets ne pourraient
vendre aux puissances belligérantes les munitions navales qui sont la principale production
de ses États, qu'autant que son pavillon serait
respecté. Cette souveraine accepta donc sans
balancer la proposition du monarque suédois.
Pour donner plus de poids à la résolution qu'elle
prenait sur un objet d'une aussi grande importance, elle annonça, le 12 mars 1779, qu'elle
ferait sortir au printemps, du port d'Archangel,
une escadre de trois à quatre vaisseaux de ligne
et de quelques frégates, pour croiser sur ses
côtes jusqu'au Cap-Nord. Elle invita en même
temps les rois de Suède et de Danemark à tenir
dans les mêmes mers chacun une escadre de
pareille force dont la croisière aurait pour objet
de former une espèce de cordon, de se prêter un
secours mutuel en cas de nécessité, de protéger
efficacement, dans la mer du Nord, la navigation
étrangère contre toute attaque, et surtout d'é-
loigner de ces parages tous les corsaires, de quelque nation qu'ils fussent. Le roi de Suède adopta

ce plan le 28 mars suivant, sans préjudicier toutefois à celui qu'il avait arrêté avec le roi de Danemark pour protéger de concert, et, avec plus
d'étendue et d'efficacité, la navigation de leurs
sujets dans toutes les mers voisines de leurs
États. La réponse de la cour de Danemark dif-
féra de celle de ce monarque, en ce qu'il lui paraissait peu conforme aux principes de la neutralité d'interdire ses ports aux corsaires des
puissances en guerre, et à plus forte raison de
concourir à les éloigner de la mer du Nord ou
de s'immiscer dans la protection des navires
étrangers.

Quoiqu'il fût visible, par la teneur de ces déclarations, que ces trois cours n'avaient pas les
mêmes idées sur les droits de la neutralité et sur
la manière de les exercer, elles étaient cependant d'accord sur le fond, c'est-à-dire sur la liberté de la navigation dans les mers qui baignent
leurs côtes. Il leur importait tellement de maintenir cette liberté, que, si elles eussent souffert
qu'une des puissances belligérantes y mît des
entraves, dans le dessein d'ôter à l'autre les
moyens de s'approvisionner en munitions na-

vales, elles auraient été privées du débouché des productions qui font la principale richesse du Danemark, de la Suède et de la Russie. Tels furent les commencemens de la confédération des trois puissances maritimes du Nord, sous le nom de *Neutralité-Armée*. C'était un phénomène en politique. L'histoire a consigné dans ses annales un grand nombre d'exemples de plusieurs potentats qui se sont réunis pour faire la conquête ou pour mettre des bornes à la grandeur d'un autre empire; il était réservé au dix-huitième siècle de voir trois puissances armer de concert pour la protection de leur commerce, conserver dans cet état de force la plus exacte neutralité, et se tenir toujours prêtes à punir comme pirate tout vaisseau des nations en guerre qui tenterait d'arrêter des bâtimens sous leur pavillon.

Déjà plusieurs de leurs vaisseaux, en exécution de leur convention, avaient pris leurs stations respectives, lorsque la cour de Londres fit remettre un mémoire aux États-Généraux, le 22 juillet 1779, par son ambassadeur à la Haye. Effrayée de la déclaration de guerre de l'Espagne, de la réunion de ses forces navales à celles de la France, des préparatifs immenses que cette dernière puissance faisait dans ses ports pour une invasion, elle leur représentait le danger dont elle était menacée, et elle réclamait de la manière la plus pressante les secours stipulés par les traités de 1678 et autres, dont le *casus fœderis*, disait-elle, était si clairement expliqué dans l'article séparé de 1716. Les États-Généraux gardèrent le silence sur cette reclamation, et le gouvernement britannique ne les renouvela pas en portant des plaintes sur l'asile donné à Paul Jones[1]. Mais si la cour de Londres dissimula d'abord le

[1] Paul Jones, Américain, et commandant d'une petite escadre combinée de vaisseaux de guerre français et américains, conduisit au Texel *le Serapis* et *le Scarborough* dont il s'était emparé dans la mer du Nord, le 23 septembre 1779, après un combat très sanglant. Sur la réclamation que forma l'ambassadeur d'Angleterre, de ces deux vaisseaux avec leurs équipages, les États-Généraux répondirent, le 19 novembre 1779, qu'aussitôt après l'entrée du commodore au Texel, ils avaient défendu de lui donner aucunes munitions de guerre, ou aucuns articles autres que ceux dont il aurait besoin pour reprendre la mer et atteindre le premier port où il serait admissible; et

mécontentement qu'elle ressentait de cette conduite, ce fut pour le manifester, plusieurs mois
après, de la manière la plus insultante. Loin de
se borner à attaquer, le 31 décembre, un convoi
sous l'escorte des vaisseaux de la république,
alors en route pour les ports de France, d'Espagne
et de la Méditerranée, et dont le chargement ne
consistait qu'en marchandises jusqu'alors réputées innocentes, suivant la teneur des traités
conclus entre les deux nations, elle fit déclarer
de bonne prise les neuf bâtimens qui en faisaient
partie.

La saisie violente et hostile de ces navires, en

qu'ils allaient ordonner de le faire sortir et même de l'y
contraindre, en cas de besoin, dès que ses vaisseaux pourraient tenir la mer, et que le temps et le vent le lui per-
mettraient. Ces ordres lui furent effectivement donnés.
Mais l'escadre qu'il commandait étant composée de vaisseaux américains et français, il arbora le pavillon français
jusque sur ses prises. Il n'excepta que la frégate *l'Alliance*,
sur laquelle il laissa flotter le pavillon américain, comme
n'étant commissionnée que du congrès. Néanmoins, comme
les ordres précédens restaient dans leur entier à l'égard de
l'Alliance, il sortit de la rade du Texel avec ce vaisseau,
le 27 décembre 1779.

1.   16

présence et sous la conduite des vaisseaux de
guerre de la république, n'était pas seulement
très offensante pour elle ; outre qu'elle portait
atteinte aux traités qui subsistaient entre les deux
puissances, au droit des gens, et aux égards que
se doivent deux États libres et indépendans, elle
tendait visiblement à alarmer le commerce maritime des autres puissances de l'Europe, en violant ouvertement ce principe de navigation jusqu'alors respecté, *que le pavillon du souverain est
garant de la nature du chargement des navires
qu'il escorte.* Les États-Généraux demandèrent
satisfaction de cette insulte ; mais ce fut inutilement. Dans le mémoire du 21 mars, en réponse
à leurs plaintes, la cour de Londres, après
avoir rappelé leur refus d'entrer en conférence
sur ce qu'il conviendrait de faire pour la sûreté
et l'utilité réciproques des deux États, imputait
l'agression à leur amiral, en ce qu'il avait fait
feu le premier sur les chaloupes anglaises qui
avaient été envoyées pour faire visite de la manière prescrite par le traité de 1674 [1]. Elle leur

[1] Voyez le mémoire de l'ambassadeur d'Angleterre, présenté aux États-Généraux le 21 mars 1780.

représentait encore l'asile donné à Paul Jones
comme directement contraire au traité de Breda et
au placard de 1756. Enfin elle terminait son mémoire par déclarer aux États-Généraux, de la manière la plus amicale et la plus sérieuse en même
temps, que si, contre son attente, ils ne lui donnaient pas, dans le terme de trois semaines à
compter du jour de la présentation de son mémoire, une réponse satisfaisante au sujet des secours qu'elle avait réclamés huit mois auparavant, elle regarderait cette conduite comme un
abandon de l'alliance de leur part, n'envisage-
rait plus les Provinces-Unies que sur le pied des
autres puissances neutres non privilégiées par
des traités, ferait en conséquence suspendre sans
autre délai, provisoirement et jusqu'à nouvel
ordre, toutes les stipulations particulières des
traités entre les deux nations, nommément celles
du traité de 1674, et s'en tiendrait uniquement
aux principes généraux du droit des gens, qui
doivent servir de règle entre les puissances neutres non privilégiées.

Les États-Généraux firent, le 24 mars 1780.
une réponse provisoire à ce mémoire. Elle con-

16.

tenait leur résolution de faire représenter par
leur ambassadeur auprès de la cour de Londres,
que, malgré leur désir de répondre à sa Majesté
Britannique d'une manière positive et aussi
promptement qu'il serait possible , la forme du
gouvernement, inhérente à la constitution de la
république, les empêcherait de le faire dans le
délai fixé [1]. On y lisait encore que le mémoire
remis par la cour de Londres étant devenu l'objet des délibérations des provinces respectives ,
il leur fallait attendre les résolutions de divers
États dont les assemblées se tenaient ou allaient
se tenir respectivement. Les États-Généraux notifièrent sur-le-champ cette réponse à l'ambassadeur d'Angleterre à la Haye ; mais ce ministre
s'excusa de la recevoir, en donnant pour raison
de son refus le défaut d'autorisation du roi son
maître.

La menace de la cour de Londres fut suivie
de son effet. Le délai de trois semaines ne fut
pas plus tôt expiré, qu'elle fit publier, le 17 avril,
une proclamation pour suspendre, jusqu'à nou-

[1] Réponse des États-Généraux, le 24 mars 1780.

vel ordre, toutes les stipulations particulières destinées à favoriser, en temps de guerre, la liberté de la navigation et du commerce des État-Généraux, telles qu'elles étaient exprimées dans les différents traités entre l'Angleterre et la république [1]. Elle en fixait l'exécution aux époques suivantes; savoir: dans le canal et les mers du Nord, à douze jours après la date du 17 avril; depuis le canal, les mers Britanniques [2] et celles du Nord jusqu'aux îles Canaries inclusivement, tant dans l'Océan que dans la Méditerranée, à six semaines; depuis les îles Canaries jusqu'à l'équateur, à trois mois; et

[1] Voyez la proclamation de la cour de Londres, publiée le 17 avril 1780, et la lettre du lord Stormont au comte de Welderen, même date.

[2] Jusqu'à l'époque du traité de paix conclu en 1783, on avait employé l'expression *de mers Britanniques* dans les ordonnances publiées respectivement en France et en Angleterre pour la cessation des hostilités. *Voyez l'ordonnance de Louis XV, datée de Versailles, le 23 novembre 1762.* En 1783 le gouvernement français en rejeta l'usage, observant avec raison que les mers n'appartiennent en propriété à aucune nation.

à six, pour tout ce qui était situé au-delà de l'équateur. En conséquence de cette proclamation, tous les officiers de l'amirauté de la Grande-Bretagne reçurent l'ordre, le 19 avril 1780, de faire saisir, après l'expiration du délai prescrit, tous les navires hollandais allant d'un port de France et d'Espagne à un autre, et tous ceux qu'ils soupçonneraient être chargés de marchandises appartenant aux sujets de ces deux puissances. Cet ordre fut promptement exécuté. L'on vit bientôt entrer dans les ports de la Grande-Bretagne un grand nombre de bâtimens hollandais que les vaisseaux de guerre et les corsaires anglais avaient arrêtés en pleine mer. Mais si le gouvernement britannique s'imagina qu'en abusant aussi étrangement de sa supériorité il forcerait les États-Généraux à abandonner le parti de la neutralité qu'ils avaient embrassé, il se trompa dans le but qu'il s'était proposé. Les avis des sept Provinces, remis successivement à l'Assemblée générale, se réunirent tous pour s'excuser d'accorder les secours qu'il réclamait. C'était là la réponse que la Cour de Versailles attendait avant de lever les défenses qu'elle avait faites d'introduire en France certaines denrées provenant du commerce et des fabriques hollandaises.

D'après les traitemens contraires au droit des gens que les Anglais s'étaient permis de faire essuyer aux Français avant le combat de la frégate *la Belle-Poule*, on doit présumer qu'ils n'en usaient pas avec plus de modération avec les Hollandais. En effet, lorsqu'ils les rencontraient à la mer, ils se faisaient exhiber, même avec effraction, leur chargement[1]. Quelquefois ils s'emparaient des effets dont ils croyaient avoir besoin, et enlevaient leurs matelots, qu'ils contraignaient de servir à bord de leurs vaisseaux. Souvent ils conduisaient les bâtimens hollandais dans les ports de la Grande-Bretagne, où tantôt ils étaient déclarés de bonne prise[2] et

[1] Voyez les requêtes des négocians d'Amsterdam et des capitaines des navires marchands aux États-Généraux, des 23 octobre et novembre 1778.

[2] Sir James Marriot, chef-juge de l'amirauté d'Angleterre, prononça la condamnation de plusieurs bâtimens hollandais, d'après la supposition de ce principe, *que les ports français étant, par leur position, naturellement*

tantôt restitués. On peut dire qu'ils se préva-
laient de la division qui régnait parmi les principaux chefs des Provinces-Unies, pour multi-
plier leurs vexations. Cependant la république,
indépendante et neutre, ne pouvait perdre par la
guerre que se faisaient la France, l'Espagne et
l'Angleterre, le droit qu'elle avait avant cette
guerre. Elle n'avait ni à recevoir, ni à suivre les
lois d'aucune des puissances belligérantes, puisqu'elle était en paix avec elles. Hormis la contrebande, elle était donc autorisée à faire dans
tous les pays le commerce qu'elle aurait eu droit
de faire si la paix eût existé pour toute l'Europe
comme elle existait pour elle. La France ne désirait que l'exercice de ce droit. Mais dès que les
Anglais ne respectaient pas le pavillon des États-
Généraux quand il avait à bord des effets pour
les Français, quoiqu'ils ne fussent pas de contrebande; dès que ce pavillon ne repoussait pas les
violences qui lui étaient faites, la France devait-
elle respecter un pavillon qui ne se défendait

*bloqués par ceux d'Angleterre, il n'était pas permis de
naviguer vers des ports bloqués.* On ne pouvait donner
des preuves d'une plus insultante dérision.

pas? Le soin de sa propre défense ne lui imposait-il pas l'obligation de prendre les précautions convenables pour se garantir du préjudice énorme qui résultait pour elle de cette inégalité? Cette puissance montra cependant plus de modération. Elle ne demanda aux États-Généraux que d'accorder à leur pavillon toute la liberté qui lui appartenait comme une suite de leur indépendance, et à leur commerce toute l'intégrité que le droit des gens et les traités lui assuraient[1]. Elle ne leur dissimula pas que les caractères d'une parfaite intégrité seraient altérés si, au lieu d'accorder une protection suffisante, ils privaient leurs sujets des convois sans lesquels ils ne pouvaient jouir dans toute leur étendue des droits qui leur étaient acquis, et qu'ils réclamaient. Elle leur déclara qu'elle regarderait, dans les circonstances présentes, le refus d'une protection aussi légitime, soit pour toutes les branches de leur commerce en général, soit en particulier pour les provisions navales de

[1] Voyez le Mémoire présenté aux États-Généraux par l'ambassadeur de France, le 7 décembre 1778.

toute espèce, comme un acte de partialité, déro-
gatoire aux principes d'une absolue neutralité.
Enfin elle ajoutait qu'elle se verrait forcée de
faire cesser les avantages qu'elle avait assurés
aux Hollandais par son règlement des neutres[1]
et les faveurs essentielles et gratuites dont le commerce des Provinces-Unies jouissait dans les ports

[1] Par l'article premier de ce règlement, il était fait défense à tous les armateurs d'arrêter et de conduire dans les
ports de France les navires des puissances neutres, quand
même ils sortiraient des ports ennemis, ou qu'ils seraient
destinés pour ces ports, à l'exception toutefois de ceux qui
porteraient des secours à des places bloquées, investies ou
assiégées. A l'égard des navires des États neutres, chargés de
marchandises de contrebande destinées à l'ennemi, ils
pouvaient être arrêtés, et ces mêmes marchandises étaient
dans le cas de la saisie ou de la confiscation. Mais les bâtimens et le surplus de leur cargaison devaient être relâchés,
à moins que les marchandises de contrebande ne compo-
sassent les trois quarts de la valeur de leur chargement,
auquel cas ils étaient confisqués en entier; le roi se réservant au surplus de révoquer la liberté portée par cet article, si les puissances ennemies n'accordaient pas le réciproque dans le délai de six mois, à compter du jour de la
publication du présent règlement.

français, sans autre motif que la bienveillance et l'affection du monarque français pour elles.

Quoique cette réquisition fût précise et ne pût être plus clairement énoncée, les États-Généraux, sans y avoir aucunement égard, déclarèrent aux patrons des navires hollandais que les bâtimens chargés de provisions navales n'obtiendraient, de la part des commandans des vaisseaux de guerre, ni protection, ni même aucune communication des signaux [1]. C'était déceler ou beaucoup de faiblesse ou beaucoup de partialité. Le ministère de Versailles ne fut ni la victime de l'une ni la dupe de l'autre. Dès qu'il eut constaté que les Provinces-Unies n'avaient point obtenu de la cour de Londres une liberté pour la navigation, égale à celle qu'il avait conditionnellement promise à leur pavillon, et que leurs traités avec l'Angleterre lui assuraient, il commença par révoquer les priviléges énoncés dans l'article premier de son règlement des neutres [2]. Ensuite il

[1] Voyez les requêtes des négocians d'Amsterdam et de la Frise, à leurs Hautes-Puissances.

[2] Arrêts du Conseil, des 14 janvier, 27 avril et 5 juin 1779.

assujétit , à compter du 26 janvier 1779, les bâtimens hollandais, excepté ceux qui apparte-
naient à la ville d'Amsterdam¹, à un droit de
fret de quinze pour cent de la valeur, percep-
tible sur toutes les denrées et objets du produit de la pêche, des fabriques et du commerce
des sujets de la république des Provinces-Unies,
même en temps de foire et à leur entrée dans les
ports des villes réputées étrangères. Il n'exemp-
tait de ce droit que la poix-résine, le brai, le
goudron, les bois propres à la construction² et

¹ Cette exception eut lieu en considération des efforts
patriotiques de cette ville pour déterminer la République
à se procurer de la part de la cour de Londres l'assurance
de la liberté illimitée qui appartient à son pavillon par
une suite de son indépendance et de l'intégrité de commerce que lui assurent le droit des gens et les traités.

² Il n'est pas inutile de savoir que, le 9 avril 1779, l'ambassadeur d'Angleterre déclara aux États-Généraux que
sa Majesté Britannique ne pouvait se départir de l'exclu-
sion que la nécessité de sa propre défense l'avait forcé de
donner aux transports des munitions navales dans les ports
de France, et nommément *à toutes sortes de bois de construction, quand même l'on voudrait les faire escorter par
des vaisseaux de guerre.*

les cordages. Enfin il prohiba, à compter du jour de la publication de la défense, l'entrée dans la France des fromages de Nord-Hollande. Il est aisé de voir par l'exposé que nous venons de faire, que l'Angleterre et la France pressaient également la Hollande, l'une de se déclarer pour elle, l'autre d'observer la plus exacte neutralité. La cour de Versailles ne fut pas plus tôt informée que les États-Généraux avaient adopté ce dernier parti, en refusant le secours que lui demandait celle de Londres, qu'elle révoqua les défenses qu'elle avait faites. Elle alla plus loin, elle ordonna la restitution de toutes les sommes qu'elle avait fait percevoir en vertu des nouveaux droits qu'elle avait imposés [1].

[1] Voyez l'arrêt du Conseil, du 23 avril 1780, et le Mémoire remis aux États-Généraux par l'ambassadeur de France, le 26 du même mois.

CHAPITRE III.

Projet d'une neutralité armée entre les trois puissances du Nord et la Hollande. — Le pavillon des trois puissances du Nord respecté par l'Angleterre. — Plainte des Hollandais sur la violation de leur territoire en Europe et en Amérique. — Réponse récriminatoire de la cour de Londres. — Elle fait remettre un mémoire très menaçant aux États-Généraux. — Les députés des sept provinces le mettent en référé. — Ordre de courir sur tous les navires hollandais. — Motifs de cet ordre précipité. — Attaque des possessions hollandaises aux Indes occidentales. — Les Anglais s'emparent de Saint-Eustache. — Brigandages des généraux anglais. — L'amiral Rodney n'ose aller attaquer l'île de Curaçao. — Départ du comte de Grasse de Brest pour les îles du Vent. — Il combat et poursuit une escadre anglaise à son arrivée à la Martinique. — Le marquis de Bouillé renonce au projet de fortifier le Gros-Îlet. — Prise de Tabago par les Français. — L'amiral Rodney vient trop tard à son secours. — Fautes du gouvernement britannique. — Départ du comte de Grasse pour Saint-Domingue. — Plan de campagne des généraux Washington et de Rochambeau sur le continent de l'Amérique. — Zèle et activité du comte de Grasse. — Il prend une route extraordinaire pour se rendre dans la baie de Chesapeak.

L'attaque du convoi hollandais sous l'escorte des vaisseaux de la république alarma les trois puissances du Nord. Il ne leur fut plus possible de se dissimuler la grandeur du péril qui menaçait leur commerce maritime. Elles purent juger dès lors , par les prétentions de la Grande-Bretagne dans un moment où ses forces navales ne luttaient pas avec succès contre celles de la France et de l'Espagne , combien seraient exorbitantes celles qu'elle formerait dans la suite , si la victoire couronnait ses entreprises. Elles ne virent plus de sûreté pour leur pavillon dès qu'elle aurait recouvré cette supériorité qu'elle était parvenue à se procurer à la fin de la guerre précédente. La laisser restreindre, selon son bon plaisir, le transport des marchandises qu'autorisaient les traités , aurait été fermer tout débouché aux productions de leurs États. Quel préjudice cette complaisance n'aurait-elle pas porté à la consommation des productions de la Russie! L'usage en était absolument indispensable pour l'entretien de la marine des puissances belligérantes. L'intérêt de cette couronne exigeait donc qu'elle s'opposât de tout son pouvoir aux prétentions de la Grande-Bretagne. La cour de Pétersbourg , pénétrée de ces vérités , résolut de

rendre encore plus prépondérante la réunion des
trois puissances du Nord. Pour y parvenir, elle
proposa aux États-Généraux, le 3 avril 1780,
d'ouvrir une négociation dont l'objet serait de
maintenir, par une neutralité armée de quelques puissances, le droit de leur pavillon[1]. Dans
la déclaration qu'elle leur fit remettre, et dont
elle avait déjà donné connaissance tant aux puissances belligérantes qu'aux cours de Stockholm,
de Copenhague et de Lisbonne, et aux villes im-
périales et anséatiques, elle déterminait d'une
manière précise les droits et les prérogatives des
neutres. Outre la liberté de la navigation de port
en port et sur les côtes des nations en guerre,
elle admettait le transport des effets appartenans
aux sujets des puissances belligérantes, à l'exception des marchandises de contrebande. Comme
elles avaient été clairement définies par les articles X et XI de son traité de commerce avec
la Grande-Bretagne, elle en rendait les dispositions générales pour toutes les puissances en

---

[1] Voyez le Mémoire remis par le prince Gallitzin aux
États-Généraux, le 3 avril 1780.

guerre. Elle ne regardait comme port bloqué que celui dans lequel il y aurait un danger évident à entrer, par la position de la puissance qui l'attaquerait avec des vaisseaux arrêtés et suffisamment proches. Enfin elle annonçait que les principes ci-dessus établis serviraient de règle dans les procédures et les jugemens sur la légalité des prises. Pour donner à cette déclaration tout l'effet dont elle était susceptible, l'impératrice leur notifiait la prochaine sortie d'une partie considérable de ses forces navales, dont l'objet serait de protéger l'honneur de son pavillon, son commerce et la navigation de ses sujets. Les étatsgénéraux crurent ne pouvoir mieux répondre à cette invitation qu'en envoyant à Pétersbourg, quelques mois après, deux ministres plénipotentiaires pour accélérer cette négociation par leur présence[1].

Le concert respectable qui régnait entre les trois puissances maritimes du Nord, et qui avait pour objet de maintenir leur indépendance et

[1] Voyez le Discours de ces ministres à l'impératrice de Russie, le 5 septembre 1780.

I.   17

de prévenir l'extension du feu de la guerre, arrêta enfin la cour de Londres dans ses projets.
Affectant un système de modération déterminé
seulement par la crainte que lui inspiraient les
armemens ordonnés par ces trois puissances
pour la défense de leurs droits, elle consentit
au transport des provisions navales sous leur
pavillon, et elle répondit, le 13 avril, à la
déclaration de la Russie[1], qu'elle avait renouvelé les ordres précis donnés par elle au commencement de la guerre, de respecter le pavillon russe et le commerce de cette nation, selon
le droit des gens et la teneur des engagemens

[1] Par un article du 15 février 1781, additionnel aux
instructions qui furent données aux vaisseaux et aux bâtimens munis de lettrés de marque pour croiser contre les
Hollandais, l'amirauté britannique enjoignit rigoureusement à tous les commandans anglais de respecter les prin-
ces et les États en amitié avec la Grande-Bretagne, ainsi
que leurs sujets, sous peine de la restitution et de la réparation la plus ample et la plus complète de tous les torts
qu'il serait prouvé qu'ils auraient faits aux personnes et
aux effets des neutres, et d'être punis en outre conformément aux lois.

qu'elle avait contractés dans son traité avec elle[1].
Les réponses des cours de Versailles et de Madrid, du 25 mars et du 18 avril 1780, à celle de Pétersbourg, furent encore plus expressives. Elles annoncèrent avoir donné des ordres entièrement conformes aux principes sur lesquels doivent reposer la sûreté et la tranquillité de tous les bâtimens neutres.

Pendant que la Russie, la Suède et le Danemark agissaient de concert pour faire respecter le pavillon neutre, la rupture devenait de jour en jour plus prochaine entre la Grande-Bretagne et la république des Province-Unies. La Hollande n'avait pas à se plaindre seulement de la violation de son territoire en Europe par trois bâtimens charbonniers qui avaient enlevé un navire français échoué sur ses côtes; la conduite des Anglais, qui, sans aucun respect pour le droit des gens, s'étaient emparés, le 9 avril, de sept bâtimens américains dans la baie de l'île Saint-Martin, aux Antilles, et avaient enlevé de vive

---

[1] Voyez la déclaration de cette puissance, du 13 mars 1780.

17.

force leurs équipages qui s'étaient réfugiés à terre, décelait le mépris le plus marqué pour sa souveraineté indépendante. Au lieu de donner aux états-généraux la satisfaction authentique qu'ils étaient en droit d'attendre de cette atteinte portée à leur territoire et à leur souveraineté, la cour de Londres leur fit présenter, le 10 novembre, par son ambassadeur à la Haye, un mémoire dans lequel elle exposait que les papiers de M. Laurens [1], soi-disant président du prétendu congrès, fournissaient la preuve d'une correspondance clandestine entamée, dès le mois d'août 1778, entre MM. d'Amsterdam et les rebelles d'Amérique, d'instructions et de pleins-pouvoirs donnés par eux, et relatifs à la conclusion d'un traité d'amitié indissoluble avec ces rebelles, sujets d'un souverain que les engagemens les plus étroits liaient à la république. Ce mémoire contenait la demande d'un désaveu formel de cette conduite, d'une satisfaction prompte

[1] Cet ancien président du congrès avait été pris, dans sa traversée d'Amérique en Europe, par les Anglais, qui avaient saisi la plus grande partie de ses papiers.

et proportionnée à l'offense, et d'une punition exemplaire en la personne du pensionnaire Van-Berkel et de ses complices, comme perturbateurs de la paix publique et violateurs de la loi des nations. Le mois suivant, le 12 décembre, la cour de Londres renouvela la même demande de la manière la plus pressante. Dans le nouveau mémoire qu'elle fit remettre à ce sujet, elle observait que cette affaire était de la dernière importance; que l'offense dont elle demandait une satisfaction complète était une violation de la constitution batave dont le roi d'Angleterre était garant, une infraction de la foi publique et un attentat contre la dignité de sa couronne; qu'elle avait été commise par les magistrats d'une ville qui faisait une partie considérable de l'État; et que c'était à la puissance souveraine à la punir et à la réparer. Enfin elle déclarait formellement que dans le cas d'un déni de justice de la part des états-généraux, ou d'un silence qu'elle prendrait pour un refus, elle se chargerait elle-même de se la procurer.

Les états-généraux désapprouvèrent, le 27 novembre, et désavouèrent publiquement

tout ce qui avait été fait à cet égard. C'était la
seule détermination qu'ils pussent prendre dans
cette circonstance, la constitution batave, que le
ministère britannique réclamait, ne permettant
pas de punir des sujets d'une province qui forme
elle-même un État souverain et indépendant, et
encore moins d'infliger une punition arbitraire
et sans forme de procès dans une république
où l'honneur, la vie et les biens du moindre citoyen sont sous la sauvegarde de la justice et
des lois [1]. Les députés des provinces respectives
mirent aussitôt en référé les mémoires de la cour
de Londres; et les états de la province de Hollande requirent unanimement l'avis de leur cour
de justice au sujet de la demande en punition du
pensionnaire Van-Berkel, lui enjoignant de cesser toute-affaire pour le donner le plus promptement qu'il lui serait possible.

Les états-généraux notifièrent, sans perdre
un moment, ces résolutions à l'ambassadeur
d'Angleterre à la Haye. Mais ce ministre, loin de

---

[1] Réponse des états-généraux au manifeste de la cour
de Londres, du 27 novembre 1780.

les agréer, les traita d'illusoires , et refusa de les
faire parvenir à sa cour. Alors ils les envoyèrent à
leur ambassadeur à Londres, avec ordre de les
présenter lui-même aux ministres britanniques.
Cette seconde démarche fut aussi infructueuse
que la première; car, dans le moment même où
la cour de Londres en rejetait la communication,
elle transmettait l'ordre, le 20 décembre, à son
ambassadeur à la Haye, d'en partir sans prendre
congé , et à tous les vaisseaux de guerre et corsaires anglais de courir sur tous les navires hollandais qu'ils rencontreraient, et de les amener
dans les ports de l'Angleterre[1]. Ce parti extrême
auquel elle se portait, elle affecta, le même jour,
de le justifier, principalement par le refus des
états-généraux de lui donner satisfaction au sujet de la correspondance clandestine du pensionnaire d'Amsterdam avec les Américains. Mais ce
n'était là que le motif apparent qui l'y avait déterminé. Le motif véritable et secret était l'accession de la république, le 20 novembre, à la

---

[1] Voyez le manifeste de la cour de Londres, du 20 décembre 1780.

confédération des puissances du Nord. En préci-
pitant sa rupture avec la Hollande, le cabinet
anglais chercha à l'exclure du nombre des
puissances neutres avant que la confédération
eût acquis toute sa consistance par les accepta-
tions et les ratifications respectives. Il voulut,
pour ainsi dire, la punir d'être entrée dans une
alliance qui tendait à la soustraire à l'empire
tyrannique auquel était assujéti depuis long-
temps son commerce et sa navigation.

L'ordre donné à l'improviste d'arrêter tous
les vaisseaux hollandais ne fut funeste qu'à
ceux qui étaient alors en mer pour revenir
dans les ports de Hollande. Les prompts avis
de la déclaration de guerre de la Grande-
Bretagne, qu'on eut soin d'expédier dans les
ports de France, d'Espagne et de Portugal, y
retinrent tous les autres bâtimens de cette nation, et les préservèrent du danger qui les menaçait. Il n'en fut pas de même des possessions
hollandaises aux Indes occidentales. La république des Provinces-Unies, ne désirant que la
continuation de la paix, avait négligé de les
mettre en état de défense. Elle fut victime de sa

trop grande sécurité. Le monarque anglais ordonna à ses généraux de mer et de terre dans ces
parages, de les attaquer sans perdre de temps;
et comme si le motif de l'intérêt eût dû redoubler leur ardeur et leur zèle pour le service de
leur patrie, il leur abandonna ses droits aux
effets et aux marchandises qu'ils trouveraient
dans les îles de Saint-Eustache, de Saint-Martin et
de Saba, en ne réservant aux colons que la possession de leurs plantations, de leurs maisons,
de leurs esclaves et de leurs ameublemens[1]. C'é-
tait visiblement livrer au pillage la plus grande
partie des biens des habitans, puisque Saint-
Eustache, qui ne produit pas plus de six à sept
cents barriques de sucre par an, ne devait sa richesse qu'aux magasins de denrées de toute espèce que les nations de l'Europe, Hollandais,
Français, Américains et Anglais eux-mêmes, y
tenaient en dépôt. Mais l'esprit d'équité et de
modération ne dirigeait point la cour de Londres.

---

[1] Voyez la réponse du lord Germain aux représentations
des intéressés au commerce des Indes occidentales, du
mois d'avril 1780.

L'île de Saint-Eustache est de la plus grande im-
portance, disait publiquement le lord Stormont,
secrétaire d'état des affaires étrangères [1]. *Si elle*
eût été précipitée, il y a quelques années, dans le
fond des abîmes, l'indépendance américaine aurait
été écrasée en un instant. S'expliquer aussi hardi-
ment et avec autant de violence, n'était-ce pas
annoncer d'avance le traitement cruel qu'on
destinait aux habitans de cette île ?

Dès que l'ordre d'attaquer les possessions hollandaises fut arrivé, l'amiral Rodney et le général Vaughan allèrent avec dix-sept vaisseaux de
guerre et quatre mille hommes de troupes se
présenter devant Saint-Eustache, et s'y dédom-
mager de l'échec qu'ils avaient essuyé, le 16 décembre, en voulant reprendre Saint-Vincent.
Cette île se rendit, le 3 février 1781, sans faire
aucune résistance. Saba et Saint-Martin se soumirent de la même manière ; et cinq vaisseaux
de guerre anglais, détachés à la poursuite d'une
petite flotte hollandaise qui avait mis à la voile

---

[1] Voyez les débats de la chambre des pairs, du 25 janvier 1781.

avant leur arrivée, eurent le bonheur de la joindre, de s'en emparer, et de se rendre maîtres du
Mars, de soixante canons, qui lui servait d'escorte. Mais ce vaisseau n'amena son pavillon qu'a-
près avoir perdu ses mâts et son commandant, le
contre-amiral Crull. Démérary, Esséquebo et
Berbiches, colonies hollandaises sur le continent, et la petite île de Saint-Barthélemy, aug-
mentèrent encore, les 2 et 16 mars, la liste des
conquêtes des Anglais[1]. Tous ces établissemens
sans défense se rendirent à discrétion. Le gouverneur de Saint-Eustache perdit son temps à *recommander la ville et ses habitans à la clémence et
à la merci des généraux britanniques*[2]. Si l'on en
excepte les peines corporelles, les malheureux
habitans de cette île éprouvèrent toutes les cruau-
tés que peuvent seules inspirer la vengeance ou
la cupidité la plus effrénée: Les Anglais eux-
mêmes qui y avaient fixé leur résidence ne

[1] Voyez la lettre du capitaine Reynolds à l'amiral Rodney, du 5 février, et celle du comte de Byland au Stadhou-
der, datée de Saint-Eustache, le 6 février 1781.

[2] Expressions du gouverneur dans sa réponse à la sommation de se rendre.

furent pas traités avec moins de rigueur. Les
deux généraux commencèrent d'abord par faire
saisir tous les effets des négocians, même
leurs livres de compte, papiers et lettres, et
leur ôtèrent ainsi tout moyen de vérifier leurs
réclamations, en cas de recours à la justice. Ensuite ils établirent une commission devant laquelle chaque négociant fut obligé de subir un
examen sévère sur ses correspondances et ses
livres de compte. En même temps ils firent conduire à bord de leurs vaisseaux un grand nombre de nègres de cette colonie, et démolir une
partie des maisons en bois, dont ils transpor-
tèrent les matériaux à Sainte-Lucie et à la Barbade. Mais ce fut principalement contre les juifs
qu'ils exercèrent une cruauté d'autant plus
atroce qu'elle fut plus réfléchie. Après qu'on
eut notifié à ces malheureux qu'ils eussent tous
à désemparer de l'île et à se préparer à s'embarquer avec leurs effets, on les rassembla et on les
fit entrer dans l'hôtel de la Douane [1]. Là on les

---

[1] Voyez le Mémoire qu'ils présentèrent aux deux généraux, le 16 février 1781.

visita de la tête aux pieds, on fouilla leurs malles, on coupa les pans de leurs habits, on s'empara impitoyablement de leur argent et de leurs effets, et on en embarqua ensuite le plus grand nombre pour Saint-Christophe. Un capitaine de la marine anglaise, Saxton, présidait, ou du moins était toujours présent à ces scènes abominables. Ce fut en vain que les négocians de Saint-Christophe envoyèrent une députation pour réclamer leurs effets saisis, pour représenter qu'ils avaient été autorisés par un des derniers actes du parlement à faire des achats de tabac à Saint-Eustache, et pour menacer, en cas de refus, de porter leurs plaintes devant les tribunaux de la Grande-Bretagne [1]. L'amiral Rodney, sourd à leurs menaces comme à leurs plaintes, répondit au solliciteur général de cette île que tout ce qui avait été trouvé à Saint-Eustache serait traité comme étant hollandais; et peu de jours après il fit afficher la vente de tous les effets saisis, en annonçant qu'on ne serait admis à les payer qu'avec de l'argent comptant.

---

[1] Requêtes des marchands de Saint-Christophe.

La prise de Curaçao entrait certainement dans les plans de conquête du ministère britannique. Il est probable que l'empressement de l'amiral Rodney à en seconder l'exécution aurait été récompensé par la permission de livrèr cette île au pillage. C'eût été un nouvel appât offert à son insatiable cupidité. Il avait effectivement desseiu d'aller former l'attaque de cette île[1]; mais sur la nouvelle de l'approche d'un nombreux renfort de vaisseaux de guerre et d'un convoi français, il abandonna ce projet, dont l'exécution aurait exigé l'emploi de la plus grande partie des garnisons des îles britanniques du Vent; et tandis qu'une forte escadre, qu'il avait mise sous les ordres de l'amiral Samuel Hood, croisait devant la Martinique pour intercepter la flotte française au moment de son arrivée, il continua son séjour à Saint-Eustache, afin d'accélérer la vente des effets qu'il avait confisqués, et de redoubler, par sa présence, les travaux propres à la mettre en bon état de défense.

[1] Voyez la réponse de l'amiral Rodney à M. Burke, séance de la chambre des communes, du 4 décembre 1781.

La saison était déjà avancée lorsque la flotte française arriva. Elle était sous les ordres du comte de Grasse, qui par la précaution qu'il avait eue de faire remorquer par tous ses vaisseaux de guerre les plus mauvais voiliers de son convoi, trouva le moyen d'abréger la durée de sa traversée, et de paraître, le 28 avril, en vue de la Martinique avec plus de cent cinquante voiles, trente-six jours après son départ de Brest. L'amiral Hood ne l'eut pas plus tôt aperçu, le 28 à onze heures du matin, qu'il se porta dessus avec dix-huit vaisseaux de ligne. A son approche, l'amiral français fit signal à sa flotte de ranger la terre de près; et pendant qu'elle faisait route vers la baie du Fort-Royal, il arriva à son tour sur l'escadre anglaise, qui, revenue de son erreur [1], ne s'occupa plus qu'à combattre de loin, et en augmentant de voiles pour s'éloigner. La supériorité en forces de l'armée française semblait devoir lui assurer un avantage marqué dans la

[1] L'amiral anglais était persuadé que la moitié des vaisseaux français n'étaient armés qu'en flûte. Il ne fut détrompé qu'en les voyant tous faire feu.

chasse qu'elle donna aux ennemis; mais la plupart des vaisseaux de son avant-garde, devenue
arrière-garde, n'ayant point forcé de voiles, il résulta de ce défaut d'ensemble et de la supériorité
de marche de l'escadre anglaise, toute doublée
en cuivre, que les Français ne purent que mal-
traiter aux ennemis *le Centaure, le Russel, le Torbay* et *l'Intrépide*. Trop inférieur en force réunie
pour combattre les vaisseaux anglais qui se tenaient très serrés[1], et qui mettaient en panne
pour se rallier toutes les fois que les vaisseaux
français se trouvaient à une très grande distance
les uns des autres, le comte de Grasse, après les
avoir inutilement poursuivis l'espace de trente
lieues dans l'ouest de Sainte-Lucie, leva la chasse
le 1ᵉʳ mai, et reprit la route du Fort-Royal de
la Martinique.

Il n'y fit pas un long séjour. Résolu de mettre
à profit le peu de temps qui lui restait pour
tenter quelque entreprise contre les possessions
anglaises, il concerta avec le marquis de Bouillé

---

[1] Voyez la lettre de l'amiral Hood à l'amiral Rodney,
en date du 4 mai 1781.

l'attaque de l'île de Tabago. En même temps,
pour détourner l'attention des Anglais dont les
forces navales s'étaient réfugiées à Saint-Christophe et à Antigues, ces deux généraux dé-
barquèrent, le 8 mai, douze cents hommes au
Gros-Ilet. A l'espoir de surprendre le quarante-
sixième régiment anglais qui le gardait, se joignait le projet de fortifier ce poste en six semaines, et par là de priver les ennemis de leur
meilleur mouillage, de celui qui les mettait le
plus à portée d'observer les mouvemens des
Français dans la baie du Fort-Royal. Mais le marquis de Bouillé ayant reconnu par lui-même que
le délai était trop court pour pouvoir achever,
avant l'hivernage, des retranchemens solides en
cas d'attaque, les troupes françaises furent rem-
barquées avec environ cent vingt prisonniers
qu'elles avaient faits.

Pendant que le comte de Grasse, qui avait été
informé que l'escadre anglaise manœuvrait pour
remonter au vent des îles, remettait à la voile,
le 25 mai, pour accélérer par sa présence la reddition de Tabago, M. de Blanchelande y débar-
quait avec quinze cents hommes, sous la pro-

tection des vaisseaux *le Pluton* et *l'Experiment*,
et se rendait maître de la ville de Scarboroug
et du petit fort qui la défendait. Ne se jugeant
pas assez appuyé pour entreprendre de déloger
du morne Concord les Anglais qui s'y étaient retranchés avec du canon et huit cents hommes,
tant de troupes réglées que de milices, il en dif-
féra l'attaque jusqu'à ce qu'il eût reçu le renfort
qu'il avait demandé. Il ne tarda pas à l'obtenir.
Au moment où l'armée navale française fut en
vue de Tabago, elle aperçut six vaisseaux de
ligne et un convoi portant sur cette île. Mais
comme ils prirent chasse à l'instant, le comte de
Grasse, après les avoir inutilement poursuivis,
revint protéger le débarquement de trois mille
Français, sous les ordres du marquis de Bouillé.
Dès lors la garnison de Tabago n'eut plus aucun
espoir d'être secourue. Craignant même d'être
forcée sur le morne Concord, elle l'abandonna,
le 1er juin, à une heure du matin, pour se retirer
à Calédonia, dans le centre de l'île. Sa retraite de
poste en poste fatiguait extrêmement les troupes
françaises, déjà harassées par la chaleur exces-
sive du climat. Afin de rendre moins longue la ré-

sistance qu'elle paraissait vouloir faire, le marquis de Bouillé ordonna de mettre le feu à plusieurs habitations. Ce moyen destructeur produisit l'effet qu'il en attendait. La milice de l'île refusa de tenir plus long-temps; et le gouverneur Ferguson, obligé alors de capituler, se rendit, le 1er juin, prisonnier de guerre avec sa garnison [1]. Elle consistait en quatre cents hommes de troupes réglées et cinq cents Écossais, qui formaient une des plus belles troupes de milices. Par l'article IV de la capitulation, toute la colonie fut assujétie à faire la dépense de la reconstruction des édifices qui avaient été incendiés durant l'attaque, de manière que les propriétaires ne durent y contribuer que de leur quote-part. Non seulement la conquête de Tabago servait à établir durant la guerre une communication directe entre les îles françaises et le continent espagnol, mais elle privait encore de tout refuge les vaisseaux de guerre ennemis en station à la Trinité.

Le retour à la Barbade de l'escadre et du con-

[1] Voyez la relation du gouverneur Ferguson, publiée en Angleterre en septembre 1781.

18.

voi que les Français avaient chassés, détermina
aussitôt l'amiral Rodney à mettre à la voile avec
toutes ses forces pour aller au secours de Tabago.
Mais à peine commençait-il à découvrir cette
île, qu'il en apprit la reddition. Les Français ap-
pareillèrent dès qu'ils l'aperçurent, et allèrent
à sa rencontre. Les deux armées s'approchèrent, le 5 juin, à la distance de deux lieues.
Mais l'amiral anglais s'étant éloigné durant la
nuit, et ayant cessé d'être en vue le lendemain,
le comte de Grasse retourna à Tabago, pour l'approvisionner en munitions de guerre et de bouche. L'étonnement fut d'autant plus grand de ne
pas voir l'amiral Rodney poursuivre les Français
jusqu'à ce qu'il les eût engagés au combat, qu'à
la supériorité de la marche de ses vaisseaux il
réunissait l'avantage du vent. Il avait donc l'option de les combattre de loin ou de près. *La
disproportion* ' des forces ennemies pouvait-elle

' L'armée française était composée de vingt-trois vaisseaux de ligne, parmi lesquels se trouvait *le Minotaure*,
parti d'Europe en flûte, et qui fut armé en guerre au
Fort-Royal de la Martinique, pour l'expédition de Tabago.

L'armée anglaise était composée des vaisseaux *le Sand-*

lui paraître trop grande pour lui faire redouter les suites d'une bataille ? Les îles de Sainte-Lucie ou d'Antigues ne lui offraient-elles pas, en cas d'échec, une retraite assurée ? La dernière de ces îles n'était-elle pas approvisionnée des objets nécessaires au radoub de ses vaisseaux ? Au contraire, le comte de Grasse, sans espoir de semblables ressources ni à la Martinique ni à Saint-Domingue, n'aurait-il pas eu lieu de craindre d'être forcé, à la suite d'une action vive, de renvoyer en Europe une partie de ses vaisseaux pour s'y radouber ?

Au reste, la conduite de l'amiral anglais fut moins l'effet de sa circonspection que de celle du ministère britannique. Depuis le commencement de la guerre, le cabinet de Saint-James avait décelé dans ses opérations une timidité qui s'était communiquée à plusieurs de ses commandans

wick et *le Barfleur*, de 90 canons ; *le Gibraltar*, de 80 ; *l'Alcide*, *l'Alfred*, *l'Ajax*, *le Centaure*, *l'Invincible*, *le Monarck*, *le Montagu*, *la Resolution*, *le Terrible*, *le Torbay*, *le Triumph*, *le Russel* et *le Shewsbury*, de 74 ; *la Princesse* de 70 ; *le Belliqueux*, *l'Intrépide*, *le Prince William*, de 64 ; et *la Panthère*, de 60.

Au lieu de faire attaquer l'escadre et le convoi du comte de Grasse à sa sortie de Brest, par les forces supérieures de l'amiral Darby, il les avait laissés cingler tranquillement vers les Antilles. L'année précédente, l'armée navale anglaise, sous les ordres de l'amiral Geary, qui bloquait entièrement le golfe de Gascogne, n'avait osé entreprendre la destruction des fortifications naissantes de l'île d'Aix, quoiqu'un de ses vaisseaux de ligne, *le Non-Such*, eût pris et brûlé plusieurs navires à l'embouchure de la Loire. Enfin l'amiral Hyde Parker, maître absolu de la mer après le départ du comte d'Estaing pour Savannah, avait respecté les possessions françaises du Vent, quoiqu'elles fussent dépourvues de toute protection navale. Il ne parut pas même que le gouvernement britannique eût projeté quelqu'une de ces attaques dont le succès ne pouvait qu'exalter le courage de la nation anglaise réduite alors à une guerre défensive. Tant de prudence portait à croire que la Grande-Bretagne n'avait été forte jusqu'alors que de la faiblesse des Français, et qu'elle ne devait les avantages qu'elle avait obtenus dans les précédentes guerres qu'à la supériorité des armées navales qu'elle avait confiées aux Russell, aux Rook, aux Anson, aux Boscawen et aux Hawk.

Il ne restait plus assez de temps, à cause de l'approche de l'hivernage, pour former avec espoir de succès aucune autre entreprise contre les possessions anglaises. L'amiral français prit donc la résolution de ramener le marquis de Bouillé avec ses troupes au Fort-Royal de la Martinique, de rassembler tous les bâtimens de sa nation, et de les escorter jusqu'au Cap-Français, où il arriva le 26 juillet avec toute son armée. Il y était attendu depuis plusieurs jours par *la Concorde*. Cette frégate lui apportait de Rhode-Island vingt-cinq pilotes américains, et la réponse aux dépêches ' qu'il avait envoyées aux généraux

---

' Ce furent ces dépêches, écrites à bord du vaisseau *la Ville de Paris*, en mer, le 29 mars 1781, et dont ce qui suit est extrait mot à mot de la correspondance du chevalier de La Luzerne, ministre de France auprès du congrès, avec le comte de Grasse, qui suggérèrent aux généraux Washington et de Rochambeau l'idée de former un plan d'attaque contre le lord Cornwallis en Virginie. « J'écris, marquait le comte de Grasse au ministre fran-

français dans le continent de l'Amérique, par le vaisseau *le Sagittaire.*

Le comte de Rochambeau et le ministre de France auprès du Congrès lui faisaient le détail de la position critique [1] des provinces méridionales des États-Unis, et lui proposaient deux points pour agir offensivement, la baie de Chesapeak ou New-York. Ils lui laissaient l'option de

» çais à Philadelphie, par *le Sagittaire,* qui va porter des
» secours à nos vaisseaux, à M. le comte de Rochambeau,
» pour le prévenir que, pendant les mois de juillet, août,
» septembre et octobre de cette année, je me porterai sur
» la côte de la Nouvelle-Angleterre, pour y faire les opé-
» rations possibles avec les forces considérables que j'ai à
» mes ordres. Comme je ne connais pas la position de l'ar-
» mée française, ni celle des vaisseaux de M. de Ternay,
» je leur demande de m'instruire au Cap-Français, le plus
» promptement possible, de leurs vues et de leurs projets,
» et de m'envoyer des pilotes pratiques, pour qu'au mo-
» ment de mon arrivée l'armée puisse opérer avec succès,
» tant par la surprise de mon apparition, que par les
» forces que je compte y conduire. »

[1] « La crise est si alarmante, qu'il paraît qu'il n'y a pas
» de temps à perdre. » *Extrait d'une lettre du chevalier
de La Luzerne au comte de Grasse,* du 4 juin 1781.

l'un ou de l'autre, en lui faisant observer toutefois que la réussite du projet qu'il adopterait dé-
pendrait de la supériorité maritime, d'un renfort
de cinq à six mille hommes de troupes, et de
la quantité de munitions de guerre et de bouche
qu'il pourrait apporter. De plus, ils lui exposaient le besoin qu'ils avaient d'une somme de
douze cent mille livres pour la solde des troupes
françaises; besoin d'autant plus pressant, que
leur caisse militaire ne pouvait y subvenir que
jusqu'au 20 août suivant, et que les traites
de l'Amérique sur la France perdaient alors vingt-
huit à trente pour cent. Enfin, en lui annonçant
la réunion prochaine des troupes américaines
et françaises sur les bords de l'Hudson, ils in-
sistaient sur une prompte réponse par la même
frégate, afin d'avoir le temps de faire par mer et par
terre les dispositions propres à seconder l'exécution de celui des deux projets qu'il aurait choisi[1].

L'amiral français n'avait pas un moment à

[1] Extrait des lettres du chevalier de La Luzerne au comte
de Grasse, des 4 et 17 juin, et du comte de Rochambeau
au même, des 28 mai, 6 et 17 juin 1781.

perdre, s'il voulait prévenir l'arrivée de l'escadre
anglaise des Antilles sur les parages de l'Amérique. Ses instructions, du 7 mars 1781, lui pres-
crivaient de donner neuf vaisseaux de ligne
pour servir d'escorte jusqu'en Europe à deux
convois français ; de longer avec le reste de son
armée les côtes de l'Amérique, depuis la hauteur de Savannah jusqu'à Rhode-Island, pour
intercepter, s'il était possible, ou des convois
anglais, ou l'escadre de l'amiral Arbuthnot ; et
après avoir réuni à ses forces navales la flotte
française qui mouillait à New-Port, capitale de
Rhode-Island, de concerter avec les généraux
Washington et de Rochambeau toutes les opérations que la saison et les circonstances per-
mettraient d'entreprendre. Cependant, comme,
loin de l'astreindre à suivre rigoureusement la
marche qui lui avait été tracée, elles l'autorisaient
à faire tout ce qu'il jugerait le plus convenable
à la cause commune, pourvu qu'il fût exact à
rendre compte de ses opérations faites ou projetées, il prit promptement la résolution de s'y
porter avec toutes ses forces. Mais, avant tout, il
fallait lever les obstacles multipliés qui sem-

blaient devoir retarder son départ. Qu'on se représente tout à la fois la demande d'un prêt de
douze cent mille livres, qu'il forma auprès des
négocians du Cap-Français, avec offre d'engager
ses habitations ¹ de Saint-Domingue et son château de Tilly ² pour la sûreté du paiement; leur
promesse conditionnelle d'y accéder, s'il accordait un convoi, suivie trois jours après d'un
refus, le secret impénétrable qu'il devait observer sur l'expédition qu'il allait tenter, et qui
exigeait la réunion de toutes ses forces navales,
comme les évènemens le démontrèrent; les suites qui pouvaient résulter, durant son absence,
de l'affaiblissement de la garnison de Saint-Domingue, s'il n'avait pas la précaution d'y pourvoir; les approvisionnemens extraordinaires en

---

¹ Le chevalier de Charitte, commandant *la Bourgogne*,
fit la même offre.

² Ce château avec ses dépendances est situé près de
Houdan, à quatorze lieues de Paris. Par suite de la révolution, M. le comte de Grasse fils en a été dépossédé, ainsi
que de quatre pièces de canon en bronze, du calibre de six,
avec leurs affûts, caissons et attirail, dont le congrès avait
fait hommage à son père.

munitions de guerre et de bouche qu'il lui fallait embarquer, pour n'en pas éprouver la disette [1] dans un pays ravagé par la guerre; et l'on se formera, par l'aplanissement de tous ces obstacles en douze jours, une véritable idée du zèle et de l'activité que déploya le comte de Grasse. Sur le refus des négocians du Cap, le commissaire espagnol, Don Solano, en résidence en ce lieu, auquel l'amiral français communiqua son plan de campagne sur le continent de l'Amérique, se chargea de lui rassembler à la Havane, malgré le départ des vaisseaux de regître pour l'Europe, la somme d'argent que lui demandaient les généraux français. De plus il lui promit qu'une escadre de sa nation viendrait, en son absence, protéger Saint-Domingue. A cette dernière condition, M. de Lillancourt, commandant de cette ile, consentit à l'embarquement de trois mille quatre cents hommes de troupes.

Instruit par l'expérience que la marche lente des transports s'oppose souvent au succès des

---

[1] Durant le siége d'York-Town, l'armée navale prêta à l'armée de terre onze cents barils de farine pour sa subsistance.

opérations navales, le comte de Grasse distribua
ces troupes sur tous ses vaisseaux de guerre, renvoya, le 28 juillet, à Rhode-Island, la frégate *la
Concorde* pour annoncer aux généraux américains
et français le moment de son arrivée, et le lieu de
son atterrage ; et quelques jours après il fit voile
pour la baie de Chesapeak. Deux routes le conduisaient également à cette baie ; il pouvait débouquer par les Caïques ou par le canal de Krooked,
et passer à la hauteur des Bermudes. Mais en
prenant cette dernière route, continuellement
fréquentée par les bâtimens en retour des Antilles, de la Floride et de la Géorgie, il ne lui
aurait guère été possible de cacher son approche
aux ennemis. Le succès de son expédition dé-
pendait du secret de sa marche. Pour en dérober
entièrement la connaissance aux Anglais, le
comte de Grasse traverse le vieux Canal, route
inconnue [1] jusqu'alors aux armées navales fran-

---

[1] L'amiral Pocock était le premier qui eût osé le traverser avec une flotte composée de dix-huit vaisseaux de
ligne, d'un pareil nombre de frégates ou corvettes, et de
cent cinquante transports, avant de débarquer à la Havane, le 6 juillet 1762, dix mille Anglais et quatre mille

çaises, rallie devant Matauce la frégate *l'Aigrette*, qu'il avait envoyée à la Havane pour prendre à son bord l'argent qui lui avait été promis, débouque le canal de Bahama, range à une petite distance les côtes de la Géorgie et des deux Carolines, et paraît, le 28 août, devant le Cap-Henri, en dehors de la baie de Chesapeak, le même jour que le contre-amiral Samuel Hood arriva des îles du Vent devant Sandy-Hood, avec quatorze vaisseaux de ligne [1]. Deux jours après il jeta l'ancre devant Linn-Haven, et fit aussitôt les dispositions nécessaires pour débarquer ses troupes en Virginie. L'armée que commandait lord Cornwallis avait fait une marche extraordinaire pour pénétrer par *la Caroline* du Nord dans cette province.

Américains : mais auparavant il avait eu la précaution d'y stationner, de distance en distance, des chaloupes avec des feux. L'amiral français se contenta de prendre des pilotes à Baracoa, à peu de distance de la pointe de Maysi, et n'éprouva aucun accident.

[1] Voyez la lettre de l'amiral Graves, du 31 août 1781.

....

CHAPITRE IV.

Évènemens sur le continent de l'Amérique. — Défaite d'un corps
de troupes anglaises aux ordres de Tarleton. — Marches du général Cornwallis. — Marches du général Green. — Le lord
Cornwallis se replie sur Hirlsborough. — Destruction totale
d'un corps de Loyalistes. — Les deux armées se rapprochent
l'une de l'autre. — Dispositions des Américains. — Dispositions
des Anglais. — Bataille de Guildfort-Court-House. — Perte des
Anglais et des Américains. — Retraite de l'armée anglaise. —
Le général Green rentre dans la Caroline du Sud. — Il force
les Anglais à se replier de tous côtés et à se rénfermer dans
Charles-Town. — Le lord Cornwallis pénètre en Virginie. —
Sa jonction avec Arnold. — Motif de la défection du général
Arnold. — Punition de mort du major-général André. — Dé-
tails de son supplice par un témoin oculaire, le docteur Tacher.
— I unition de mort de deux émissaires anglais.

On a vu dans le cours de cette histoire [1] que
le général Cornwallis avait été réduit à se tenir sur
la défensive après la défaite totale, à Kingsmoun-
tain, du corps aux ordres du colonel Ferguson ; et

[1] Page 217.

que, pour remplacer les troupes qu'il avait perdues dans cette rencontre, il avait appelé à son se- cours les deux mille Anglais qu'on avait envoyés de New-York sur les bords de la rivière James. Lors de l'arrivée, le 29 novembre 1780, dans la Caroline du Sud, du général Leslie, qui les com- mandait, et dont l'expédition en Virginie n'avait abouti qu'à la destruction de quelques navires, d'un magasin, d'un moulin et de quelques mu- nitions navales, les seuls évènemens dignes de mention se bornaient à l'incursion de quelques troupes légères sous les ordres du colonel Sump- ter, dans le pays situé entre les rivières de Broad et d'Ennorée, et à quelques escarmouches assez vives entre ce commandant et le lieutenant-colo- nel Tarleton, entre le lieutenant-colonel Washing- ton et le colonel anglais Rugeley. Le lord Corn- wallis avait assis son camp à Winnsborough, poste salubre et d'où il était également à por- tée de protéger la plus grande partie de la fron- tière septentrionale et de secourir Camden et Ninety-Six. Son armée, après s'y être rétablie de ses fatigues et de ses maladies, était prête à mar- cher vers la Caroline du Nord, lorsqu'une diver-

sion des Américains du côté de Ninety-Six suspendit ses mouvemens durant quelques jours.
Le général américain Morgan, posté sur le Pa-
colet, menaçait ce district. Le lord Cornwallis,
avant de se mettre en marche, forma le projet
de le déloger de son poste. Dans ce dessein, il
détacha le lieutenant-colonel Tarleton avec un
corps de troupes réglées. Atteint par les Anglais
le 17 janvier, au moment où il passait le Broad,
Morgan osa les attendre en ordre de bataille,
quoique la plus grande partie de ses troupes ne
fût composée que de milices. Dès les premières
décharges, les Américains prirent la fuite. Mais
ce n'était qu'une ruse pour rompre les rangs des
Anglais; car Morgan les voyant s'abandonner in-
considérément à sa poursuite, fait aussitôt volte-
face, les charge à son tour la baïonnette au bout
du fusil, les met dans le plus grand désordre, s'empare de deux canons de trois livres de balles, des
drapeaux du soixante-onzième régiment et de
trente-cinq chariots de bagage; tue, blesse, fait prisonniers plus de huit cents hommes, et force le
reste de chercher son salut dans une prompte fuite.

Cet évènement, aussi inattendu que malheu-

reux, n'apporta aucun changement au plan de
campagne d'hiver du lord Cornwallis. Intime-
ment convaincu que des mesures défensives seraient la ruine certaine des affaires de la Grande-
Bretagne dans les colonies méridionales, et que
la réduction d'une province aussi puissante que
la Virginie déterminerait promptement la soumission des autres, ou couperait du moins toute
communication entre le Sud et le Nord des
États-Unis, ce général persévéra dans son projet
de pénétrer dans cette province par la Caroline
septentrionale, et d'y fixer le théâtre de la guerre.
Dès qu'il eut remis au lord Rawdon un corps de
troupes pour défendre en son absence la Caroline méridionale, et rassemblé les débris de celui
de Tarleton, il se prépara aussitôt à marcher en
avant. Les gués que l'on rencontre fréquemment
au-dessus des fourches des rivières, rendaient
son passage plus facile et sa marche plus rapide.
Ces avantages le déterminèrent à se diriger
par les chemins d'en haut. Lorsque les troupes
aux ordres du général Leslie l'eurent joint, il
abandonna toute communication avec Charles-
Town, et ne s'occupa plus qu'à rassembler ses

forces à Ramsoure-Mill, sur la fourche méridionale du Catawbaw. Afin de suppléer, par la célérité de la marche de toute son armée, aux troupes légères que le colonel Tarleton avait perdues à l'affaire du 17 janvier, il détruisit tout son bagage superflu, et ne réserva que les chariots nécessaires au transport des munitions, du sel, des médicamens, des malades et des blessés. Cette destruction, qui n'avait pu s'opérer qu'aux dépens de la plus grande partie des bagages des officiers, et qui ne laissait plus aux soldats aucun espoir d'une fourniture régulière de vivres et de rum, ne les découragea ni les uns ni les autres. Accoutumés à servir sous un général qu'ils avaient vu, depuis le commencement des troubles en Amérique, marcher à leur tête dans les combats de Brandywine, de German-Town, de Montmouth-Court-House, après l'évacuation de Philadelphie, et partager tous leurs périls, ils se soumirent à cette privation sans témoigner aucun mécontentement [1]. La confiance qu'il leur avait

---

[1] Ce n'est qu'en suivant la marche du lord Cornwallis sur les cartes géographiques des deux Carolines et de la

19.

inspirée était si grande, qu'ils le regardaient plutôt comme un père qui conduisait sa famille, que comme un général qui commandait une armée[1]. Débarrassée de tout ce qui pouvait gêner ses mouvemens, l'armée anglaise traverse, le 1er février, le Catawbaw, sous le feu de trois cents hommes de milices américaines qui lui en disputaient le passage sur la rive opposée, en tue quelques uns, disperse le reste, et va prendre possession, le 4, de Salisbury, dans le haut de la Caroline septentrionale. Elle ne put s'y procurer qu'une petite quantité de provisions.

Cependant l'armée américaine s'avançait à grandes journées pour se réunir aux troupes légères du brigadier-général Morgan. Elle était

Virginie, qu'on pourra se faire une juste idée de sa pénible et mémorable campagne.

[1] Malgré la disette à laquelle cette armée se trouva réduite, et qui fut si grande durant plusieurs jours, que chaque soldat ne subsista qu'avec deux épis de maïs, on ne voit pas que la désertion s'y soit mise. Le Congrès était trop intéressé à instruire exactement les treize provinces de tous les évènemens qui leur étaient favorables, pour leur laisser ignorer celui-ci, s'il eût eu lieu.

alors sous les ordres du général Green[1], qui
avait remplacé Gates, destitué par le congrès.
Posté sur la rive orientale du Pedee, d'où il envoyait des partis porter le ravage jnsque dans
le centre de la Caroline méridionale, entre
Camden et Charles-Town, ce nouveau général
n'avait pas été plus tôt informé de la marche de
l'armée anglaise, que, rappelant sur-le-champ
ses détachemens, il avait, par un mouvement rapide, gagné les établissemens moraves dans la
Caroline du Nord[2]; mais trop faible pour entreprendre d'arrêter les progrès des troupes britanniques, dont il retardait sans cesse la marche
par la destruction des ponts qu'il rencontrait

[1] Green était d'une famille de Quakers qui, fuyant les
persécutions exercées contre cette secte en 1640, s'était retirée dans le voisinage de Narragansett-Bay. Son père possédait une forge que ses fils exploitaient, mais Green était
né pour une plus noble carrière : il reçut une éducation
brillante, et ses goûts mondains le firent expulser de la
société des Quakers. Il prit alors les armes, et devint un
des généraux les plus distingués des États-Unis.

[2] Lettre du lieutenant-colonel Balfour au lord Germain,
datée de Charles-Town le 18 février 1781.

sur sa route, il passa le Dan, dans la nuit du 14 au 15, au bac de Boyd. Il n'était alors qu'à une demi-journée de marche en avant des ennemis. Malgré cette grande proximité, le général anglais n'osa cependant pas le poursuivre de l'autre côté de cette rivière. Sans doute il craignait qu'une province aussi féconde en ressources et aussi peuplée que la Virginie ne mît de trop grands obstacles à la marche de ses troupes, qui commençaient déjà à éprouver des besoins de toute espèce[1]. D'un autre côté, le passage subit de deux armées au travers de la Caroline du Nord ayant jeté cette province dans la plus grande confusion, la présence des troupes anglaises devenait nécessaire durant quelque temps pour rassurer les partisans de la cause britannique. Cette dernière considération détermina lord Cornwallis à se replier sur Hillsborough, à y arborer l'étendard britannique, et à publier une proclamation pour engager tous les sujets loyaux à se montrer, à venir le joindre, et à prendre une

[1] Voyez la lettre du lord Cornwallis au lord Germain, du 17 mars 1781.

part active aux affaires présentes. Cette invitation devint très funeste aux plus zélés d'entre eux. Un corps de deux cents Loyalistes qui allait renforcer l'armée anglaise s'étant, par méprise, laissé envelopper par un détachement de troupes légères américaines, fut passé en entier, le 23 février 1781, au fil de l'épée. Cet évènement refroidit le zèle des partisans de la Grande-Bretagne. L'armée anglaise ne rencontra plus que des amis timides ou des ennemis opiniâtres.

Elle ne fit pas un long séjour à Hillsborough. La difficulté de s'y procurer des subsistances l'obligea même de revenir en-deçà du Haw, et d'asseoir son camp près de la crique d'Allamance. L'armée américaine n'attendait pour agir que l'arrivée des munitions dont elle avait besoin, et la jonction de quelques renforts de milices de la Caroline et de la Virginie, ainsi que d'un régiment de cette dernière province. Aussitôt que cette réunion fut opérée, le général Green quitta, le 12 mars, High-Rock-Ford, et alla prendre poste à Guildford-Court-House. L'armée anglaise, de son côté, vint camper, le 13, à Quaker-Meeting, entre les fourches du Deep. A la vue d'une position aussi rapprochée de part et d'autre, il ne fut plus possible de douter que les généraux des deux armées ne désirassent d'en venir aux mains[1]. Les Américains couraient peu de risques des suites d'un revers, et le général anglais, en gagnant une bataille, espérait qu'il réussirait à faire soulever les Loyalistes de la Caroline septentrionale. L'armée britannique s'étant mise en marche, le 15, à la pointe du jour, pour aller ou à la rencontre des Américains, ou à l'attaque de leur camp, obligea leurs postes avancés de se replier sur leur corps d'armée. Le général Green l'avait rangée sur trois lignes. Il avait placé à la première la milice de la Caroline du Nord, avec deux pièces de canon ; la seconde était composée des milices de la Virginie ; les troupes continentales de cet État et du Maryland formaient la troisième[2]. Son aile droite était soutenue par un corps d'observation composé d'un régiment de Riflemen, d'un détachement d'infan-

[1] Voyez les lettres des généraux Green et Cornwallis, des 10 et 17 mars 1781.

[2] Lettre du général Green au président du congrès, du 16 mars 1781.

terie légère tiré des troupes continentales, et des dragons du premier et du troisième régiment. Elle était commandée par le colonel Lynck et le lieutenant-colonel Washington. Enfin l'aile gauche était couverte par un autre corps d'observation aux ordres du lieutenant‑colonel Lee, composé de sa légion, d'un détachement de l'infanterie légère, et d'un corps de tirailleurs. L'armée américaine, postée sur une large éminence qu'entouraient de petites hauteurs couvertes en grande partie de bois et d'épaisses broussailles, attendit dans cet ordre de bataille l'approche des Anglais.

Ils marchaient dans l'ordre suivant : leur droite, commandée par le général Leslie, était composée du régiment de Bosc et du soixante-onzième, et soutenue par le premier bataillon des gardes. Leur gauche, sous les ordres du brigadier-général O'Hara, était formée des vingt-troisième et trente-troisième régimens, et soutenue par les grenadiers et le second bataillon des gardes. Les Yagers [1] et l'infanterie légère étaient

---

[1] Ou les chasseurs allemands.

postés dans un bois, à la gauche de l'artillerie.
La cavalerie, placée sur les chemins, se tenait
prête à agir selon les circonstances. L'action
commença du côté des Américains par une canonnade d'environ vingt minutes. L'armée anglaise [1], s'avançant sur trois colonnes, attaqua
les milices de la Caroline septentrionale, dont la
plus grande partie prit la fuite, même avant d'a-
voir fait aucune décharge, malgré les efforts des
généraux et des officiers pour l'engager à tenir
ferme. La milice de la Virginie fit meilleure contenance. Elle soutint pendant assez long-temps
un feu violent ; mais à la fin elle fut forcée de
reculer. Le combat fut presque général de tous
les côtés, et le choc rude et long. Les Anglais
ne durent leur avantage qu'à leurs manœuvres.
Ils vinrent à bout, par la supériorité de leur discipline, de rompre le second régiment du Maryland, de tourner l'aile gauche des Américains,

---

[1] Le total de l'armée anglaise, entièrement composée de
troupes réglées, pouvait monter à environ cinq mille
hommes. Les Américains n'avaient que quatre mille cinq
cents hommes, dont les milices, ainsi qu'on a pu le voir,
formaient la plus grande partie.

de pénétrer jusque sur les derrières de la brigade de Virginie et de s'emparer de deux pièces de canon de six livres de balles. Inquiet pour sa droite qui courait le même danger, et craignant d'un autre côté que toutes ses troupes continentales ne fussent enveloppées, le général Green ordonna la retraite. Elle fut couverte par les deux corps d'observation qu'il avait placés sur ses deux ailes, et qui chargèrent si vigoureusement l'armée anglaise, qu'ils lui reprirent les deux pièces de canon dont elle s'était emparée. Mais le feu bien dirigé de deux autres pièces d'artillerie qu'elle pointa contre eux, les obligea de les abandonner une seconde fois. Les Américains continuèrent leur retraite en bon ordre, et après avoir passé le Reedy-Fork, à trois milles du champ de bataille, ils firent halte sur la rive opposée. Lorsqu'ils eurent rassemblé la plus grande partie de leurs traîneurs et de leurs fuyards, ils allèrent camper à Iron-Works, à dix milles de Guildford.

Le champ de bataille resta au pouvoir des Anglais, avec quatre pièces de canon du calibre de six, et deux chariots de munitions; mais cet avantage leur coûta un grand nombre d'hommes, tant tués que blessés et égarés [1], sans qu'il leur fût possible de démentir le général Green, qui ne porta sa perte qu'à deux cent quatre-vingt-dix hommes. Cette victoire même leur devint aussi funeste qu'une défaite. Loin de pouvoir poursuivre les Américains au-delà du Reedy-Fork, la grande fatigue de leurs troupes, la multitude de leurs blessés, et la disette absolue de provisions de toute espèce, au milieu d'un pays ennemi, les obligèrent de rétrograder. Après avoir séjourné

---

[1] Les dépêches publiées par le gouvernement britannique portèrent cette perte à six cent trente-deux hommes, tant tués que blessés et égarés ; mais un officier de distinction du régiment des gardes la fixa, le 10 juillet suivant, à mille six cent dix hommes, tant tués que blessés, et à cinq cent trente-neuf égarés ; ce qui s'accorde mieux avec la lettre du lord Cornwallis au général Clinton. du 24 juillet suivant, dans laquelle il lui marquait, « qu'il ne pou- » vait pas, avec environ treize cents hommes d'infanterie » et deux cents cavaliers qui lui restaient, retourner de » Wilmington dans la Caroline du Sud sans exposer le » corps sous son commandement au plus grand hasard » d'une entière destruction. » *Voyez la correspondance du lord Germain*, etc., *page* 229 *et suivantes*.

deux jours sur le champ de bataille, l'armée anglaise laissa une partie de ses blessés à la maison religieuse des Quakers, et marcha, le 1er avril, à petites journées, vers Cross-Creek [1]. Elle avait le projet de s'y arrêter quelques jours pour y faire des provisions et s'y rétablir de ses fatigues ; mais les habitans de ce canton, qui avaient émigré de la Grande-Bretagne peu de temps avant le commencement des troubles en Amérique, languissaient dans la plus extrême pauvreté ; son séjour les aurait donc bientôt affamés. Réduite à sortir promptement d'un pays aussi misérable, elle arriva enfin, le 7 avril, à Wilmington, sur le Cap Fear, avec une partie de ses blessés et un grand nombre de malades. Le lord Cornwallis avait eu la précaution de s'assurer, le 27 janvier, en cas d'échec, ce point de communication par mer avec Charles-Town [2].

Pendant que le général anglais tournait à droite

[1] Voyez la lettre du lord Cornwallis au lord Germain, du 8 avril 1781.

[2] Lettre du capitaine Barkley aux lords de l'amirauté, du 24 février 1781.

pour se rapprocher forcément de la Caroline du
Sud, et qu'il faisait une marche de cent soixante
milles pour rétablir, au moins par mer, sa communication avec Charles-Town, le général américain ne restait pas immobile dans son camp
d'Iron-Works. La Caroline du Nord avait beaucoup souffert du passage des armées américaine
et anglaise. Pour lui procurer les moyens de réparer, aussi promptement qu'il serait possible,
les dommages qu'elle avait éprouvés, le général
Green résolut de porter ailleurs le fléau de la
guerre. Dans ce dessein, il alla, par une marche
forcée, se présenter le 2 avril devant Camden.
Par ce mouvement, aussi rapide que hardi, il se
flattait d'obliger lord Cornwallis de revenir au
centre de la Caroline du Sud pour couvrir Charles-
Town, ou de surprendre le corps de troupes qui
défendait Camden sous les ordres du lord Rawdon.
Mais trouvant les fortifications de cette dernière
place en meilleur état qu'il ne s'y était attendu,
il jugea à propos de se tenir au bivouac, à la
distance d'un mille, et dans un poste couvert de
bois, et d'attendre, pour en commencer l'attaque, qu'il eût été joint par les deux corps de

troupes aux ordres du brigadier-général Marion et du colonel Lee. La garnison de Camden ne lui laissa pas le temps d'opérer cette jonction. Elle se hâta d'en prévenir l'effet par une sortie vigoureuse dans laquelle elle lui tua, blessa ou fit prisonniers trois cents hommes, et l'obligea de changer de position [1]. Au surplus cet avantage ne fut pas assez considérable pour rétablir la communication entre Camden et Charles-Town. La prise du fort Watson, dont les Américains firent la garnison prisonnière de guerre, rendit même impossible la conservation de la première de ces villes. Hors d'état d'y soutenir un siége, parcequ'il manquait de munitions de guerre et de bouche, le lord Rawdon l'évacua le 10 mai, après y avoir laissé soixante-un blessés, détruit la plus grande partie de ses bagages et munitions, et mis le feu à la prison, au moulin et à plusieurs autres bâtimens. Les troupes britanniques se retirèrent à Nelson-Ferry. Leur retraite, qui fut

[1] Voyez les lettres du lord Rawdon au lord Cornwallis, du 24 mai 1781, et du général Green au président du congrès, du 14 du même mois.

précipitée, donna une nouvelle ardeur aux Américains : ils reprirent Orangebourg et les forts Mott, Granby et Augusta, dans lesquels ils firent six cents prisonniers de guerre ; de là ils allèrent investir Ninety-Six[1]. Ce poste, situé sur les derrières de la Caroline méridionale, commandait toute la contrée qui l'environne. Le général Green, qui en connaissait l'importance, vint lui-même en faire le siége ; mais ayant été repoussé dans un assaut, le 19 juin, il n'attendit pas l'arrivée du lord Rawdon, qui marchait à son secours ; il se retira derrière la Sabuda, à seize milles de distance[2].

Malgré cet échec qu'essuyèrent les Américains, il en fut de ce poste comme de celui de Camden. Le général anglais, après en avoir fait démolir les fortifications, l'abandonna le 17 juillet, comme trop difficile à conserver à cause de son éloignement de la capitale de la Caroline méridionale.

[1] Lettre de Henry Lee au général Green, datée du fort Granby, le 15 mai, et la capitulation du fort Cornwallis, du 6 juin 1781.

[2] Lettre du général Green au président du congrès, du 20 juin 1781.

Les troupes anglaises, insuffisantes à la garde de tous les postes qu'elles occupaient dans cette province, se trouvaient forcées de les évacuer dès qu'elles étaient menacées par des forces supérieures. La Grande-Bretagne ne possédait donc réellement, dans l'étendue des États-Unis, que les places dans lesquelles ses troupes pouvaient se maintenir par la force. Inutilement les Anglais s'attribuèrent la victoire dans le combat que leur livra, le 8 septembre, le général Green auprès des sources de l'Eutaw, parcequ'ils s'étaient emparés des deux pièces de canon. Leur retraite vers Charles-Town, et cinq cents prisonniers que leur firent les Américains, changèrent bientôt cette prétendue victoire en un échec considérable [1]. Telle fut l'activité du général Green, qu'après avoir sauvé la Caroline septentrionale, il recouvra la plus grande partie de la méridionale, et s'ouvrit une route jusque dans la Géorgie par la reprise de Camden, d'Orangebourg et des forts Mott, Granby et Augusta. Effrayé de ces revers, le comman-

[1] Voyez les lettres du lieutenant-colonel Steward et du général Green, des 9 et 11 septembre 1781.

dant de Charles-Town chercha à rassurer les
loyalistes en leur promettant une assistance aussi
prompte qu'efficace[1]. Cette promesse ne produisit aucun effet. Le gouverneur américain de la
Caroline méridionale avait, eu la précaution, six
semaines auparavant, de faire publier un pardon
pour les habitans qui rentreraient sous l'obéissance du congrès[2].

Tandis que les Américains, par la position
qu'ils avaient. prise, obligeaient lord Rawdon
d'évacuer Camden, le lord Cornwallis profitait
de l'éloignement du général Green pour traverser rapidement la Caroline septentrionale et se
rendre en Virginie. La disette de vivres et de
fourrages, l'esprit d'insurrection presque. général qui prévalait dans la Caroline méridionale, la faiblesse de son armée, qui lui faisait
craindre qu'en retournant vers Camden elle
ne fût enfermée par le général américain entre

---

[1] Voyez la proclamation du général Leslie, datée de
Charles-Town le 15 décembre 1781.

[2] Proclamation de John Rutlege, gouverneur de la
Caroline du Sud, du 27 septembre 1781.

les grandes rivières, et privée de tous moyens de subsister; tout l'avait déterminé à cette périlleuse entreprise [1]. Il l'avait tentée dès qu'il avait vu son armée rétablie de ses maladies et refaite de ses fatigues. Pour arriver à son but, il avait marché de Wilmington à Hallifax dans la Caroline du Nord, et était parvenu à se réunir, le 19 mai, à Petersburg, en Virginie, aux troupes britanniques que le général Clinton avait envoyées dans cette province pour la ravager. Elles étaient sous les ordres de Benedict Arnold.

Les Américains n'avaient jamais prévu que ce général, leur compatriote, après avoir été un

---

[1] Le canon du parc de Saint-James et celui de la Tour de Londres annoncèrent la bataille de Guildford-Court-House comme une victoire complète remportée sur les Américains, tandis que le lord Cornwallis écrivait de Wilmington, le 24 avril 1781, au général Clinton, en ces termes : « Je suis dans la nécessité d'adopter cette périlleuse entreprise, à la hâte, et avec toutes les apparences » de la précipitation, parceque le retour de Green dans » la Caroline septentrionale, soit qu'il ait eu du succès ou » non, me mettrait hors d'état d'effectuer une jonction avec » le général Philipps. » *Voyez la Correspondance du lord Germain*, etc., page 118.

20.

des plus zélés partisans de leur indépendance,
en deviendrait un jour le plus cruel ennemi.
Doué de cette intrépidité rare qui fait affronter
les plus grands dangers, sa conduite audacieuse
à l'assaut de Quebec et à Saratoga, actions dans
lesquelles il fut grièvement blessé, lui avaient
mérité la plus haute réputation de bravoure dans
toute l'Amérique. Malheureusement pour lui,
une cupidité sans bornes ternissait cette qualité militaire. Plein d'orgueil et de vanité, oubliant la modicité de sa fortune personnelle,
il se livra à toutes les dépenses d'une table
somptueuse et d'un train dispendieux, et il
ne tarda pas à contracter des dettes beaucoup
plus considérables que ses revenus. Dans l'espoir de les acquitter, il s'engagea dans des spé-
culations dont ses fonctions auraient dû l'éloigner, et qui eurent pour lui des résultats
désastreux. En butte aux plaintes de ses créan-
ciers, il chercha des ressources dans la mauvaise
foi de son administration. On lui avait d'abord
sourdement reproché d'avoir détourné à son
profit la majeure partie du butin que les Américains firent à Montreal. Chargé, après l'évacua-

tion de Philadelphie, en sa qualité de quartier-
maître général de l'armée, de choisir, parmi les
marchandises que les Anglais avaient abandonnées, et qui dès lors devenaient prohibées, celles
qui pourraient être utiles aux troupes américaines, il fut très fortement soupçonné de s'en
être approprié une partie, et, sous prétexte de
subvenir aux besoins de l'armée, d'avoir commandé aux dépens de l'État des corvées pour les
transporter dans divers endroits où il les faisait
vendre en secret et pour son compte[1]. Quoique
les commissaires que le congrès avait nommés
pour examiner sa conduite n'eussent point
trouvé de preuves suffisantes pour le déclarer
coupable de péculat, il n'en resta pas moins
entaché dans l'opinion publique. Dès lors il perdit l'estime et la considération qu'il s'était généralement acquises. Outré de s'en voir déchu,
son ressentiment lui suggéra un projet atroce.
Il commandait deux mille hommes à West-Point,
poste très important, et, de tous ceux que les

---

[1] Voyez l'arrêté du conseil exécutif de Pensylvanie,
du 3 février 1779.

Américains occupaient sur la rivière du Nord,
le plus voisin de New-York. Cette position lui
parut propre à l'exécution de sa noire perfidie.
Il s'en servit pour ouvrir des conférences actives
et secrètes avec les généraux anglais. Mais à la
première nouvelle de la détention d'André, aide-
major de l'armée britannique, qui fut arrêté,
le 23 septembre 1780, sous l'habit d'un paysan,
par les trois miliciens John Paulding, David
Williams et Isaac Van-Vert, en dedans des lignes
américaines, où il était venu pour s'aboucher
avec lui, il se jeta avec précipitation dans un bateau pêcheur et alla chercher dans les rangs de
l'armée britannique la récompense de son infa-
mie. Il n'en fallut pas davantage pour le faire regarder à l'instant par tous les Américains comme
un traître qui les avait vendus au poids de l'or.
On ne peut disconvenir que son extrême cupidité
n'autorisât cette dernière imputation. Aussi,
quoique sa trahison à prix d'argent n'ait pas été
évidemment démontrée jusqu'à ce jour, les Américains n'en persistent pas moins à croire qu'il
aurait lâchement livré aux Anglais le corps de
troupes qu'il commandait. La bravoure extraor-

dinaire qu'il avait déployée dans tous les combats qu'il avait soutenus ne nous permet pas de le regarder comme coupable d'une pareille lâcheté. Il nous paraîtrait plus probable qu'il serait secrètement convenu avec le général Clinton de se laisser forcer dans son poste, et de faire tomber le plus tôt possible la forteresse de West-Point entre les mains des Anglais [1].

La défection d'Arnold, sans aucune utilité pour les Anglais, n'eut d'autres suites que la mort de l'infortuné André. Cet aide-major, malgré le vif intérêt qu'inspiraient sa jeunesse, sa loyauté et ses talens militaires, fut condamné par une cour martiale présidée par le général Green, et composée de douze officiers supérieurs américains, à subir la peine que les lois de la guerre infligent aux espions. Ses derniers momens ne démentirent pas la noblesse ni la fierté de son caractère. Voici les détails qu'en donne un témoin oculaire, le docteur Tacher.

[1] Voyez les pièces de ce procès, publiées par ordre du congrès, en octobre 1780.

2 octobre 1780. — « Le major André ne vit
» plus : je viens d'assister à son exécution. C'était
» une scène du plus profond intérêt. Pendant son
» emprisonnement et son procès il montra une
» grande élévation de caractère ; on ne lui enten-
» dit pas proférer la moindre plainte, et il parut
» très sensible à tous les témoignages d'intérêt
» qu'on lui donna. Il avait laissé en Angleterre sa
» mère et deux sœurs qu'il aimait tendrement ; il
» en parlait avec sensibilité, et écrivit à sir Henry
» Clinton pour les recommander à ses soins per-
» sonnels.

« L'officier de garde, qui demeurait constam-
» ment avec le prisonnier, nous a rapporté que,
» lorsqu'on vint le matin lui annoncer l'heure de
» son exécution, il ne laissa paraître aucune émo-
» tion. Sa contenance calme et ferme contrastait
» fortement avec le chagrin de ceux qui l'entou-
» raient. Voyant entrer son domestique tout en
» larmes : « Retirez-vous , lui dit-il, et ne vous re-
» présentez ici qu'avec le courage d'un homme. »
» Tous les jours le général Washington lui en-
» voyait à déjeuner de sa table ; il le reçut ce jour-
» là comme à l'ordinaire , et le mangea tranquil-

» lement ; il se rasa ensuite, fit sa toilette, et ,
» après avoir posé son chapeau sur la table, il se
» tourna vers les officiers de garde, et leur dit
» gaiement : « Allons, messieurs, me voilà prêt à
» vous suivre. » Lorsque l'heure fatale eut sonné,
» un fort détachement de troupes prit les armes.
» Un immense concours de peuple s'était assem-
» blé. Tous nos officiers étaient présens, à l'ex-
» ception du général Washington et de son état-
» major. La tristesse régnait dans tous les rangs,
» le désespoir était sur tous les visages. Le major
» André vint de sa prison au lieu du supplice
» entre deux sous-officiers qui portaient l'arme
» au bras. Les regards de la multitude se fixaient
» avec intérêt sur lui. Sa contenance pleine de
» dignité annonçait le mépris de la mort ; souvent
» un léger sourire venait embellir encore sa phy-
» sionomie gracieuse , et il saluait avec politesse
» tous ceux qu'il reconnaissait dans la foule ; ceux-
» ci lui rendaient le salut avec le plus tendre em-
» pressement. Il avait exprimé le désir d'être fu-
» sillé, regardant ce genre de mort comme plus
» conforme aux habitudes et aux opinions mili-
» taires, et jusqu'au dernier moment il avait cru

» que ce vœu serait exaucé; mais, lorsqu'il arriva
» en face de la potence, il fit involontairement un
» pas en arrière et s'arrêta quelques momens.
» « Qu'avez-vous? lui dit un officier qui était à
» côté de lui. — Je suis préparé à mourir, répon-
» dit-il, mais ce mode m'est odieux.... » Tandis
» qu'il attendait au bas de la potence, je remar-
» quai en lui un léger frémissement; il appuya le
» pied sur une grosse pierre, porta un instant ses
» regards dessus, et fit un effort de gorge comme
» s'il avalait quelque chose; mais bientôt, s'aperce-
» vant que tous les préparatifs étaient terminés,
» il s'élança légèrement dans la charrette, et re-
» levant fièrement sa tête : « Ce ne sera, dit-il,
» qu'une courte angoisse. » Il tira alors de sa poche
» un mouchoir blanc avec lequel il se banda lui-
» même les yeux avec une fermeté qui pénétra
» la foule d'admiration, et qui fit répandre des
» larmes non seulement à son domestique, qui se
» tenait près de lui, mais encore à tous les spec-
» tateurs. Lorsque la corde fut attachée au gibet,
» il ôta son chapeau, passa lui-même le nœud
» coulant par-dessus sa tête et l'ajusta à son cou
» sans vouloir être aidé par l'exécuteur. Il était

» dans cette situation lorsque le colonel Scammel
» s'approcha et le prévint que, s'il avait quelque
» chose à dire, il lui était permis de parler. Il re-
» leva alors le mouchoir de dessus ses yeux, et
» dit : « Je vous prie de ne point oublier que je me
» suis soumis à mon sort en homme courageux. »
» La charrette partit alors, le laissa suspendu, et
» il expira presque aussitôt. Comme il l'avait dit,
» il n'éprouva qu'une courte angoisse. Il était vêtu
» de son uniforme et fut enterré avec au pied de
» la potence, et le lieu de sa sépulture fut con-
» sacré par les larmes de tous ceux qui furent té-
» moins de sa fin.

« Ainsi mourut, à la fleur de son âge, le ma-
» jor André, le plus bel ornement et l'hon-
» neur de l'armée anglaise, l'ami de sir Henry
» Clinton. Si l'infâme Arnold était encore capable
» d'éprouver un sentiment honnête, il dut avoir
» l'âme déchirée de honte et de douleur en ap-
» prenant la fin tragique de l'infortuné André.
» Pour lui, après avoir mis le comble à son dés-
» honneur en prenant du service dans les rangs
» des ennemis de sa patrie, il alla, après la guerre,
» mourir en Angleterre sous le poids du mépris

»de ceux même pour lesquels il s'était désho-
»noré. »

Le général Clinton ne tira pas un plus grand
avantage de l'éloignement momentané des troupes
réglées de la Pensylvanie, qui motivaient leurs
plaintes sur l'incertitude du terme de leur enrô-
lement, le manque d'habits, les arrérages de la
paie qu'on leur devait, et la réduction graduelle
du papier monnaie. En vain le général anglais
fit un mouvement avec l'élite de son armée
vers Staten-Island, et se tint prêt à agir selon
les circonstances; en vain il les invita à diriger
leur marche vers la rivière méridionale, et leur
fit donner l'assurance d'y envoyer un corps
considérable de troupes anglaises pour les recevoir ¹; au lieu de se rendre à cette invitation, les Pensylvaniens, pleins de confiance dans
la justice du congrès, dont ils attendaient le redressement de leurs griefs, se saisirent des deux
émissaires anglais porteurs de cette proposition, et les remirent entre les mains du géné-

¹ Lettre du général Clinton, publiée en Angleterre en
1781, et la relation américaine.

ral américain Waine. L'union et la concorde se
rétablirent promptement entre eux et le congrès, et la réconciliation réciproque fut cimentée
le 11 janvier 1781, par la mort des deux émissaires anglais.

Il est aisé de voir que l'artifice et tous les moyens
de corruption que les ministres et les généraux de
la Grande-Bretagne mettaient en usage pour soumettre les Colonies n'opéraient pas plus en leur
faveur que les ravages et les incendies qu'ils or-
donnaient. Au contraire, au milieu même du tu-
multe des armes et des horreurs d'une guerre
civile, le gouvernement de chaque province ne
faisait qu'acquérir de jour en jour plus de consistance et de solidité. La forme même du gouvernement fédératif de l'Amérique-Unie reçut
alors la sanction et le consentement général des
treize provinces. Celle du Maryland avait refusé
de les donner jusqu'à ce qu'on eût aplani certaines difficultés qui s'étaient élevées sur les limites et les terres à accorder à ses officiers, au
retour de la paix. Dès qu'elles furent terminées,
ses délégués au congrès signèrent, le 1er mars, et
ratifièrent tous les articles de cette confédération,

qui devint alors obligatoire pour tous les treize États-Unis [1]. Cette accession du Maryland, qui complétait l'acceptation universelle du gouvernement des treize provinces, fut annoncée dans Philadelphie par une décharge générale de l'artillerie de cette ville, et célébrée par des fêtes et des illuminations publiques.

[1] Voyez la résolution du congrès, du 1er mars 1781.

FIN DU TOME PREMIER.

TABLE DES MATIÈRES

CONTENUES DANS LE TOME PREMIER.

PREMIÈRE PARTIE.

	Page.
Dédicace.	v
Notice historique sur M. Leboucher.	vii
Avertissement	iij
Discours préliminaire	xj
Explication des termes de navigation.	xliij

CHAPITRE I.

Conditions principales du traité de paix de 1763	2
Cessions faites par l'Espagne	4
État de l'Angleterre à la fin de la guerre de 1756.	5
Le Canada prend une nouvelle forme	7
Conquêtes de la compagnie anglaise des Indes.	9
Accroissement de son commerce	11
Administration intérieure de la Grande-Bretagne.	12
Elle secourt sa compagnie des Indes.	14
Station de ses forces navales durant la dernière paix	ib.
Son influence dans l'Europe	15
Acte du timbre	17
Effet qu'il produit	20
Il est révoqué.	22
Impôt sur le thé exporté en Amérique	ib.
Il est suspendu	24
La perception du droit sur le thé ordonnée	ib.